Comunicação como cultura:
ensaios sobre mídia, tecnologia e sociedade

PUC RIO

Reitor
Prof. Pe. Josafá Carlos de Siqueira SJ

Vice-Reitor
Prof. Pe. Anderson Antonio Pedroso SJ

Vice-Reitor para Assuntos Acadêmicos
Prof. José Ricardo Bergmann

Vice-Reitor para Assuntos Administrativos
Prof. Ricardo Tanscheit

Vice-Reitor para Assuntos Comunitários
Prof. Augusto Luiz Duarte Lopes Sampaio

Vice-Reitor para Assuntos de Desenvolvimento
Prof. Sergio Bruni

Decanos
Prof. Júlio Cesar Valladão Diniz (CTCH)
Prof. Francisco de Guimaraens (CCS)
Prof. Sidnei Paciornik (CTC)
Prof. Hilton Augusto Koch (CCBS)

James W. Carey

COMUNICAÇÃO COMO CULTURA

ENSAIOS SOBRE MÍDIA, TECNOLOGIA E SOCIEDADE

ORGANIZAÇÃO
ARTHUR ITUASSU
EVERARDO ROCHA
TATIANA SICILIANO

TRADUÇÃO
MARINA FRID

Editora PUC-Rio
Rua Marquês de S. Vicente, 225 – Casa da Editora PUC-Rio
Gávea – Rio de Janeiro – RJ – CEP 22451-900
T 55 21 3527-1760/1838
edpucrio@puc-rio.br
www.editora.puc-rio.br

Conselho Gestor: Augusto Sampaio, Danilo Marcondes, Felipe Gomberg, Francisco de Guimaraens, Hilton Augusto Koch, José Ricardo Bergmann, Júlio Cesar Valladão Diniz, Sidnei Paciornik e Sergio Bruni.

Edições Loyola Jesuítas
Rua 1822, 341 – Ipiranga
04216-000 São Paulo, SP
T 55 11 3385 8500/8501 • 2063 4275
editorial@loyola.com.br
vendas@loyola.com.br
www.loyola.com.br

Tradução: Marina Frid
Revisão técnica: Arthur Ituassu

Preparação de originais: Beatriz Vilardo
Revisão de prova: Cristina da Costa Pereira
Projeto gráfico de capa e miolo: F/daMatta Design
Editoração de miolo: SBNigri Artes e Textos Ltda.

© Todos os direitos reservados.
Obra original: Communication as Culture: Essays on Media and Society (2.ed.)
Tradução autorizada da língua inglesa, da edição publicada pela Routledge, membro do grupo Taylor&Francis LLC.

© EDITORA PUC-RIO, Rio de Janeiro, Brasil, 2022.
© EDIÇÕES LOYOLA, São Paulo, Brasil, 2022.

ISBN (PUC-Rio): 978-65-88831-53-3
ISBN (Loyola): 978-65-5504-177-4

Nenhuma parte desta obra pode ser reproduzida ou transmitida por qualquer forma e/ou quaisquer meios (eletrônico ou mecânico, incluindo fotocópia e gravação) ou arquivada em qualquer sistema ou banco de dados sem permissão escrita das editoras.

Dados Internacionais de Catalogação na Publicação (CIP)

Carey, James W.
　　　Comunicação como cultura : ensaios sobre mídia, tecnologia e sociedade / James W. Carey; organização Arthur Ituassu, Everardo Rocha e Tatiana Siciliano ; tradução Marina Frid. – Rio de Janeiro: Ed. PUC-Rio; São Paulo: Loyola, 2022.

　　　304 p. ; 23 cm

　　　Inclui bibliografia

　　　　　1. Comunicação. 2. Comunicação de massa. 3. Mídia digital. 4. Tecnologia. 5. Tecnologia - Aspectos sociais. I. Ituassu, Arthur. II. Rocha, Everardo. III. Siciliano, Tatiana. IV. Título.

　　　　　　　　　　　　　　　　　　　　　　　　　　　　　　　　　　CDD: 302.2

Elaborado por Sabrina Dias do Couto – CRB-7/6138
Divisão de Bibliotecas e Documentação – PUC-Rio

SUMÁRIO

	CAREY, COMUNICAÇÃO E A POLÍTICA DO REAL	7
	Arthur Ituassu, Everardo Rocha e Tatiana Siciliano	

PARTE 1	COMUNICAÇÃO, CULTURA E PODER	13
	Uma abordagem cultural à comunicação	15
	Comunicação de massa e estudos culturais	41
	Superando resistências aos estudos culturais	75

PARTE 2	COMUNICAÇÃO, MÍDIA E PENSAMENTO	99
	Tecnologia e ideologia: o caso do telégrafo	101
	Reconsiderações sobre a "mídia" e a "massa"	135
	Espaço, tempo e comunicação: um tributo a Harold Innis	157

PARTE 3	COMUNICAÇÃO, TECNOLOGIA E HISTÓRIA	191
	Com John J. Quirk	
	O mito da revolução eletrônica	193
	A história do futuro	225

	REFERÊNCIAS	257
	BIBLIOGRAFIA DE JAMES W. CAREY	271
	ÍNDICE	291

CAREY, COMUNICAÇÃO E A POLÍTICA DO REAL

Arthur Ituassu
Everardo Rocha
Tatiana Siciliano

James William Carey é um teórico da comunicação tão importante quanto desconhecido no Brasil. Nascido em 1934, em Providence, nos Estados Unidos, obteve seu doutorado em 1963, na Universidade de Illinois, resultado da produção de dois trabalhos, um sobre Marshall McLuhan e Harold Innis – dois dos mais importantes teóricos da comunicação –, e o outro sobre as relações entre economia e comunicação. Após o doutorado, Carey se tornou professor e pesquisador na Universidade de Illinois, tendo sido diretor do Instituto de Pesquisa em Comunicação entre 1969 e 1976 e decano da Faculdade de Comunicação entre 1979 e 1992, quando então passou a fazer parte da Escola de Jornalismo da Universidade Columbia, onde esteve até a sua morte, em maio de 2006, com 71 anos.

McLuhan e Innis foram duas grandes influências na teoria da comunicação desenvolvida por James Carey, que está na primeira parte desta coletânea. Para o autor, como escreveu em seu primeiro trabalho (Carey, 1967), ambos os teóricos exibiram a originalidade de pensar a mídia como um elemento central na história ocidental, não somente como um acessório tecnológico mas como um aparato crucial na construção do desenvolvimento social. Sem cair na armadilha do determinismo tecnológico e sem abraçar os extremos das perspectivas "apocalípticas" e "integradas", Carey sempre procurou, através desses autores, colocar a comunicação e suas tecnologias na linha de frente do pensamento e da análise das sociedades.

Como está no capítulo "Comunicação de massa e estudos culturais", algumas perguntas que direcionam o pensamento de Carey sobre a questão da tecnologia são: como mudanças nas formas de tecnologia da comunicação afetam as construções/percepções surgidas da experiência? Como essas tecnologias modificam as formas de comunidade nas quais a experiência é apreendida e expressada? Em meio às forças da história, da tecnologia e da sociedade, o que está sendo pensado, com que material esse pensamento se desenvolve e para quem está sendo expresso/representado?

No entanto, não é somente na reflexão sobre a tecnologia que a obra de James Carey alcança sua originalidade, mas – e principalmente – no modo específico pelo qual essas discussões são desenvolvidas. Para o autor – e talvez essa seja sua grande contribuição para o campo –, há duas concepções distintas de comunicação. Uma trata da comunicação "como transmissão", em que a ênfase recai sobre os sentidos de "enviar", "distribuir", "dar informação". James Carey sugere que tal perspectiva advém de uma identidade específica entre comunicação e transporte, dominante até o advento do telégrafo – quando pela primeira vez a informação, tal como entendemos hoje, se tornou independente do seu transporte físico até o destino. Nessa ideia de comunicação como "transmissão de mensagens" repousa a tradição dos *media effects*, dos efeitos da mídia sobre uma determinada população ou um determinado espaço geográfico.

A outra concepção apresentada por James Carey (que não exclui a primeira) percebe a comunicação "como ritual". Nessa definição, a comunicação está mais ligada a termos como "comum", "comunidade", "compartilhamento", "associação" e até mesmo "participação". Carey, nessa visão, é influenciado pela noção de "público" de John Dewey. Para este autor, o "público" em comunicação ou deliberação desempenha um papel fundamental na construção das próprias comunidades políticas.

Ao buscar em Dewey uma teoria da comunicação, James Carey se aproxima de uma epistemologia do pensamento social que passa por Weber (e sua *verstehen*), *As formas elementares da vida religiosa*, de Durkheim, e os estudos de sociologia e política de Alexis de Tocqueville. A partir dessa base, Carey incorpora também a análise das culturas de Clifford Geertz e os diálogos com a Escola de Chicago, especialmente com George Mead, Robert Park e Erving Goffman.

Para James Carey, o compromisso da visão de comunicação como ritual é o de perceber "a manifestação original ou mais elevada da comunicação não na transmissão de informação, mas na construção e na manutenção de um mundo cultural ordenado e inteligível". No capítulo "Uma abordagem cultural à comunicação", nesta obra, onde essa distinção de visões sobre a comunicação é apresentada, James Carey traz, por exemplo, o caso do jornal ou, para usar um termo mais contemporâneo, do noticiário. Em uma visão de comunicação como transmissão do noticiário, a mídia é percebida como um instrumento de disseminação de notícias, conhecimento, entretenimento etc. Nesse contexto, surgem perguntas sobre os efeitos da comunicação/transmissão nas audiências. As notícias iluminam ou obscurecem a realidade? Mudam ou reforçam atitudes e comportamentos? O noticiário "funciona" de modo a manter a estabilidade do sistema ou produz instabilidade?

A partir de uma perspectiva de comunicação como ritual, a observação de um noticiário é menos preocupada com os efeitos da transmissão e mais com as formas pelas quais visões de mundo são apresentadas e reforçadas. De que modo o noticiário estrutura a vida e o tempo? Como o mundo é representado? "É nesse papel – aquele de um texto – que um jornal é visto. Como uma briga de galos balinesa, um romance de Dickens, um drama elisabetano, um comício estudantil, o jornal é uma apresentação da realidade que confere à vida uma forma geral, um ordenamento", sugere James Carey.

Dessa maneira, ao ver a comunicação como ritual, estamos, de fato, percebendo a comunicação "como cultura". Nesse contexto, o noticiário se torna um artefato cultural, um produto da cultura, em toda sua reflexividade – constrói e é construído pela cultura. Não à toa, James Carey vai se aproximar de Clifford Geertz, com seu modo de construção do entendimento sobre as culturas, tema do capítulo "Comunicação de massa e estudos culturais", nesta obra.

E o que uma visão de comunicação como ritual pode dizer sobre o mundo da internet e das mídias digitais? O que um autor que estudou o telégrafo ainda pode contribuir para o entendimento dos processos contemporâneos do desenvolvimento tecnológico da comunicação? De que modo a teoria de James Carey ainda permanece atual e útil – exatamente em seu sentido pragmático – para o entendimento das consequências das mídias digitais para as sociedades?

Em um texto publicado em 2005, na revista *New Media & Society*, James Carey procurou abordar essas e outras questões semelhantes. Em primeiro lugar, o autor sugeriu "a retórica do sublime tecnológico" como elemento marcante da literatura sobre a internet nos anos 1990. A ideia de "sublime tecnológico" é uma das preocupações centrais de Carey que, ao posicionar as tecnologias na história, mostra como uma retórica de enaltecimento acrítico acompanha o advento das formas técnicas em nossas sociedades. Essa questão é tema dos capítulos em diálogo com John Quirk nesta obra: "O mito da revolução eletrônica" e "A história do futuro". Escritos nos anos 1960, os textos têm em comum a análise da perspectiva particular dos norte-americanos no modo pelo qual se expressavam sobre e entendiam a tecnologia, conectando tal perspectiva às previsões que essa mesma sociedade fazia sobre o futuro. Quando lemos ou ouvimos que a tecnologia (no caso, a internet) nos levará para um tempo seguinte "sublime", ausente de um ou muitos problemas que nos afligem, podemos estar certos de estarmos em contato com a "retórica do sublime tecnológico", que, como mostra James Carey, acompanha o advento das novas tecnologias.

Em segundo lugar, Carey apontou também para a forma isolada que a internet vinha sendo tratada, apartada da política, da economia, da religião e da cultura. Como escreveu o autor em 2005, "o mundo mais amplo do poder e da ambição é decisivo para as consequências reais da internet". Fenômenos de comunicação, as campanhas do Brexit, na Grã-Bretanha, e de Donald Trump, nos Estados Unidos, ambas em 2016, servem de ilustração clara do que já antevia James Carey dez anos antes.

É importante notar que, para Carey, pensar a tecnologia como algo operando de forma abstrata, fora do domínio da história, distante dos contextos políticos e econômicos, é não compreender as possibilidades e limitações colocadas pela cultura às tecnologias. O pressuposto ganha ainda mais importância quando pensado em contraposição às reduções do tecnologicismo, que imputa uma ideia de direcionamento pela técnica dos desenvolvimentos sociais. Mesmo que assumamos a relevância das características próprias das tecnologias de comunicação, as chamadas *technological affordances*, a ideia de uma técnica que pudesse escapar dos impedimentos da cultura e da história seria, no caso dos estudos culturais, uma impossibilidade epistemológica.

Dessa forma, Carey ensina que, se localizarmos adequadamente as várias tecnologias de comunicação em um contexto histórico – não somente da tecnologia, mas no mundo mais amplo da política, da economia e da cultura –, talvez consigamos fazer algumas generalizações que façam sentido e tenham algum propósito, mesmo que contingenciais. Segundo James Carey, toda mudança tecnológica – seja a invenção da escrita, da prensa ou do telégrafo –, qualquer mudança fundamental nos sistemas de produção, disseminação e preservação da cultura constroem e destroem, simultaneamente, fronteiras sociais. Se há um sentido na visão disseminada nos anos 1990 de que a internet seria uma força de globalização, criando mundos e comunidades sem fronteiras, apontou Carey, é igualmente verdade que, ao mesmo tempo em que estruturas sociais desmoronam, outras são erguidas. Assumindo-se isso, a pergunta que fica é: como o mundo se estrutura e se reestrutura na medida em que alicerces sociais desmoronam e se refazem?

Em 2005, James Carey sugeriu que os desenvolvimentos mais significativos relacionados na época às consequências da internet eram o enfraquecimento dos Estados, a emergência de organizações políticas, econômicas e sociais transnacionais, a violência étnica, o retorno da religião em formas fundamentalistas e o crescimento de novas fronteiras separando classes sociais. Quinze anos depois, uma ampla literatura apresenta preocupações, entre outras coisas, com a ameaça da desinformação, da disrupção da esfera pública, da polarização extremada e do crescimento do discurso de ódio entre os cidadãos, em vários pontos do planeta.

Assim, esta obra traz alguns dos textos essenciais de James Carey que, como dissemos, é tão fundamental quanto desconhecido do público brasileiro. A contribuição de Carey ao debate da comunicação é de importância ímpar em sua criatividade, singularidade e, ainda, nos diálogos intelectuais que estabelece. Nesse sentido, seus trabalhos poderão abrir inúmeros caminhos e perspectivas para a construção de reflexões cada vez mais densas e consistentes na pesquisa da comunicação no Brasil.

1
COMUNICAÇÃO, CULTURA E PODER

Nos três capítulos que se seguem – "Uma abordagem cultural à comunicação", "Comunicação de massa e estudos culturais" e "Superando resistências aos estudos culturais" –, James Carey apresenta sua perspectiva teórica sobre a comunicação. No primeiro capítulo, o autor trabalha a distinção clássica entre as visões de comunicação como transmissão e como ritual, que desenvolve a partir de John Dewey. No segundo, Carey se debruça sobre a importância da obra de Clifford Geertz, *A interpretação das culturas*, para os estudos de comunicação. Por fim, no terceiro e último capítulo desta parte, aborda as resistências acadêmicas aos estudos culturais, em especial aquelas originadas no positivismo e na fenomenologia. Com esses três textos, James Carey aponta para a importância da cultura para os estudos de comunicação, adotando uma epistemologia pragmática que o diferencia dos autores que desenvolvem uma perspectiva apocalíptica no campo.

UMA ABORDAGEM CULTURAL À COMUNICAÇÃO

I

Quando decidi ler seriamente a literatura do campo da comunicação há alguns anos, um homem sábio sugeriu que começasse por John Dewey. É um conselho que nunca me arrependo de ter aceitado. Embora existam limitações ao trabalho de Dewey (seu estilo literário foi descrito por William James como detestável), nele há uma profundidade, um excesso natural às mentes seminais que oferecem complexidades permanentes e paradoxos sobre os quais se interrogar – certamente, uma característica ausente na maior parte da literatura da comunicação.

Em *Experiência e natureza*, Dewey (1939: 385) abre um importante capítulo com a defesa, aparentemente absurda, de que "de todas as coisas, a comunicação é a mais maravilhosa". O que Dewey quis dizer com isso? Se interpretarmos a frase literalmente, deve ser falsa ou banal. Sem dúvida, a maior parte das notícias e entretenimento que recebemos através das mídias de massa são da ordem do que Thoreau previu para o telégrafo internacional: "a informação de que a princesa Adelaide teve tosse convulsa". Passar um tempo diariamente com o *The New York Times* não é algo assim tão trivial, embora seja uma experiência mais deprimente do que maravilhosa. Além disso, a maioria dos encontros com outros é maravilhosa somente em momentos de masoquismo excessivo. A frase de Dewey, segundo qualquer interpretação lógica, é falsa em relação à experiência cotidiana ou, simplesmente, banal, se tão somente sugere que a comunicação é satisfatória ou gratificante em certas ocasiões. Em outro ponto, Dewey faz um comentário igualmente enigmático sobre a comunicação: "a sociedade não existe apenas através da transmissão, da comunicação, mas pode-se dizer que existe *na* transmissão, *na* comunicação" (Dewey, 1916: 5). Qual é o sentido da mudança de preposições?[1] Estaria Dewey afirmando, de forma demasiado antropomórfica, que as sociedades distribuem informação e se tornam possíveis por meio dessas transações e dos canais de comunicação peculiares a elas? Trata-se, certamente, de uma asserção aceitável, porém, não precisaríamos de cientistas sociais e filósofos para nos dizer isso. Tal fato me lembra Robert Nisbet e seu comentário ácido de que, se sociólogos são necessários para nos informar sobre a existência ou não de uma classe dominante, com certeza não precisamos deles. Mas, se essa interpretação for rejeitada, existe garantia de que, depois de removermos camadas de complexidade semântica, alguma coisa mais substancial será revelada?

Acredito que sim, pois a obra de Dewey revela uma inteligência substancial, não prosaica. No lugar de referenciá-lo ritualisticamente (as linhas que citei acima costumam aparecer sem comentário ou interpretação na literatura da comunicação), seria melhor desvendar essa complexidade subjacente pela luz que pode lançar sobre os estudos contemporâneos. Penso que essa complexidade está relacionada à maneira como Dewey emprega comunicação em dois sentidos bem diferentes. Ele entendia melhor do que muitos que a comunicação tem duas definições contrastantes na história do pensamento ocidental, e usou o conflito entre essas acepções como fonte de tensão criativa em seu trabalho. Não surpreende que esse mesmo conflito o levou a cometer alguns de seus erros característicos. Em vez de repetir animadamente as ideias de Dewey ou duplicar inconscientemente seus erros, podemos desenvolver

---

[1] Para uma análise mais elaborada sobre esses assuntos, ver o capítulo "Superando resistências aos estudos culturais".

seu pensamento, explorando a mesma contradição que percebeu em nosso uso do termo "comunicação".

Duas concepções alternativas de comunicação estão vivas desde que o termo entrou no discurso comum, no século XIX. Como boa parte da cultura secular, ambas as definições têm origens religiosas, embora se refiram a regiões da experiência religiosa um tanto diferentes. Há uma visão de comunicação como transmissão e uma visão de comunicação como ritual, mesmo que esses rótulos sirvam apenas como ganchos de suspensão do nosso pensamento.

A visão de comunicação como transmissão é a mais comum em nossa cultura – talvez em todas as culturas industriais – e domina os verbetes de dicionários contemporâneos sobre o termo. É definida por expressões como "distribuir", "enviar", "transmitir" ou "dar informação aos outros". É formada a partir de uma metáfora da geografia ou do transporte. No século XIX, e ainda hoje, até certo ponto, o movimento de bens ou pessoas e o movimento da informação eram vistos como processos essencialmente idênticos, e ambos eram descritos pelo mesmo substantivo "comunicação". O centro dessa ideia de comunicação é a transmissão de sinais ou mensagens a distância para fins de controle. Trata-se de uma visão da comunicação que deriva de um dos sonhos humanos mais antigos: o desejo de aumentar a velocidade e o efeito das mensagens ao viajarem no espaço. Desde a época em que o Alto e o Baixo Egito foram unificados sob a primeira dinastia até a invenção do telégrafo, transporte e comunicação estão inseparavelmente ligados. Embora mensagens pudessem ser produzidas e controladas de modo centralizado através da monopolização da escrita ou da impressão rápida, carregada nas mãos de um mensageiro ou entre as encadernações de um livro, ainda tinham de ser distribuídas por transporte rápido para ter o efeito desejado. O telégrafo acabou com essa relação, mas não destruiu a metáfora. Nossa orientação básica à comunicação continua alicerçada, nas raízes mais profundas do nosso pensamento, na ideia de transmissão: comunicação é um processo pelo qual mensagens são transmitidas e distribuídas no espaço para o controle de distâncias e pessoas.²

Indiquei que essa visão se originou na religião, embora as frases anteriores pareçam dever mais à política, à economia e à tecnologia. De todo modo, as raízes da visão de transmissão da comunicação, pelo menos em nossa cultura, residem em atitudes essencialmente religiosas. Posso ilustrar isso por um caminho tortuoso, mesmo que, no detalhe, inadequado.

Em sua roupagem moderna, a visão de transmissão da comunicação emerge, como corrobora o *Oxford English Dictionary*, no começo da era das navegações e descobrimentos. Somos constantemente lembrados de que os motivos por trás desse vasto movimento no espaço foram políticos e mercantilistas. Certamente, esses estímulos estavam presentes, mas sua importância não deveria obscurecer o fato, igualmente convincente, de que uma das principais motivações para esse deslocamento no espaço era religiosa, como evidenciam a Igreja Reformada Holandesa na África do Sul e os puritanos na Nova Inglaterra. O desejo de escapar das fronteiras da Europa, de criar uma nova vida, de fundar novas comunidades, de esculpir uma Nova Jerusalém nos bosques de Massachusetts era o motivo primário por trás do movimento, sem precedentes, da civilização europeia branca por quase todo o globo. A ampla e, pela primeira vez, democrática migração foi, sobretudo, uma tentativa de trocar um velho mundo por um novo e representou a profunda crença de que o movimento no espaço poderia ser, por si só, um ato redentor. Esta é uma crença da qual os americanos,³ por exemplo, nunca se libertaram.

O transporte, especialmente, quando colocou a comunidade cristã da Europa em contato com a comunidade "pagã" das Américas, foi visto como uma forma de comunicação com implicações profundamente religiosas. Esse movimento no espaço foi uma tentativa de estabelecer e expandir o reino de Deus, de criar as condições sob as quais o entendimento divino poderia ser alcançado, de produzir uma cidade celestial

---

2 Para uma exposição interessante dessa visão, ver Lewis Mumford (1967).

3 NT: Ao longo do livro, "americanos" e "norte-americanos" se referem aos Estados Unidos.

embora ainda terrestre. O significado moral do transporte, portanto, era o estabelecimento e a extensão do reino de Deus na terra.

O significado moral da comunicação era o mesmo. Em meados do século XIX, o telégrafo quebrou a identidade da comunicação com o transporte, mas também levou um pregador da época, Gardner Spring, a exclamar que estávamos na "fronteira de uma colheita espiritual, porque agora o pensamento viaja a vapor e por fios magnéticos" (Miller, 1965: 48). De modo semelhante, "James L. Batchelder pôde declarar que o próprio Todo-Poderoso havia construído a ferrovia para fins missionários e, como profetizado por Samuel Morse com a primeira mensagem telegráfica, o desígnio da invenção não era espalhar o preço da carne de porco, mas fazer a pergunta 'o que Deus tem produzido?'" (Miller, 1965: 52). Essa nova tecnologia entrou no debate dos Estados Unidos não como um fato mundano, mas de inspiração divina, cujo propósito era disseminar a mensagem cristã mais longe e mais rápido, eclipsando o tempo e transcendendo o espaço, salvando pagãos e tornando o dia da salvação mais próximo e provável. À medida que o século avançava e a religião se tornava cada vez mais ligada à ciência aplicada, a nova tecnologia da comunicação passou a ser vista como o instrumento ideal para a conquista do espaço e de populações. Nosso estudioso mais ilustre desses assuntos, Perry Miller, comentou:

> A unanimidade [entre seitas protestantes], que poderia parecer, à primeira vista, totalmente sobrenatural, foi engendrada pelo telégrafo e pela imprensa. Estes transmitiam e publicavam "a emoção da simpatia cristã, com as notícias de graça abundante, de multidões simultaneamente congregadas em cada cidade, de fato, quase reunindo uma nação em uma relação de oração." Também não poderia ser fortuito que o movimento deveria coincidir com o cabo Atlântico, pois ambos foram anunciadores "daquilo que é precursor da vitória espiritual definitiva...". O despertar de 1858 tornou, pela primeira vez, vital para a imaginação americana um programa alcançável de tecnologia cristianizada (Miller, 1965: 91).

Logo, com a expansão das forças da ciência e da secularização, as óbvias metáforas religiosas caíram em desuso e a própria tecnologia da comunicação passou para o centro das reflexões. Além disso, a superioridade da comunicação sobre o transporte foi assegurada pela observação de um comentador do século XIX de que o telégrafo era importante, porque envolvia não apenas a mera "modificação da matéria, mas a transmissão de pensamento". A comunicação era vista como um processo e uma tecnologia que iria, às vezes por motivos religiosos, espalhar, transmitir e disseminar conhecimento, ideias e informações mais longe e rapidamente com o objetivo de controlar espaço e pessoas.

Havia dissidentes, claro, e já citei a observação desencantada de Thoreau sobre o telégrafo. De forma mais pessimista, John C. Calhoun via a "subjugação da eletricidade às necessidades mecânicas do homem [como] a última era da civilização humana" (apud Miller, 1965: 307). Mas, os dissidentes eram poucos, e a visão de transmissão da comunicação, ainda que em formato cada vez mais secularizado e científico, domina nosso pensamento e cultura desde aquela época. Por outro lado, como se pode ver em interpretações populares contemporâneas e mesmo em discussões técnicas sobre novas tecnologias da comunicação, a histórica corrente religiosa nunca foi eliminada do nosso pensamento. Do telégrafo ao computador, a mesma percepção de uma profunda possibilidade para o aperfeiçoamento moral está presente sempre que essas máquinas são invocadas. E não precisamos ser lembrados da regularidade com que um exército de professores, pregadores e colunistas apelam à comunicação aprimorada como o talismã para todos os nossos problemas. De modo mais controverso, posso afirmar, embora sem demonstrar aqui, que as mesmas atitudes básicas operam na maior parte de nossas perspectivas cientificamente sofisticadas sobre a comunicação.

A visão de comunicação como ritual, embora um fio menor no pensamento, é de longe a mais antiga das visões – de fato, antiga o suficiente para os dicionários a listarem como "arcaica". Em uma definição ritual, a comunicação é ligada a termos como "compartilhamento", "participação", "associação", "confraria" e "a posse de uma fé comum". Essa definição explora a antiga identidade e as raízes partilhadas dos termos "comum", "comunhão", "comunidade" e "comunicação". Uma visão ritual da comunicação se refere não à extensão de mensagens no espaço, mas à manutenção da sociedade no tempo; não ao ato de transmitir informações, mas à representação de crenças compartilhadas. Se o caso arquetípico da comunicação na visão de transmissão é o alcance de mensagens na geografia com o propósito de controle, o caso arquetípico na visão ritual é a cerimônia sagrada que une as pessoas em comunidade.

O compromisso da visão de comunicação como ritual com a religião é evidente no nome que a identifica. Deriva de uma compreensão de religião que atenua o papel do sermão, da instrução e da admoestação para enfatizar o papel da reza, do cântico e da cerimônia. Percebe a manifestação original ou mais elevada da comunicação não na transmissão da informação, mas na construção e na manutenção de um mundo cultural ordenado e inteligível, que impõe limites à ação humana.

Apesar de extirpada de suas origens explicitamente religiosas, a visão de comunicação como ritual nunca escapou completamente das suas raízes metafóricas. Escritores nessa tradição costumam se posicionar como herdeiros, em parte, de *As formas elementares da vida religiosa*, de Durkheim, e do argumento formulado pelo autor, em outro trabalho, de que a sociedade substitui o mundo que nossos sentidos revelam por outro que é uma projeção dos ideais criados pela comunidade (Durkheim, 2015 [1924]). Essa projeção dos ideais da comunidade e de sua materialização – em danças, peças de teatro, arquitetura, reportagens, discursos – cria uma ordem simbólica artificial, embora real, que opera para fornecer não informação, mas confirmação, não para alterar atitudes ou mudar mentes, mas para representar uma ordem subjacente das coisas, não para desempenhar funções, mas para apresentar um frágil processo social em curso.

Nos Estados Unidos, a visão de comunicação como ritual não tem sido um tema dominante na produção acadêmica. O pensamento e o trabalho nesse campo foram colados a uma visão de comunicação como transmissão, compatível com os mananciais subjacentes à cultura americana, fontes que penetram a vida científica, bem como o entendimento público comum. Há uma ironia nisso. Não exploramos a visão ritual de comunicação como ritual porque cultura é uma noção extremamente fraca e evanescente no pensamento social americano. Entendemos que outras pessoas têm cultura no sentido antropológico e a registramos regularmente – frequentemente de forma perniciosa e condescendente. Mas, quando nossa atenção crítica recai sobre a cultura americana, o conceito se dissolve em uma categoria residual que é útil somente quando os dados psicológicos e sociológicos forem esgotados. Percebemos que os desfavorecidos vivem em uma cultura de pobreza, usamos a noção de cultura de classe média como um epíteto e às vezes aplaudimos nossa cultura elevada e, geralmente, científica. Mas, a noção de cultura não é somente um termo contundente no discurso intelectual. Essa aversão intelectual à ideia de cultura deriva em parte do nosso individualismo obsessivo, que faz da vida psicológica a realidade suprema; do nosso puritanismo, que leva ao desprezo pelos significados de atividades humanas que não são práticas e orientadas para o trabalho; e do modo como isolamos a ciência da cultura: a ciência oferece verdades livres de cultura, enquanto a cultura leva ao erro etnocêntrico.

Consequentemente, ao buscar referências que enfatizem o papel central da cultura e uma visão de comunicação como ritual, é preciso se apoiar fortemente em fontes europeias ou naquelas americanas profundamente influenciadas por estudos europeus. As oportunidades para mal-entendidos são, portanto, grandes. Nesse sentido, talvez algo da diferença entre as visões de transmissão e ritual da comunicação possa ser apreendido por uma breve análise de concepções alternativas do papel do jornal na vida social. Se examinamos um jornal a partir da visão de transmissão da comunicação, vemos a mídia como um instrumento para a disseminação de notícias e conhecimento, às vezes de divertimentos, em embalagens e distâncias cada vez maiores. Surgem perguntas sobre os efeitos disso nas audiências: as notícias iluminam ou obscurecem a realidade, mudam ou reforçam atitudes, cultivam a credibilidade ou a dúvida? Também emergem questões sobre as funções do noticiário e dos jornais: estes mantêm a integração da sociedade ou sua má adaptação? Funcionam ou não para manter a estabilidade ou promover a instabilidade de personalidades? Tais análises mecânicas normalmente acompanham um argumento de "transmissão".

Uma visão de comunicação como ritual foca em uma variedade diferente de problemas ao examinar um jornal. Por exemplo, pensa a leitura do jornal menos em termos de envio e aquisição de informações e mais como assistir a uma missa, uma situação em que não se aprende nada de novo, mas na qual uma visão particular do mundo é representada e reforçada. Ler, bem como escrever, notícias é um ato ritual e, além do mais, dramático. O que é apresentado ao leitor não é pura informação, mas um retrato das forças em oposição no mundo. Enquanto leitores percorrem o jornal, envolvem-se em uma mudança contínua de papéis ou de focos dramáticos. Uma reportagem sobre crise monetária nos cumprimenta como patriotas lutando contra antigos inimigos da Alemanha e do Japão; outra sobre o encontro da bancada política das mulheres nos coloca dentro de um movimento de liberação como apoiadores ou oponentes; uma história de violência no campus evoca antagonismos e ressentimentos. O modelo aqui não é de aquisição de informação, embora isso ocorra, mas de uma ação dramática em que o leitor se junta a um mundo de forças conflitantes como um observador em uma peça. Não encontramos questões sobre o efeito ou as funções de mensagens como tais, mas o papel da apresentação e do envolvimento na estruturação da vida e do tempo. Reconhecemos, como em outros rituais religiosos, que notícias mudam pouco e, ainda assim, são intrinsicamente satisfatórias; mesmo que desempenhem poucas funções, são consumidas habitualmente. Jornais não operam como uma fonte de efeitos ou funções, mas como apresentações dramaticamente satisfatórias, o que não significa dizer agradáveis, do que o mundo fundamentalmente é. E é nesse papel – aquele de um texto – que um jornal é visto. Como uma briga de galos balinesa, um romance de Dickens, um drama elisabetano, um comício estudantil, o jornal é uma apresentação da realidade que confere à vida uma forma geral, um ordenamento.

Além disso, notícias são uma realidade histórica. São uma forma de cultura inventada por uma classe específica em um ponto determinado da história – nesse caso, pela classe média, em grande parte, no século XVIII. Como qualquer forma cultural inventada, notícias tanto engendram quanto refletem uma "fome por experiência" particular, um desejo de dispensar com o épico, o heroico e o tradicional em favor do único, do original e do novo – "*news*" em inglês. Essa "fome" tem uma história calcada na mudança de estilo e sorte da classe média e, como tal, não representa um gosto universal ou uma forma necessariamente legítima de conhecimento (Park, 1940), mas uma invenção do tempo histórico, que, como a maior parte das invenções humanas, irá se dissolver quando a classe que a sustenta, e a sua possibilidade de ter significado para nós, evaporar.

Sob uma visão ritual, portanto, notícias não são informação, mas drama. Não descrevem o mundo, mas reproduzem uma arena de forças e ação dramáticas; existem apenas no tempo histórico; e convidam nossa participação com base em assumirmos, muitas vezes vicariamente, papéis sociais dentro delas.[4]

Nenhuma das duas visões contrapostas da comunicação necessariamente nega o que a outra afirma. A visão ritual não exclui os processos de transmissão de informação ou de mudança de atitude. Apenas argumenta que não se podem entender esses processos completamente a menos que sejam considerados também por uma visão ritualística da

---

4 O único tratamento das notícias que se assemelha à descrição oferecida aqui é *The Play Theory of Mass Communication* de William Stephenson (1967). Embora o tratamento de Stephenson deixe muito a desejar, particularmente, porque se envolve em algumas questões metodológicas, em grande parte, irrelevantes, seu estudo ainda assim é uma tentativa genuína de oferecer uma alternativa às nossas visões da comunicação.

comunicação e da ordem social. Igualmente, até escritores casados inseparavelmente com a visão de transmissão da comunicação precisam incluir alguma noção, tal como a comunhão fática de Malinowski, que ateste, não importa o quão tardiamente, o lugar da ação ritual na vida social. Não obstante, em questões intelectuais, origens determinam fins. O ponto exato em que se procura desequilibrar o problema da comunicação determina, em larga medida, o caminho que a análise pode seguir.

O poder do trabalho de Dewey deriva de sua análise profunda dessas visões contrapostas da comunicação. A comunicação é "maravilhosa", porque é a base da comunhão humana; produz os laços sociais, falsos ou não, que unem pessoas e tornam a vida em associação possível. A sociedade é viável por causa das forças de ligação de informações compartilhadas que circulam em um sistema orgânico. O fragmento a seguir revela essa tensão e a ênfase final de Dewey sobre uma visão ritual da comunicação:

> Há mais do que uma ligação verbal entre as palavras comum, comunidade e comunicação. Homens vivem em uma comunidade em virtude das coisas que têm em comum; e a comunicação é a maneira pela qual eles vêm a possuir coisas em comum. O que devem ter em comum... são objetivos, crenças, aspirações, conhecimento – um entendimento comum –, afinidade, como dizem os sociólogos. Essas coisas não podem ser passadas fisicamente de um para outro como tijolos; não podem ser compartilhadas como pessoas partilhariam uma torta, dividindo-a em pedaços físicos... Consenso demanda comunicação (Dewey, 1916: 5-6).

Dewey, como todos nós, muitas vezes traía seu próprio pensamento. Suas esperanças para o futuro frequentemente superavam o impacto de sua análise. Ah! "O desejo é pai do pensamento." Ele passou a supervalorizar informações científicas e tecnologias da comunicação como um solvente para problemas sociais e uma fonte de laços sociais. Porém, a tensão entre essas visões ainda pode abrir uma série de problemas significativos em comunicação, pois, não apenas representam diferentes concepções de comunicação, mas correspondem a períodos históricos, tecnologias e formas de ordem social particulares.[5]

A visão de transmissão da comunicação domina o pensamento americano desde os anos 1920. Quando ingressei no campo, senti que essa visão da comunicação, expressa em termos comportamentais e funcionais, estava esgotada. Havia se tornado acadêmica: a repetição de conquistas passadas, a demonstração do indubitável. Embora levasse a realizações sólidas, não poderia ir mais adiante sem consequências intelectuais e sociais desastrosas. Senti que era necessário retomar a análise, revigorá-la com a tensão presente na obra de Dewey e, sobretudo, recorrer à biologia, à teologia, à antropologia e à literatura para ter material intelectual com o qual pudesse escapar da esteira onde estávamos correndo.

II

Mas, onde devemos buscar, mesmo que provisoriamente, recursos para obter uma perspectiva revigorada sobre a comunicação? No meu caso, pelo menos, encontrei esses recursos voltando para o trabalho de Weber, Durkheim, de Tocqueville e Huizinga, além de usar contemporâneos como Kenneth Burke, Hugh Duncan, Adolph Portman, Thomas Kuhn, Peter Berger e Clifford Geertz. Basicamente, porém, a tradição mais viável, embora ainda inadequada, do pensamento social sobre a comunicação vem daqueles colegas e descendentes de Dewey na Escola de Chicago: de Mead e Cooley, passando por Robert Park, até Erving Goffman.

A partir de tais fontes, pode-se extrair uma definição de comunicação de simplicidade sedutora, mas, penso eu, de algum poder e alcance

---

5 Acredito que essas visões contrastantes sobre a comunicação também se relacionam com visões contrastantes sobre a natureza da linguagem, do pensamento e do simbolismo. A visão de transmissão da comunicação leva para uma ênfase sobre a linguagem como um instrumento de ação prática e raciocínio discursivo, do pensamento como essencialmente conceitual e individual ou reflexivo, e do simbolismo como sendo, predominantemente, analítico. Uma visão ritual da comunicação, por outro lado, considera a linguagem como um instrumento de ação dramática, do pensamento como, essencialmente, situacional e social, e do simbolismo como, fundamentalmente, fiduciário.

intelectual: a comunicação é um processo simbólico pelo qual a realidade é produzida, mantida, reparada e transformada.

Deixe-me tentar elucidar aquela longa primeira oração enfatizando a produção simbólica da realidade.

Um dos maiores problemas que encontramos ao falar sobre comunicação é que o substantivo se refere à experiência humana mais comum, corriqueira. É verdade a afirmação de Marshall McLuhan de que a única coisa que o peixe não percebe é a água, a própria mídia que forma seu ambiente e suporta sua existência. De modo semelhante, a comunicação, através da linguagem e de outras formas simbólicas, abrange a ambiência da existência humana. As atividades que chamamos coletivamente de comunicação – conversar, dar instruções, disseminar conhecimento, compartilhar ideias significativas, buscar informações, entreter e ser entretido – são tão ordinárias e banais, que dificilmente prendem nossa atenção. Ao mesmo tempo, quando visitamos esse processo intelectualmente, tendemos a focar no trivial e não problemático, de tão familiarizados que estamos com o misterioso e o maravilhoso presentes na comunicação.

Certa vez, um sábio definiu o propósito da arte como "tornar o fenômeno estranho". As coisas podem se tornar tão familiares que deixamos de percebê-las. A arte, no entanto, pode tirar fenômenos comuns – como o som do mar, a entonação de uma voz, a textura de um tecido, o desenho de um rosto, um jogo de luz sobre uma paisagem – do pano de fundo da existência e colocá-los em primeiro plano para consideração. Ao descrever que Daisy Buchanan tinha "uma voz cheia de dinheiro", Scott Fitzgerald nos induz, se estivermos abertos para a experiência, a ouvir mais uma vez aquela coisa comum, o som de uma voz, e contemplar o que esta prenuncia. Ele captura nossa apreensão e a direciona para o mistério da personagem tal como revelado no som.

Da mesma forma, as ciências sociais podem pegar os fatos mais óbvios, ainda que de fundo, da vida social e trazê-los para o primeiro plano do deslumbramento. Podem nos fazer contemplar os milagres específicos da vida social que passam desapercebidos, que se tornaram muito básicos e descomplicados para serem notados. Quando observa que a comunicação é a mais maravilhosa das coisas, Dewey tenta fazer precisamente isso: induzir em nós uma capacidade para a admiração e o espanto diante dessa atividade comum. Dewey sabia que o conhecimento crescia de forma mais efetiva no ponto em que as coisas se tornavam problemáticas, quando experimentamos uma "lacuna de informação" entre as circunstâncias que nos impeliram a agir e o que precisávamos saber para realizar a ação. Essa lacuna de informação, essa percepção do problemático, frequentemente, pode ser induzida apenas despojando a vida de suas armadilhas banais e expondo nosso senso comum ou suposições científicas a uma luz irônica que torna o fenômeno estranho.

Até certo ponto, minha primeira oração tenta fazer exatamente isso. Nosso senso comum e o realismo científico confirmam o fato de que existe, primeiro, um mundo real de objetos, eventos e processos que observamos. Em segundo lugar, existem a linguagem ou os símbolos que nomeiam esses eventos no mundo real e criam descrições mais ou menos adequadas deles. Há a realidade e, depois do fato, nossos relatos sobre ela. Insistimos em que existe uma distinção entre realidade e fantasia; insistimos em que nossos termos se sustentam em relação a esse mundo como sombra e substância. Enquanto a linguagem costuma distorcer, ofuscar e confundir nossa percepção do mundo exterior, raramente discordamos desse realismo duro. Removemos camadas semânticas de termos e significados para revelar esse domínio mais substancial da existência. A linguagem está para realidade assim como o secundário está para o primário no velho paradigma de Galileu, de onde parte essa visão.

Com a primeira oração, pretendo inverter essa relação, não para fazer grandes argumentações metafísicas, mas, antes, para tornar a comunicação uma atividade bem mais problemática do que costuma parecer, reordenando seu vínculo com a realidade.

Quero sugerir, fazendo um jogo com o Evangelho de São João, que no princípio era o verbo; palavras não são nomes para coisas, mas sim coisas são signos de palavras, como na frase de Kenneth Burke. A realidade não é dada, não existe humanamente, independentemente da linguagem e da qual a linguagem é uma pálida refração. Ao contrário, a realidade é levada à existência, produzida pela comunicação – em suma, pela construção, pela apreensão e pela utilização de formas simbólicas.[6] A realidade, embora não seja mera função de formas simbólicas, é produzida por sistemas terminísticos – ou pelos humanos que produzem tais sistemas – que concentram sua existência em termos específicos.

Sob a influência do realismo, normalmente presumimos que há uma ordem para a existência que a mente humana pode, através de alguma faculdade, descobrir e descrever. Proponho que a realidade não está lá para ser descoberta em detalhes significativos. O mundo é entrópico – isto é, não é estritamente ordenado –, mas sua variedade é limitada o suficiente para a mente conseguir apreender seu esboço e implantar uma ordem sobre e dentro das amplas e elásticas restrições da natureza. Em termos coloquiais, não existem linhas de latitude e longitude na natureza, mas ao revestir o globo com esse arranjo simbólico particular, embora não exclusivamente correto, uma ordem é imposta sobre a organização espacial e certos objetivos humanos limitados são atendidos.

Qualquer que seja a realidade na mente do Deus do bispo Berkeley, o que quer que seja para outros animais, para nós é uma vasta produção, uma criação encenada – algo produzido e mantido humanamente. Seja qual for a ordem no mundo, esta não é dada em nossos genes ou exclusivamente fornecida pela natureza. Como colocado pelo biólogo J. Z. Young (1951: 61), "o cérebro de cada um de nós literalmente cria seu próprio mundo"; a ordem da história é, conforme Eric Voegelin, "a história da ordem" – as múltiplas formas pelas quais pessoas conferem

---

6 Não quero sugerir com isso que a linguagem constitui o mundo real, como Ernst Cassirer parece argumentar. Gostaria de propor que o mundo só pode ser apreendido pelos humanos através da linguagem ou de alguma outra forma simbólica.

importância, ordem e significado ao mundo através da agência de seus próprios processos intelectuais.

Ernst Cassirer fez essa afirmação e outros a repetiram a ponto de mitigar sua significância: o ser humano vive em uma nova dimensão da realidade, uma realidade simbólica, e é por meio da agência dessa capacidade que a existência é produzida. Porém, embora seja dita com frequência, raramente é investigada. Mais do que repetir, temos que levar essa ideia a sério, segui-la até o fim da linha, avaliar sua capacidade de vivificar nossos estudos. O que Cassirer argumenta é que precisamos examinar a comunicação, até a comunicação científica, até a expressão matemática, como o fenômeno primário da experiência e não como algo mais "brando" e derivado de uma natureza existente mais "real".

Antes que considerem isso obscuro, permitam-me ilustrar com um exemplo ao mesmo tempo tão modesto e transparente que o significado ficará claro mesmo que complexidades envolventes sejam sacrificadas. Suponhamos que tivesse de ensinar a uma criança de seis ou sete anos o caminho de casa para a escola. A criança já passou de carro pela escola, que fica a seis ou sete quarteirões de distância, portanto, consegue reconhecê-la. Porém, não tem ideia da relação entre sua casa e a escola. O espaço entre esses dois pontos poderia muito bem ser um deserto nunca percorrido. O que fazer nessa situação?

Existem diversas opções. Pode-se deixar a criança descobrir o trajeto por tentativa e erro, corrigindo-a ao longo do percurso, exatamente como um experimento de condicionamento. Outra opção é colocar a criança para seguir um adulto, como fazem, segundo me relatam, os apaches, "impregnando" o trajeto nela. No entanto, o método mais comum é simplesmente desenhar um mapa para a criança. Ao organizar no papel linhas, ângulos, nomes, quadrados que denotam ruas e edifícios em um padrão, transforma-se o espaço vazio em um ambiente caracterizado. Embora alguns ambientes sejam mais fáceis de caracterizar do que outros – daí a noção de desertos nunca percorridos –, o espaço é entendido e administrável quando representado em forma simbólica.

O mapa serve como representação de um ambiente capaz de esclarecer uma situação problemática. É capaz de orientar o comportamento e, simultaneamente, transformar o espaço de indiferenciado em configurado, isto é, conhecido, apreendido, entendido.

Observe também que um ambiente, qualquer espaço dado, pode ser mapeado de diferentes maneiras. Por exemplo, podemos mapear um espaço particularmente importante pela produção de uma descrição poética ou musical. Como na canção que diz "*first you turn it to the left, then you turn it to the right*", um espaço pode ser mapeado por um fluxo de discurso poético que expressa uma essência espacial e que também garante, através da exploração dos dispositivos mnemônicos da canção e da poesia, que o "mapa" possa ser retido na memória.[7] Quando o poema é recordado em momentos apropriados, o espaço pode ser efetivamente configurado.

Um terceiro meio de mapear o espaço é o ritual dançado. Os movimentos da dança podem refletir movimentos adequados no espaço. Ao aprender a dançar, a criança adquire uma representação do espaço que em outra ocasião pode orientar seu comportamento.

O espaço pode ser mapeado, portanto, de diferentes modos – pela utilização de linhas em uma página, sons no ar, movimentos em uma dança. Todos os três são formas simbólicas, embora os símbolos sejam distintos: visual, oral e cinestésico. Além do mais, cada forma simbólica possui duas características diferenciadoras: substituição e produtividade. Como a linguagem comum, cada modo permite falar sobre ou representar algo quando a coisa em questão não está presente. Essa capacidade de substituição, de produzir um ato complicado quando o estímulo "real" não está presente fisicamente, é outra que costuma ser observada, embora não seja totalmente explorada. Em segundo lugar, cada uma dessas formas simbólicas é produtiva, pois uma pessoa no comando de símbolos é capaz de produzir um número infinito de representações com base em um número finito de elementos simbólicos. Isso vale para

---

7 NT: "primeiro você o vira para a esquerda, depois o vira para a direita".

a linguagem assim como para outras formas simbólicas: um conjunto finito de palavras ou de fonemas pode produzir, através de combinação gramatical, um conjunto infinito de frases.

Frequentemente, argumentamos que um mapa representa a simplificação ou a abstração de um ambiente. Nem todas as características de um ambiente são mostradas, já que o objetivo de uma representação é expressar não a possível complexidade das coisas, mas sim a sua simplicidade. O espaço se torna administrável pela redução da informação. Ao fazer isso, no entanto, mapas diferentes dão vida ao mesmo ambiente de diferentes formas; produzem realidades bastante diversas. Portanto, viver dentro da abrangência de diferentes mapas é viver dentro de diferentes realidades. Mapas não constituem apenas a atividade de mapeamento; constituem a própria natureza.

Uma implicação adicional diz respeito à natureza do pensamento. Em nossa tradição predominantemente individualista, estamos acostumados a considerar o pensamento como algo essencialmente privado, uma atividade que ocorre na cabeça – graficamente representada pela escultura *O Pensador* de Rodin. Gostaria de sugerir, em contraposição, que o pensamento é predominantemente público e social. Acontece primeiro em lousas, danças e poemas recitados. A capacidade para o pensamento privado é um talento derivado e secundário, que aparece biograficamente mais tarde na pessoa, e historicamente mais tarde na espécie. O pensamento é público, porque depende de um estoque de símbolos disponível publicamente. É público em um segundo e mais forte sentido. Pensar é construir mapas de ambientes. O pensamento envolve construir um modelo do ambiente e executá-lo mais rápido do que o ambiente para ver se a natureza pode ser coagida a operar como o modelo. No exemplo anterior, o mapa da vizinhança e o caminho de casa para a escola representam o ambiente; o dedo que aponta o mapa e traça o caminho é a representação da criança, o pedestre. "Executar" o mapa é mais rápido do que percorrer o trajeto e constitui o "experimento" ou o "teste".

O pensamento é a construção e a utilização de tais mapas, modelos e padrões: jogadas de futebol são desenhadas no quadro, equações no papel, danças rituais contam a natureza de ancestrais, e fluxos de prosa como essa tentam, do mundo iluminado em que vivemos, apresentar a natureza da comunicação.

Esse milagre particular que realizamos diariamente e a cada hora – o milagre de produzir a realidade para então viver dentro e de acordo com o que produzimos – repousa sobre uma qualidade específica dos símbolos: sua capacidade de ser representação "da" e "para" a realidade.[8]

A planta de uma casa, por um lado, é uma representação "para" a realidade: sob sua orientação e seu controle, é produzida uma realidade – a casa – que expressa as relações contidas em forma reduzida e simplificada na planta. Porém, há um segundo uso para a planta. Caso a descrição de uma casa específica seja solicitada, pode-se simplesmente apontar para a planta e dizer: "essa é a casa". Aqui, a planta é uma representação ou símbolo da realidade: expressa ou representa, em uma mídia alternativa, uma formulação sinóptica da natureza de uma realidade específica. Embora essas sejam apenas duas faces da mesma moeda, apontam para a dupla capacidade de formas simbólicas: como "símbolos de", apresentam a realidade; como "símbolos para", criam a própria realidade que apresentam.

Em meu exemplo anterior, o mapa da vizinhança em um modo é "símbolo de", uma representação que pode ser apontada quando alguém pergunta sobre a relação entre a casa e a escola. No limite, o mapa se torna uma representação da realidade quando, sob sua orientação, a criança faz seu caminho de casa para a escola e, através dos pontos cegos bem como das observações específicas que o mapa induz, experimenta o espaço tal como este é sinopticamente formulado no mapa.

Não é diferente com um ritual religioso. Em um modo, representa a natureza da vida humana, sua condição e significado, e em outro modo, é "símbolo para", induz as disposições que parece apenas retratar.

---

8 Essa formulação, como muitos outros aspectos deste ensaio, é fortemente dependente do trabalho de Clifford Geertz (1981 [1973]).

Toda atividade humana se resume a esse exercício (como resistir à palavra "ritual"?) de quadratura do círculo. Primeiro, produzimos o mundo por meio de trabalho simbólico e, em seguida, fixamos residência neste mundo produzido por nós. Aí, há mágica em nosso autoengano.[9]

Não apenas produzimos a realidade, mas devemos manter o que produzimos, pois há sempre novas gerações chegando para as quais nossas produções são incipientemente problemáticas e para as quais a realidade precisa ser regenerada e tornada oficial. A realidade tem de ser reparada, pois constantemente se rompe: pessoas se perdem física e espiritualmente, experimentos falham, evidências contrárias à representação são produzidas, a perturbação mental se instala – tudo isso ameaça nossos modelos de e para a realidade e leva a um intenso trabalho de reparo. Finalmente, devemos, muitas vezes com medo e pesar, jogar fora nossas representações autorizadas da realidade e começar a construir o mundo de novo. Vamos dormir – para escolher um exemplo não exatamente ao acaso – behavioristas convictos, que veem a linguagem, sob a influência de Skinner, como uma questão de condicionamento operante, e acordamos, por motivos misteriosos, racionalistas convictos, reconstruindo nosso modo de linguagem, sob a influência de Chomsky, na linha de estruturas profundas, de transformações e aparências superficiais. Estes são dois mundos intelectuais distintos para se viver, e podemos descobrir que as anomalias de um nos levam a transformá-lo em outro.[10]

---

9 Evidentemente, não produzimos apenas um mundo; produzimos tantos quanto podemos, e vivemos em um trânsito fácil ou doloroso entre eles. Esse é o problema que Alfred Schutz (1967) analisou como o fenômeno das "realidades múltiplas". Não posso tratar desse problema aqui, mas devo acrescentar que alguma perspectiva sobre a natureza múltipla da realidade produzida é necessária para dar algum sentido à área bastante sombria dos "efeitos" comunicativos.

10 O exemplo e a linguagem não são fortuitos. A obra *A estrutura das revoluções científicas* de Thomas Kuhn (2017 [1962]) pode ser considerada uma descrição de como um mundo científico é produzido (criação de paradigma), mantido (articulação, treinamento do paradigma, através de modelos, por uma nova geração de cientistas), reparado (ao se rejeitar fenômenos anômalos, omitir evidência contrária, forçar a natureza de forma mais vigorosa a caber em caixas conceituais) e transformado (em revoluções e sua institucionalização em livros didáticos e sociedades científicas).

Estudar comunicação é examinar o processo social concreto em que formas simbólicas são criadas, apreendidas e utilizadas. Quando descrita dessa forma, alguns acadêmicos a dispensam como insuficientemente empírica. Meu ponto de vista é o oposto, pois vislumbro uma tentativa de limpar noções existentes sobre a comunicação que servem apenas para desvitalizar nossos dados. Nossas tentativas de construir, manter, reparar e transformar a realidade são atividades publicamente observáveis que acontecem no tempo histórico. Criamos, expressamos e transmitimos nosso conhecimento sobre e atitudes frente à realidade através da construção de uma variedade de sistemas de símbolos: arte, ciência, jornalismo, religião, senso comum, mitologia. Como fazemos isso? Quais são as diferenças entre essas formas? Quais são as variações históricas e comparativas nelas? Como mudanças na tecnologia da comunicação afetam o que podemos concretamente criar e apreender? Como grupos na sociedade disputam sobre definições do que é real? Estas são algumas das questões, formuladas, talvez, de maneira muito simples, que os estudos da comunicação devem responder.

Por fim, permitam-me enfatizar um aspecto irônico do estudo da comunicação, uma forma pela qual nosso tema se dobra sobre si mesmo e nos apresenta uma série de problemas éticos. Uma das atividades nas quais caracteristicamente nos envolvemos, como neste ensaio, é a comunicação sobre a própria comunicação. No entanto, a comunicação não é um fenômeno puro que podemos descobrir; não existe comunicação a ser revelada na natureza através de algum método objetivo, livre da corrupção da cultura. Entendemos a comunicação na medida em que somos capazes de construir modelos ou representações desse processo. Mas, nossos modelos de comunicação, como todos os demais, têm esse aspecto duplo – um "de" e um "para". Por um lado, os modelos de comunicação nos dizem o que é o processo; por outro, produzem o comportamento que descreveram. A comunicação pode ser modelada de diversas maneiras empiricamente adequadas, mas esses diversos modelos têm diferentes implicações éticas, pois produzem diferentes formas de relações sociais.

Enfrentemos esse dilema diretamente. Não há em nossos genes nada que nos diga como criar e executar essas atividades que resumimos no termo "comunicação". Para nos envolvermos nessa atividade – escrevendo um ensaio, produzindo um filme, entretendo uma plateia, transmitindo informação e conselho –, teremos de descobrir modelos em nossa cultura que nos contem como esse milagre específico é alcançado. Tais modelos são encontrados no senso comum, na lei, em tradições religiosas e, cada vez mais, nas próprias teorias científicas. Tradicionalmente, modelos de comunicação eram encontrados no pensamento religioso. Por exemplo, ao descrever as raízes da visão de transmissão da comunicação no pensamento religioso americano do século XIX, quis indicar o seguinte: o pensamento religioso não apenas descrevia a comunicação; também apresentava um modelo para os usos apropriados da linguagem, as formas aceitáveis de contato humano, os fins para os quais a comunicação deveria servir, os motivos que deveria manifestar. Ensinava o que pretendia exibir.

Hoje, modelos de comunicação são encontrados menos na religião do que na ciência, mas suas implicações são as mesmas. Por exemplo, as ciências sociais dos Estados Unidos geralmente representavam a comunicação, dentro de uma visão de transmissão predominante, em termos de um modelo de poder ou de ansiedade. Estes correspondem, aproximadamente, ao que é encontrado nas teorias da informação, da aprendizagem e da influência (poder) e na dissonância, na teoria do equilíbrio e no funcionalismo ou na análise dos usos e das gratificações (ansiedade). Não posso adequadamente explicá-las aqui, mas essas visões reduzem a extraordinária diversidade fenomenológica da comunicação a uma arena em que pessoas ou buscam poder ou fogem da ansiedade. E basta monitorar o comportamento de instituições modernas para perceber até que ponto esses modelos criam, por meio de políticas e programas, as relações e os motivos abstratos que representam.

Modelos de comunicação, portanto, não são apenas representações da comunicação, mas representações para a comunicação: padrões que orientam, com sucesso ou não, processos concretos de interação humana, de massa e interpessoal. Sendo assim, o estudo da comunicação envolve examinar a construção, a apreensão e o uso dos próprios modelos de comunicação – sua construção no senso comum, na arte e na ciência, sua criação e seu uso historicamente específicos: em encontros entre pais e filhos, anunciantes e consumidores, assistentes sociais e pedintes, professores e alunos. Por trás e dentro desses encontros estão modelos de contato e interação humanos.

Nossos modelos de comunicação, consequentemente, criam o que fingimos que apenas descrevem. Como resultado, nossa ciência é reflexiva, para usar um termo de Alvin Gouldner. Não apenas descrevemos comportamentos; criamos um canto particular da cultura – cultura que determina, em parte, o tipo de mundo comunicativo que habitamos.

Raymond Williams, cuja análise devo seguir como conclusão, vai direto ao ponto:

> A comunicação começa na luta para aprender e descrever. Para iniciar esse processo em nossas mentes e passar seus resultados para outros, dependemos de certos modelos de comunicação, certas regras e convenções através das quais podemos fazer contato. Podemos mudar esses modelos quando se tornam inadequados ou modificá-los e estendê-los. Nossos esforços para fazê-lo e para usar os modelos existentes de maneira bem-sucedida tomam uma grande parte de nossa energia vital. (...) Além disso, muitos dos nossos modelos de comunicação se tornam eles próprios instituições sociais. Certas atitudes para com outros, certas formas de tratamento, certos tons e estilos se materializam em instituições, que assim ficam muito poderosas em efeito social. (...) Essas pressuposições contestáveis são frequentemente incorporadas em instituições sólidas e práticas, que, então, ensinam os modelos de onde partem (Williams, 1966: 19-20).

Esta relação entre ciência e sociedade descrita por Williams não passou totalmente despercebida pelo público e é responsável por parte do amplo interesse pela comunicação. Não estou falando apenas do hábito contemporâneo de reduzir todos os problemas humanos a problemas ou a falhas de comunicação. Reconheçamos o hábito por aquilo que é: uma tentativa de recobrir a realidade com clichês e fornecer um crucifixo semântico para afastar vampiros modernos. Mas, nosso cinismo apropriado não deve nos impedir de descobrir o núcleo de verdade em tais frases.

Se seguirmos Dewey, perceberemos que problemas de comunicação estão ligados a problemas da comunidade, a problemas que cercam os tipos de comunidades que criamos e nas quais vivemos.[11] Para a pessoa comum, a comunicação consiste somente em um conjunto de atividades cotidianas: conversar, transmitir instruções, divertir-se, sustentar debates e discussões, obter informações. A qualidade sentida de nossas vidas está conectada a tais atividades e ao modo como as realizamos dentro das comunidades.

Nossas mentes e vidas são moldadas por nossa experiência total – ou melhor, por representações da experiência –, e, como argumentou Williams, um nome para essa experiência é comunicação. Se tentarmos examinar a sociedade como uma forma de comunicação, veremos que é um processo por meio do qual a realidade é criada, compartilhada, modificada e preservada. Quando este processo se torna opaco, quando faltam modelos de e para a realidade que tornem o mundo apreensível, quando não conseguimos descrevê-lo e compartilhá-lo, quando somos incapazes de nos conectar com outros devido a uma falha em nossos modelos de comunicação, encontramos problemas de comunicação em sua forma mais potente.

---

11 Ver Dewey (1927). Para manter a continuidade do argumento, permitam-me sublinhar a relação entre a construção de modelos e a comunidade usando uma frase de Thomas Kuhn (2017 [1962]: 128) fora de contexto: "a escolha entre paradigmas em competição demonstra ser uma escolha entre modos incompatíveis de vida comunitária."

O amplo interesse social na comunicação deriva de uma confusão em nossos modelos de comunicação e comunidade. Essa confusão, por sua vez, deriva de um compromisso obsessivo com a visão de transmissão da comunicação e a consequente representação da comunicação em modelos complementares de poder e ansiedade. Como resultado, quando pensamos na sociedade, somos quase coagidos por nossas tradições a vê-la como uma rede de poder, administração, decisão e controle – como uma ordem política. Alternativamente, entendemos a sociedade essencialmente como relações de propriedade, produção e comércio – uma ordem econômica. Mas, a vida social é mais do que poder e comércio (e mais do que terapia). Como argumentou Williams, também inclui o compartilhamento de experiências estéticas, ideias religiosas, valores e sentimentos pessoais e noções intelectuais – uma ordem ritual.

Nossos modelos de comunicação existentes são menos uma análise do que uma contribuição para o caos da cultura moderna, e estamos sendo penalizados, de maneiras significativas, pelo longo abuso de processos comunicativos fundamentais a serviço da política, do comércio e da terapia. Vejamos em três exemplos. Por termos considerado cada novo avanço como uma oportunidade para a política e a economia, dedicamos as tecnologias da comunicação, quase que exclusivamente, a questões de governo e comércio. Raramente entendemos esses avanços como oportunidades de expansão dos poderes das pessoas para aprender e trocar ideias e experiências. Por termos considerado a educação, principalmente, em termos de seu potencial para a economia e a política, nós a transformamos em uma forma de cidadania, profissionalismo, consumismo e, cada vez mais, terapia. Por termos considerado nossas cidades como domínio da política e da economia, estas se tornaram a residência da tecnologia e da burocracia. Nossas ruas são projetadas para acomodar o automóvel, nossas calçadas para facilitar o comércio, nossos terrenos e casas para satisfazer a economia e a especulação imobiliária.

O objetivo, então, de reformular nossos estudos da comunicação em termos de um modelo ritual não é apenas apreender mais firmemente a essência deste processo "maravilhoso", mas encontrar um caminho pelo qual devemos reconstruir um modelo de e para a comunicação que tenha algum valor restaurador de modo a remodelar nossa cultura comum.

COMUNICAÇÃO DE MASSA E ESTUDOS CULTURAIS

No parêntese irregular e prolongado que compreende a Segunda Guerra Mundial e a Guerra da Coreia, um grande debate ressurgiu entre intelectuais dos Estados Unidos sobre a natureza e a política da cultura popular (*popular culture*). O tema em discussão nunca foi bem definido, e, como de costume nesses assuntos, os antagonistas continuaram a responder perguntas que ninguém estava fazendo. Nesse contexto, "popular" se referia a certos objetos e práticas consumidos ou acessados por todos os estratos da população. "Cultura" se referia a artefatos expressivos – palavras, imagens e objetos que carregavam significados. De fato, o debate se concentrava, quase que exclusivamente, no entretenimento popular – músicas, filmes, narrativas. O crescimento da cultura popular – sua história, significado e importância – era debatido por uma coleção improvável de radicais desiludidos que deixaram a política no interregno entre o pacto nazista-soviético e a Guerra do Vietnã, de conservadores indignados que viam as artes populares como a grande ameaça à tradição, e de intelectuais liberais presunçosos que, finalmente, depois da Segunda Grande Guerra, haviam alcançado posições de poder e influência. Os líderes do debate eram Dwight MacDonald (1962), C. Wright Mills (1975 [1956]) e Edward Shils (1959). MacDonald, em contraste com seu trotskismo político, liderou o ataque conservador antipopulista e antiburguês à cultura popular em nome do povo e da elite. Mills atacou as artes populares pela esquerda em nome de uma comunidade democrática autêntica e contra a manipulação da economia política, bem como das elites acadêmicas que controlavam o sistema de produção industrial na cultura. Shils defendia o centro da crença liberal: o gosto não estava sendo rebaixado nem explorado; artistas eram mais livres e melhor remunerados, enquanto o público se divertia mais; a criatividade artística e a produtividade intelectual estavam em patamares tão altos quanto em qualquer outro momento da história.

Gradualmente, o debate se evaporou e os protagonistas se voltaram para outros temas. Como é comum em debates intelectuais, nesse também não se chegou a uma resolução das questões. Quando a problemática inteira foi formulada e exposta pelos protagonistas, ficou claro que todos estavam certos: seguramente, a tradição estava sendo apagada; em diversos aspectos, as coisas estavam melhores do que nunca e, com certeza, não piores para a massa de homens e mulheres; e pessoas comuns estavam sob o bombardeio constante de uma cultura superficial e manipuladora controlada por uma "elite do poder". Mas, se essa foi a conclusão prudente, ilustra como, em matéria intelectual, a prudência nem sempre é o curso mais desejável. Em vez de resolver o debate, perdemos um tema de discussão.

Nos anos 1960, o estudo da cultura popular foi absorvido ou desapareceu na sociologia funcional e na psicologia behaviorista – na tradição dos "efeitos". Havia exceções brilhantes, nomes como os de Roland Barthes, Raymond Williams e John Cawelti vêm à mente, mas aquilo que restou do estudo da cultura popular, em fóruns tais como o *Journal of Popular Culture,* caiu na trivialidade ou na confusão; foi desconectado de qualquer preocupação apaixonada ou de um quebra-cabeça intelectual urgente. Quando o tema da cultura popular reemergiu nos anos 1970, tinha sido despojado de suas preocupações morais, estéticas e sociais mais amplas e tinha sido tomado por uma única problemática prevalente: a questão do poder e da dominação.

Muito se ganhou nessa jornada, mas muito se perdeu também. O debate original levantou e, em seguida, prontamente obscureceu uma questão intelectual ainda intrigante: qual é o sentido de conceber o mundo nos termos colocados pela arte popular? E qual é a relação entre essa forma de consciência e outras formas – científica, estética, religiosa, étnica, mitológica – que a arte popular desloca ou penetra de variadas formas ou com as quais apenas coabita?

A moda de anos recentes tem sido rejeitar o debate sobre cultura popular ou tratá-lo como um prelúdio aberrativo para o trabalho crítico e teórico mais sério que se seguiu. Resisto a essa moda, porque estou convencido de que os protagonistas do debate sobre a cultura de massa estavam em uma caçada pelos verdadeiros tesouros. No mínimo, a pertinência dos argumentos que apresentaram aumentou ao longo dos anos (para felicidade e desespero, ainda não temos medida), pois conseguiram apreender, coletivamente, não importa o quanto diferissem entre si, como as sociedades modernas foram constituídas e as principais trajetórias do seu desenvolvimento. Poucas pessoas chegaram perto da compreensão nuançada de C. Wright Mills (1975 [1956]) em *A elite do poder*. A teoria da sociedade de massa, que está no centro deste livro e foi admiravelmente trabalhada por William Kornhauser (1959), não foi superada por autores que trabalham no terreno da teoria crítica ou do pós-modernismo ou mesmo da pesquisa dos "efeitos". De fato, enquanto nosso entendimento da cultura cresceu, nosso entendimento da estrutura social se esmaeceu. Embora a teoria da cultura popular tenha sido elaborada poderosa e instrutivamente por autores europeus, continua não adaptada às condições mais fluidas, ambíguas e anárquicas da vida americana, condições que são, para ser direto, "tocquevillianas". A perenidade do valor do debate mais antigo sobre cultura popular e da visão de Mills-Kornhauser sobre a sociedade de massa está no modo como ambos captaram as condições estruturais da vida nos Estados Unidos.

A fragilidade dessa teoria e desse debate, porém, está na concepção de cultura relativamente crua que assumem. Em anos recentes, grandes avanços foram realizados, sob uma variedade de rótulos e em uma variedade ainda maior de lugares, na análise da cultura. Neste capítulo, gostaria de revisar a importância de alguns desses avanços por meio de um comentário/paráfrase de *A interpretação das culturas* de Clifford Geertz. A vantagem duradoura do trabalho de Geertz é que, embora aberto a importantes estudos europeus, continua conectado, de maneira sutil, a Talcott Parsons, com quem Geertz estudou, e ao ambiente da Universidade de Chicago, onde trabalhou por um longo período. Assim, enquanto absorveu influências da fenomenologia, semiótica, filosofia britânica e da crítica literária continental, Geertz permaneceu em contato com as superfícies duras da vida americana, mesmo quando estava fazendo etnografia na Indonésia. Geertz continuou aberto aos ventos transatlânticos da doutrina, mas ainda conectado às lições esclarecedoras que derivavam da condição concreta em que trabalhava.

A interpretação das culturas é uma coletânea de ensaios escritos ao longo de quinze anos. Nestes ensaios, Geertz, um antropólogo, está em busca de um conceito viável de cultura. Lê-los em ordem cronológica, embora não estejam assim dispostos no livro, é testemunhar o desenvolvimento de uma teoria da cultura cada vez mais precisa e poderosa, que também se torna, progressivamente, uma teoria da comunicação. Para um estudante de comunicação, o livro tem dois lados: busca erguer uma teoria da cultura que irá ajudar na compreensão da interpretação de culturas específicas. Faz isso pela elaboração de uma teoria dos símbolos e processos simbólicos em suas relações com a ordem social. Deixem-me tentar entender essa elaboração, primeiro olhando para um dilema dos estudos da comunicação, depois para uma contradição das ciências sociais e, finalmente, fazendo uma análise vagamente parafraseada e um tanto simplificada dos ensaios de Geertz.

I

No início dos anos 1970, ouvi o saudoso Raymond Williams, então um *distinguished fellow* do Jesus College na Universidade de Cambridge, comentar em um encontro em Londres que "o estudo da comunicação era profunda e desastrosamente deformado ao ser chamado sem questionamento de estudo da 'comunicação de massa'". Stuart Hall, na época diretor do Centre for the Study of Contemporary Culture (Centro de Estudos da Cultura Contemporânea) da Universidade de Birmingham, respondeu que seu grupo havia considerado diversos nomes, inclusive "comunicação", para descrever seu trabalho. Em sua opinião, a decisão mais sábia que tomaram foi vincular o Birmingham Centre à cultura contemporânea, não à comunicação ou à comunicação de massa. Imersos como estamos em programas de "comunicação" e "comunicação de massa", digam, por favor, o que Williams e Hall estavam tentando nos ensinar? Williams argumentou que era hora (há mais de uma década) de enterrar o termo "comunicação de massa" como rótulo para departamentos, programas de pesquisa e conferências. Para ele, o termo era desastroso por três motivos. Em primeiro lugar, limita os estudos a algumas áreas especializadas, tais como radiodifusão, filme e o que é equivocadamente chamado de "literatura popular", quando há "toda a área comum do discurso na fala e na escrita que sempre precisa ser considerada". Em segundo lugar, o termo "massa" ficou alojado em nossa língua em seu sentido mais fraco – o do público de massa – e impede a análise de "situações específicas da comunicação moderna e da maioria das convenções e formas específicas dos meios de comunicação modernos".[1] Em terceiro lugar, porque o público era concebido como uma massa, a única pergunta que valia a pena ser feita era como e se filmes, televisão ou livros influenciavam ou corrompiam pessoas. Consequentemente, era sempre muito mais fácil obter financiamento para esses estudos de impacto do que para qualquer outro tipo de pesquisa.

É fácil passar pela ênfase distintiva de Williams sem percebê-la. Ele estava sugerindo que os estudos da comunicação de massa criam limitações inaceitáveis para a pesquisa e uma certa cegueira também.

---

1 NT: O autor se refere, sobretudo, à língua inglesa.

Cegueira, porque o termo geralmente ignora o fato de que a comunicação é, em primeiro lugar, um conjunto de práticas, convenções e formas. Ao focar em "situações de massa", estudiosos presumem que esses fenômenos existam, mas nunca os investigam. Além disso, o termo limita e isola o estudo, excluindo a atenção às formas, convenções e práticas da fala e da escrita, bem como às da mídia de massa. Logo, necessariamente distorce a compreensão. Essa ênfase distintiva, que deriva em parte do marxismo europeu, não deve nos desviar do fato de que é compartilhada pelo pragmatismo americano também.

A objeção de Stuart Hall à palavra "comunicação" é um pouco mais opaca, embora ele tivesse, creio eu, uma intenção similar. Hall acredita que a palavra "comunicação" restringe o estudo e o isola no que diz respeito à substância e à metodologia. Em termos de substância, limita a extensão do estudo a produtos explicitamente feitos e entregues pelas mídias de massa. O estudo da comunicação é, portanto, geralmente apartado da literatura e da arte, por um lado, e das formas expressivas e rituais da vida cotidiana, como religião, conversas e esportes, por outro. A palavra "cultura", que nos direciona, em seu sentido antropológico, para o estudo de todo um modo de vida, é substituída pela palavra "comunicação", que nos direciona para o estudo de um segmento isolado da existência. Metodologicamente, a palavra "comunicação" nos afastaria, assim, de todo um corpo de metodologia crítica, interpretativa e comparativa que está no cerne da antropologia e do estudo da literatura, bem como no marxismo moderno.

Podemos, é claro, rejeitar essas objeções como um mal-entendido e afirmar que nossa ênfase na comunicação e na comunicação de massa não nos divorciou do estudo da fala, da escrita e de outros produtos contemporâneos. Os comentários de Williams e Hall extrapolam o que realmente acontece na organização de departamentos e revistas. Ou, podemos argumentar que limitações foram colocadas no alcance e no objetivo de pesquisa, mas apenas para chegar a um tema passível de tratamento com teorias e métodos científicos. Mas, essas desculpas saltam para a ponta da língua com muita facilidade, e seria bom suspender o veredito até que se tenha um entendimento mais generoso sobre o que distingue os argumentos de Williams e Hall.

Um caminho para apreender essas ênfases distintivas é sugerir que o trabalho intelectual sobre a cultura e a comunicação deriva de dilemas intelectuais diversos e se baseia em duas metáforas diferentes da comunicação. Evidentemente, a generalização é grande e muitas exceções vividamente particulares podem ser encontradas, mas me refiro a tendências preponderantes do pensamento relacionadas a diferentes condições sociais. Como sugeri anteriormente, as pesquisas dos Estados Unidos são alicerçadas em uma visão de transmissão ou transporte da comunicação. Vemos a comunicação, basicamente, como um processo de transmissão de mensagens a distância com o propósito de controle. Nesse sentido, o caso arquetípico da comunicação envolve: persuasão; mudança de atitude; alteração de comportamento; socialização através da transmissão de informação, influência ou condicionamento. Alternativamente, vemos a comunicação como um caso de escolha individual sobre o que ler e a que assistir. Chamo isso de uma visão de transmissão ou transporte, porque seus termos definidores centrais têm muito em comum com o uso da palavra "comunicação" no século XIX como uma alternativa a "transporte". Também está fortemente relacionada com o desejo do século XIX de usar a comunicação e o transporte para expandir influência, controle e poder sobre distâncias e populações cada vez maiores.

Diferentemente, uma visão ritual concebe a comunicação como um processo através do qual uma cultura compartilhada é criada, modificada e transformada. O caso arquetípico da comunicação é o ritual e a mitologia para aqueles que abordam o problema a partir da antropologia; arte e literatura para aqueles que abordam o problema a partir da crítica literária e da história. Uma visão ritual da comunicação se volta, não para a extensão de mensagens no espaço, mas para a manutenção da sociedade no tempo (mesmo que alguns considerem que essa manutenção se caracterize pela dominação, sendo, portanto, ilegítima); não para o ato de difundir informações ou influência, mas para a criação, a representação e a celebração de crenças compartilhadas, mesmo que ilusórias. Se uma visão de transmissão da comunicação foca na extensão de mensagens na geografia com o propósito de controle, uma visão ritual foca na cerimônia sagrada que une pessoas em parceria e comunhão.

As diferenças entre essas visões podem ser vistas como meras transposições uma da outra. No entanto, as duas têm consequências bastante distintas em substância e metodologia. Obviamente, derivam de problemáticas divergentes, isto é, as questões básicas de uma tradição não conectam com as questões básicas da outra.

Qual é a relação entre cultura e sociedade – ou, de maneira mais geral, entre formas expressivas, particularmente, a arte, e a ordem social? Para boa parte dos estudiosos, o problema sequer é visto como tal. Trata-se apenas de uma questão de escolha individual ou de alguma forma de determinação. Arte e sociedade existem, é claro, mas mapear a relação entre ambas é, para um estudante de comunicação, ensaiar o óbvio e desnecessário. Porém, em muitos dos trabalhos europeus, uma das principais tarefas (embora não exclusiva) das pesquisas é entender a relação entre forma expressiva e ordem social.

O sociólogo britânico Tom Burns formulou isso bem ao observar, certa vez, que o papel da arte é interpretar a vida. O papel das ciências sociais é interpretar as interpretações que fazemos da vida. Por esse raciocínio, cientistas sociais tratam seus materiais – formas culturais, como religião, ideologia, jornalismo, fala cotidiana – como críticos literários tratam romances, peças de teatro ou poemas. Descobrem o que o material significa, que interpretações da vida apresenta e como se relaciona com os sentidos de vida historicamente encontrados em uma comunidade.

Observem o que Burns assume como pressuposto. Por um lado, há vida, existência, experiência e comportamento e, por outro lado, há também tentativas de encontrar significado e valor na existência, na experiência e no comportamento. A cultura, segundo essa leitura, é o significado e o valor que pessoas descobrem em suas experiências por meio da arte, da religião e assim por diante. Estudar a cultura é buscar ordem nessas formas, dar mais relevo às suas visões e a seus significados e estabelecer, sistematicamente, as relações entre múltiplas formas direcionadas para o mesmo fim: tornar a experiência inteligível e carregada de afeto. Mas, o que se chama de estudos da cultura também pode ser chamado de estudos de comunicação, pois o que estamos investigando neste contexto são as maneiras pelas quais a experiência se converte em compreensão e, depois, é disseminada e celebrada.

Os estudos de comunicação têm exibido, até recentemente, uma intenção bem diferente. Consideram mais problemáticas, na comunicação, as condições sob as quais a persuasão ou o controle social ocorrem. Admito que reduzir a rica variedade de estudos de comunicação a essa problemática é uma simplificação, mas que capta uma parte significativa da verdade. O objetivo dos estudos de comunicação – de massa e interpessoal – tem sido estabelecer as condições psicológicas e sociológicas precisas sob as quais atitudes são alteradas, formadas ou reforçadas e o comportamento estabilizado ou direcionado. Alternativamente, a tarefa é descobrir essas funções naturais e abstratas que mantêm a ordem social unida. Formas específicas de cultura – arte, ritual, jornalismo – entram na análise, se é que entram, apenas indiretamente; entram apenas na medida em que contribuem para tais condições sociológicas ou constituem tais forças psicológicas. Entram, embora indiretamente, em discussões sobre estados psicológicos, motivos racionais ou irracionais e táticas persuasivas, estilos diferentes de organização familiar, distinções nítidas entre a realidade e a comunicação orientada para a fantasia, e o papel das mídias de massa na manutenção da integração social. Mas, as formas expressivas se esgotam como objetos intelectuais apropriados à atenção de estudantes de comunicação tão logo a relevância para problemas de estados e taxas tenha sido demonstrada. A relação dessas formas com a ordem social, a transformação histórica dessas formas, sua entrada no mundo subjetivo do significado e do valor, as inter-relações entre elas, e seu papel na criação de uma cultura geral – um modo de vida e um padrão de significância – nunca são considerados seriamente.

A diferença de substância e intenção está relacionada também à diferença de estratégia ao lidar com um dilema metodológico persistente das ciências sociais e, especialmente, dos diferentes significados da palavra empírico. A respeito dessas questões fundamentais, é proveitoso recorrermos a Clifford Geertz e *A interpretação das culturas*.

II

No centro deste livro, está um problema que a igualdade e a classe social criaram para os intelectuais. Somos oficialmente comprometidos com uma crença na razão humana como instrumento de ação política. Sem esse compromisso, resta muito pouco de uma vida política comum além de gosto individual, escolha e direitos. Entretanto, como Reinhard Bendix (1971) formulou a questão em *Sociology and the Distrust of Reason*, as ciências sociais modernas estão igualmente comprometidas com a visão de que a ação humana é produto de preferência individual ou, o que é mais importante para esse argumento, regida por leis e funções intrínsecas e inconscientes ou extrínsecas e estruturais. A segunda opção deixa pouco espaço para o funcionamento da razão, da consciência ou mesmo de escolhas individualmente determinadas. O comportamento é modelado por leis de condicionamento e reforço, ou funções pré-lógicas, ou impulsos e cicatrizes pré-conscientes, tais como um complexo de inferioridade ou vontade de poder. A pergunta que surge imediatamente é a seguinte: de onde vêm, exatamente, essas leis e funções? Não temos outra escolha se não responder: são de autoria de cientistas segundo seus propósitos como membros de uma classe controladora, ou, são parte da natureza e, como tal, controlam e determinam o comportamento de cientistas, bem como de seus sujeitos. Mas, se a atividade de cientistas enquanto cientistas é determinada por condicionamento e reforço, por necessidades funcionais da personalidade e de sistemas sociais, pela erupção do demoníaco e do inconsciente, o que resta da razão? O pensamento científico talvez não tenha nenhuma relação com a verdade, porque não pode ser explicado pela verdade; também é um preconceito e uma paixão, não importa o quão sofisticado. Se as leis do comportamento humano controlam o comportamento do cientista, seu trabalho não tem sentido. Se não, que tipo de sentido pode ser extraído dele?

Este dilema está no cerne dos ensaios de Geertz e ele o persegue mais diretamente em sua análise da ideologia, termo científico herdado de filósofos e convertido em arma. Em geral, intelectuais não se consideram dominados por uma ideologia, nem gostam de ser chamados de ideólogos. Por isso, é comum fazer uma distinção entre a ciência ou a teoria política, que capta a verdade teórica e empiricamente, e a ideologia, que é um tecido de erro, distorção e interesse pessoal, como na expressão "ideologia fascista". Consequentemente, proclamamos o "fim da ideologia", porque agora temos uma teoria científica da política. Mas como é possível diferenciar entre essas formas? A teoria política de cientistas pode ser apenas mais uma ideologia: distorção e fantasia a serviço do interesse pessoal, da paixão e do preconceito.

Não há resposta fácil para a pergunta. Geertz chama o dilema de Paradoxo de Mannheim, pois Karl Mannheim (1952 [1929]) o enfrentou heroicamente em *Ideologia e utopia*, embora sua batalha não tenha chegado a uma resolução. "Onde, se é que em algum lugar, a ideologia termina e a ciência começa é o Enigma da Esfinge de boa parte do pensamento sociológico moderno e a arma duradoura de seus inimigos" (Geertz, 1973: 194). Mas, o dilema é geral: onde o condicionamento termina e a ciência começa? Onde o interesse de classe termina e a ciência começa? Onde o inconsciente termina e a ciência começa? A importância do dilema para este ensaio é dupla: primeiramente, o estudo da comunicação começa quando, com o crescimento do campo da "sociologia do conhecimento", o dilema é encarado diretamente. Em segundo lugar, as estratégias principais empregadas pelos pesquisadores da comunicação podem ser vistas como dispositivos para escapar do Paradoxo de Mannheim.

A maioria dos cientistas sociais não pensa muito no que está fazendo ao adotar determinadas estratégias de pesquisa e, certamente, não considera que está lidando com o Paradoxo de Mannheim. Mas, uma forma importante de olhar para as principais tradições do trabalho das ciências sociais é reconhecer que existem diversas estratégias para lidar com a "sociologia e a desconfiança da razão". No estudo da comunicação, existem três estratégias para atacar o problema, embora, naturalmente, elas correspondam também a estratégias adotadas por outras ciências sociais. A primeira é conceber a comunicação como uma ciência comportamental cujo objetivo é a elucidação de leis. A segunda é conceber a comunicação como uma ciência formal cujo objetivo é a elucidação de estruturas. A terceira é conceber a comunicação como uma ciência cultural cujo objetivo é a elucidação de significados. Farei uma breve análise dessas estratégias nos termos da análise de Geertz sobre o problema perene da ideologia.

As duas principais explicações da ideologia emergiram das ciências do comportamento. Geertz as chama de teorias do interesse e da tensão, embora para nós talvez fosse mais pertinente nomeá-las de explicações causal e funcional. Uma explicação causal tenta fixar a ideologia no terreno sólido da estrutura social. Explica posições ideológicas como se derivassem dos interesses de grupos diversos, particularmente, classes sociais. Busca prever a adoção de posições ideológicas com base no pertencimento de classe, derivando, assim, a ideologia de causa anterior. Eventualmente, esse argumento começa a ranger, porque é difícil prever a ideologia com base em classe ou, de fato, em qualquer conjunto de variáveis. Embora a ideologia seja mais previsível que muitos outros fenômenos sociais, o resultado líquido de explicações causais são correlações relativamente baixas entre posição de classe e posição ideológica. Quando essa forma de "essencialismo" – uma classe, uma ideologia – falha, realiza-se uma mudança no aparato explicativo. Em explicações funcionais, entende-se a ideologia menos como se causada por forças estruturais do que como satisfação de certas necessidades ou funções da personalidade ou da sociedade. Geertz chama essa segunda visão de teoria da tensão, porque parte do pressuposto da má integração crônica da personalidade e da sociedade. Descreve a vida como inevitavelmente permeada por contradições, antinomias e inconsistências. Essas contradições geram tensões para as quais a ideologia oferece uma resposta. Se, em explicações causais, a ideologia deriva de fatores anteriores, em explicações funcionais, a ideologia é interpretada como um mecanismo para restaurar o equilíbrio de um sistema perturbado pela contrariedade da vida moderna. Em um modelo causal, a ideologia é uma arma para ferir o boi de outra pessoa. No modelo funcional, é um dispositivo para liberar tensão. No modelo causal, o antissemitismo do lojista pequeno-burguês é explicado pela posição de classe; no modelo funcional, o mesmo antissemitismo é explicado como catarse – o deslocamento da tensão para inimigos simbólicos.

Esses mesmos padrões de explicação foram encontrados nas ciências do comportamento. Tentam explicar fenômenos assimilando-os a uma lei, seja funcional ou causal. Ambas têm suas fraquezas: leis causais são, geralmente, fracas em previsões; leis funcionais são, geralmente, obscuras na elucidação de funções compreensíveis e poderosas. Além disso, embora as duas explicações sejam apresentadas como se baseadas em dados empíricos, os dados estão conectados a conceitos operacionais – como catarse ou interesse – por definições operacionais bastante questionáveis e arbitrárias.

No entanto, o ponto principal não é questionar o poder das explicações, mas ver como estas lidam com o Paradoxo de Mannheim. As ciências do comportamento tentam lidar com o paradoxo de duas formas. Primeiramente, pode-se dizer que as leis comportamentais elucidadas são verdadeiras apenas estatisticamente. Portanto, ainda que se apliquem, como as leis da mecânica, a todos, não se aplicam a ninguém em particular. Como tais leis explicam apenas uma parte da variação nos dados, pode-se afirmar que não regem necessariamente o comportamento de cientistas. Uma segunda maneira de escapar do dilema é simplesmente alegar que as leis não se aplicam aos cientistas enquanto cientistas, porque, no ato de compreender a lei, eles perdem a sua força. O conhecimento de cientistas confere a eles uma vantagem especial para criticar as afirmações de outros, especialmente, desmascarar a natureza ilusória e autocentrada de suas asserções ideológicas. Nenhuma das duas estratégias é particularmente efetiva, mas talvez o maior desserviço que prestem à ideologia – ou, nesse caso, a qualquer outra forma simbólica sobre a qual são aplicadas – é que descartam o fenômeno no próprio ato de nomeá-lo. Presumem que as formas científicas insípidas de fala e prosa, aquela qualidade peculiar de suposto desinteresse e objetividade, são o único modo pelo qual a verdade pode ser formulada. O que contestam na ideologia é a hipérbole. O estudo da comunicação nos Estados Unidos foi dominado por tentativas de criar uma ciência do comportamento e de elucidar as leis e funções do comportamento. E esse estudo encontrou os mesmos dilemas que aparecem em todas as ciências sociais.

Praticamente nenhuma teoria formal de comunicação esteve ativa nos estudos americanos. Em campos aliados, entretanto, surgiram teorias formais de algum alcance e poder que tiveram pelo menos um efeito imaginativo sobre o estudo da comunicação. A linguística moderna, a teoria dos sistemas e a cibernética são diferentes tentativas de construir teorias formais de fenômenos sociais. Além disso, sob a influência do sucesso de Noam Chomsky na linguística, movimentos como a psicologia cognitiva, a antropologia cognitiva e a etnociência tentaram substituir modos comportamentais de explicação por teorias formais. Variedades de estruturalismo, derivados em grande parte de Lévi-Strauss, foram implantadas como teorias formais aplicadas à comunicação de massa, sendo influentes imaginativamente, se não operacionalmente (Leymore, 1975).

Teorias formais lidam com o Paradoxo de Mannheim, afastando-se do estudo do comportamento. Portanto, teóricos formais evitam postular ou demonstrar princípios com caráter de leis que governam o comportamento de sujeitos ou cientistas. Isto pode ser visto mais claramente na distinção entre competência e desempenho no centro de uma forma de teoria linguística, ou entre língua e fala no centro de outra. Linguistas modernos não estão tentando explicar o comportamento linguístico ou performance – o uso concreto de frases concretas por sujeitos concretos –, mas a competência linguística – a habilidade abstrata do falante nativo de, teoricamente, pronunciar frases gramaticais de uma língua. Teóricos formais começam, então, de um universal empírico irrefutável – a habilidade de humanos de produzir novas expressões orais (frases não escutadas nem faladas antes) ou, como em Lévi-Strauss, a presença em todas as culturas de oposições simbólicas (em cima/embaixo, pare/ande, vermelho/verde) – e, em seguida, constroem máquinas, mecanismos ou estruturas teóricas capazes de produzir esses fenômenos. O truque é construir a estrutura profunda da mente ou da cultura a partir de materiais fugidios de atos cotidianos. Embora o pós-estruturalismo tenha abandonado esse empreendimento, continua bastante marcado por ele.

Podemos colocar um verniz diferente sobre o mesmo argumento. Quando formas populares como a ideologia entram no estudo da comunicação de massa, costumam ser tratadas como uma força ou uma função. A menos que uma análise formal da estrutura profunda da ideologia seja realizada (e nenhuma foi particularmente bem-sucedida), o que resta é buscar seus efeitos ou seus usos e gratificações. O deslocamento da primeira para a segunda, a trajetória normal da pesquisa, é também um deslocamento de pessoas concebidas como máquinas relativamente triviais para pessoas como sistemas complexos. Essa mudança de explicações causais para funcionais não é apenas produto da limitada história das pesquisas em comunicação, mas reflete, sobretudo, a história geral das ciências sociais, particularmente, quando essas ciências tentam lidar com artefatos e expressões que são explicitamente simbólicos. Em certo sentido, é claro, toda atividade humana, tanto em suas origens quanto em seus fins, é simbólica. Mas, ainda é proveitoso fazer uma distinção analítica, reproduzindo Geertz, que reproduz Kenneth Burke (1957), entre construir uma casa e desenhar um projeto para construir a casa, entre fazer amor e escrever um poema sobre fazer amor. Não importa o quão amalgamados o simbólico e o prático estejam na vida cotidiana, é útil separá-los para fins analíticos. Infelizmente, sempre que o componente simbólico está presente, um certo modo teórico desajeitado toma conta das ciências sociais. Ao ter de fazer declarações explícitas sobre formas culturais, os cientistas sociais recuam para o obscurantismo e reduzem seu objeto de discussão a estruturas sociais ou a necessidades psicológicas. Parecem incapazes de lidar com a cultura em si – como um sistema de símbolos ordenado, embora contraditório e heterogêneo – e tratam somente das origens sociais e psicológicas dos símbolos.

Os diversos subcampos das ciências sociais em que símbolos e significados são de importância crítica têm uma história semelhante. No estudo da ideologia, da religião e da mitologia, bem como da cultura popular, a mesma tentativa é feita de reduzir formas simbólicas a variáveis anteriores e causais. Quando essa estratégia falha, como inevitavelmente acontece, uma mudança de estratégia é anunciada, reduzindo formas culturais a fenômenos de manutenção de sistema – isto é, a uma explicação funcional. Por trás dessa mudança na estratégia de pesquisa está uma mudança concomitante em imagens: de um modelo de poder do fenômeno para uma modelo de ansiedade, de uma teoria do interesse da ação para uma teoria da tensão, de uma noção passiva e não racional do comportamento para uma ativa e utilitária.

A pesquisa em comunicação de massa iniciou-se como uma tentativa de explicar os efeitos da comunicação, relacionando-os a um aspecto causalmente anterior do processo de comunicação. Inspirado tanto pela psicologia comportamental quanto pela teoria da informação, esse aparato explicativo deu origem a um modelo de poder da comunicação no qual a ênfase era colocada na ação do ambiente, seja lá como esta fosse concebida, sobre um receptor relativamente passivo. Esse modelo tornou-se tanto possível quanto necessário a partir de um programa científico que insistia em reduzir fenômenos culturais a causas antecedentes. Algumas destas causas eram explicitamente conceitualizadas como variáveis psicológicas – fontes de credibilidade, apelo da mensagem –, enquanto outras eram fixadas na situação estrutural do receptor – classe, status, religião, renda (Hovland et al., 1953; Lazarsfeld et al., 1948).

Uma vantagem desse modelo de causalidade antecedente era que firmava fenômenos culturais na base sólida da estrutura social ou da história de condicionamento dos indivíduos. Entretanto, tinha a desvantagem de oferecer previsões ambíguas sobre o comportamento. Na melhor das hipóteses, correlações modestas de variáveis antecedentes e resultantes eram alcançadas, e até mesmo sucessos modestos eram frequentemente obtidos por meio de uma triagem cuidadosa das amostragens populacionais (Katz e Lazarsfeld, 1955) para aumentar a probabilidade de resultados significativos.

A história da pesquisa da comunicação de massa acompanha aquela de outras áreas das ciências sociais que lidam com formas culturais. Seja no estudo do desvio (Matza, 1964), da arte (Geertz, 1973) ou da religião (Berger, 1967), primeiro se faz a tentativa de prever a presença de uma crença, de uma ideologia, de um padrão desviante ou de uma mudança de comportamento com base na exposição e no estímulo prévios ou em uma variável socioestrutural – raça, classe, renda e assim por diante. Os resultados geralmente são insuficientes e as conclusões se resumem a "alguns fazem, outros não". Baseado no condicionamento, na classe ou em qualquer outra dessas famílias de variáveis antecedentes, chega-se à conclusão de que alguns defendem a crença, outros não; alguns votam de uma maneira, outros votam diferentemente; alguns se juntam a movimentos fascistas, outros continuam apáticos. Infelizmente, não é possível prever os que fazem a partir do modelo subjacente, pois apenas uma quantidade minúscula de variação nos dados – correlações significativas, mas, em geral, abaixo de 0,5 – podem ser explicadas por conjuntos de variáveis, ainda que complexas.

Um antiessencialismo nos é imposto pelos dados, não pela filosofia, como mostraram os estudos contemporâneos sobre audiências de David Morley (1980; 1986). Todas as imagens da cultura como poder

– o ópio do povo, a agulha hipodérmica, o produto do meio – negam o funcionamento de mentes autônomas e reduzem sujeitos a máquinas triviais. A rica história do simbolismo cultural, as transações complexas e significativas, por exemplo, da religião acabam sendo não mais do que derivados nebulosos de estímulos e estruturas.

O modelo funcional emerge em resposta às dificuldades empíricas encontradas em modelos de causalidade antecedente. Também engendra uma mudança em imagens e atenção: de uma visão da comunicação como um poder para uma da comunicação como uma forma de liberação de ansiedade e de um interesse na fonte para um interesse na audiência. E, o que é mais importante, envolve uma mudança no aparato explicativo. Na análise funcional, a ênfase primária não está em determinar os antecedentes ou origens do comportamento, mas em determinar a importância ou consequências do comportamento para a manutenção de sistemas de pensamento, atividade ou grupos sociais. Fenômenos sociais se explicam não apenas etiologicamente, mas ideologicamente: a forma como agem como mecanismos para manter ou restaurar o equilíbrio dentro de um sistema.

A análise funcional sai, então, das causas para as consequências, que são vistas como uma contribuição para a manutenção (ou perturbação) da personalidade individual ou de sistemas mais complexos de vida social. Não importa se o assunto é ideologia, religião ou mitologia, o efeito é o mesmo. A religião, não mais caracterizada como um produto de condicionamento, agora é entendida como mantenedora da solidariedade social: a teoria do "Estamos todos juntos nessa." A ideologia, não mais causada meramente por interesses de classe, agora oferece catarse ao fixar e dissipar a ansiedade em bodes expiatórios: a teoria do "Até paranoicos têm inimigos." A comunicação de massa, em vez de causar certas atitudes ou comportamentos, realimenta a manutenção de papéis sociais normalizados ao desviar o público de seus problemas: a teoria do "Tudo o que fazemos é útil."

O funcionalismo se origina, portanto, do potencial de má integração dos sistemas – social, de personalidade e cognitivo. Explica os fenômenos, conectando-os não a antecedentes causais, mas a estados futuros que corroem ou, com mais frequência, mantêm. No nível da sociedade, mecanismos funcionais lidam com tensão – inspecionam ambientes hostis. No nível da personalidade com ansiedade, ou, no equivalente psicológico do funcionalismo sociológico, lidam com desequilíbrio. Fica-se com a noção dúbia de que a comunicação de massa pode desapontar ou confirmar o consenso social, inspecionar o ambiente ou enganar o público, promover a solidariedade ou aumentar a animosidade, aliviar ou exacerbar tensões sociais, correlacionar uma resposta para a crise ou fragmentar uma comunidade. Evidências anedóticas podem ser introduzidas para apoiar todos esses argumentos, mas não há como especificar quando e sob quais circunstâncias a comunicação de massa faz alguma ou todas essas coisas.

Embora uma análise de usos e gratificações chegue perto dos motivos por trás do consumo da comunicação de massa, torna-se ambígua quando tenta discriminar as consequências do comportamento. Um padrão de comportamento moldado por um certo conjunto de motivações surge através de uma coincidência plausível para servir a fins remotamente relacionados. Uma pessoa se senta para assistir a um programa de televisão, porque quer se divertir e por algum misterioso processo acaba dissipando suas tensões, restaurando sua autoconfiança, ou estabelecendo solidariedade com uma comunidade mais ampla. Essas consequências são relacionadas às motivações para ação de maneira extremamente vaga, inespecífica e pouco convincente. Esse problema, novamente, persegue toda análise funcional. Como Geertz resume o dilema:

> Um grupo de nativos parte para rezar, sinceramente, por chuva e acaba fortalecendo sua solidariedade social; um político se propõe a sobreviver ou permanecer próximo da ala linha dura e termina mediando entre grupos de imigrantes não assimilados e a burocracia governamental impessoal; um ideólogo parte para expor suas queixas e acaba contribuindo, por meio dos poderes diversivos de suas ilusões, para a viabilidade continuada do próprio sistema que o aflige (Geertz, 1973: 206).

Funções latentes ou falsa consciência são dispositivos por meio dos quais a lacuna entre as intenções e as consequências da conduta é fechada. Esse truque foi herdado de Malinowski (1962) e seus argumentos sobre a natureza da mente primitiva. No esquema de Malinowski, ações humanas que na aparência fossem irracionais, supersticiosas e mágicas estariam ligadas por um engano oculto aos significados racionais e do senso comum: a mentalidade primitiva revelava uma razão utilitária. Essa forma de pensar deixou apenas duas alternativas para a abordagem do comportamento; este era intrinsicamente primitivo, logo, irracional e supersticioso, ou, suscetível à transformação em formas de pensamento utilitárias por indicação de sua sensatez intrínseca: o lado inconsciente do pensamento contribuía para a estabilidade da personalidade ou o ordenamento da sociedade.

Qualquer uma das estratégias tem o efeito de dissolver o conteúdo da experiência – o ritual, reza, filme ou notícia específicos – em alguma coisa pré- ou protológica sem nunca inspecionar a própria experiência como um sistema ordenado de símbolos inteligíveis. A dificuldade é, obviamente, a quase ausência na pesquisa em comunicação de massa de algo mais do que uma concepção rudimentar de processos simbólicos. Muito se fala sobre fuga, encontrar escapes simbólicos ou criar solidariedade, mas a maneira como esses milagres são realizados nunca fica clara. Em tais análises, nunca se dá a devida atenção ao conteúdo da experiência. Por exemplo, estudos sobre entretenimento alegam que a fantasia não é completamente "irracional", porque alivia tensão, promove solidariedade e aprendizado – afirmações que parecem ridículas para qualquer pessoa que já viu uma comunidade dividida sobre o conteúdo de filmes ou ficou pessoalmente incomodada com uma imagem de filme recorrente. O que raramente se encontra é uma análise da voz em que filmes falam. Há uma ênfase em tudo, exceto no que os filmes são concretamente.

A ligação entre as causas do comportamento da comunicação de massa e seus efeitos parece adventícia, porque o elemento conector é uma função latente e nenhuma atenção é dada ao processo autônomo da formação simbólica. A análise funcional, como a análise causal, passa direto da fonte para o efeito sem nunca examinar seriamente a comunicação de massa como um sistema de símbolos em interação e significados interligados que, de alguma forma, devem ser relacionados às motivações e emoções para as quais oferecem um escape simbólico. Análises de conteúdo são feitas, mas não remetem à elucidação de outros temas ou de qualquer tipo de teoria semântica e sim, para trás, das necessidades que espelham, ou, para a frente, do sistema social que mantêm.

Apesar disso, não quero negar nem atacar as tradições de trabalhos sobre a comunicação de massa. São pontos de partida indispensáveis para todos. Sugiro apenas que eles não esgotam as tarefas da inteligência treinada. Há uma terceira forma de olhar para os objetivos do trabalho intelectual na comunicação. Os estudos culturais, entretanto, não escapam ao Paradoxo de Mannheim, mas o acolhem de maneiras que pretendo demonstrar. Ao fazê-lo, correm o risco de cair em um relativismo vicioso, embora o próprio Geertz não encare isso como um problema. Os estudos culturais também têm objetivos bem mais modestos do que outras tradições. Não buscam explicar o comportamento humano em termos das leis que o governam ou dissolvê-lo em estruturas subjacentes. Buscam entendê-lo. Os estudos culturais não tentam prever o comportamento humano, mas sim examinar significados humanos. De modo mais positivo, são uma tentativa de evitar o empirismo um tanto abstrato dos estudos comportamentais, bem como o aparato etéreo das teorias formais, e de mergulhar mais fundo no mundo empírico. Os objetivos da comunicação concebida como uma ciência cultural são, portanto, mais modestos, mas também mais humanos, pelo menos no sentido de tentar serem mais fiéis à natureza e à experiência humanas como estas são normalmente encontradas. Para muitos pesquisadores dos estudos culturais, o ponto de partida é Max Weber, assim como o foi para Geertz (1973: 5):

Acreditando com Max Weber que o homem é um animal suspenso em teias de significados que ele próprio teceu, considero que a cultura são essas teias e que a sua análise não é uma ciência experimental em busca de leis, mas uma ciência interpretativa em busca de significado. É o esclarecimento que procuro, interpretando expressões sociais em sua superfície enigmáticas.

Tudo isso parece forçado. Então, me permitam explicar o significado que Geertz procura com um exemplo descomplicado e transparente do tipo de cena que pesquisadores de comunicação devem ser capazes de examinar. Imaginem uma conversa sobre o significado da morte. Um participante da conversa, um médico contemporâneo, argumenta que a morte acontece com a cessação das ondas cerebrais. O teste, declara ele, é observável empiricamente. E é melhor que seja dessa forma, pois os órgãos da pessoa falecida ficam disponíveis para transplante rápido em pacientes na fila de espera. Um segundo participante na conversa, um cidadão médio típico, declara que a morte acontece quando o coração para de bater. Isso também pode ser verificado empiricamente e, tanto melhor, ocorre depois que as ondas cerebrais cessam. A vida não é apenas prolongada, mas, como o coração sempre foi um símbolo das emoções humanas, o teste reconhece o lado afetivo da morte, a relação da morte com a vida em curso da comunidade. Um terceiro participante na conversa, um camponês irlandês, que acha essas duas definições um tanto repugnantes, argumenta que a morte ocorre três dias depois da cessação dos batimentos cardíacos. Isso também é empírico: dias podem ser contados como qualquer outra coisa. Nesse ínterim, a pessoa, como no velório irlandês, é tratada como se estivesse viva. O "como se" revela demais: a pessoa está viva por três dias após cessarem os batimentos cardíacos. A morte entre esses camponeses ocorre com a morte social, a separação final da pessoa de uma comunidade humana. Antes disso, ela está, para todos os efeitos, viva, pois é atendida como um ser vivo particularmente sem função. Um quarto participante da conversa argumenta que a morte ocorre sete dias antes de o coração parar. Ele é, digamos, um membro da tribo que Colin Turnbull (1972) descreveu com tanta riqueza em *The Mountain People*. Para esse povo faminto, a vida acaba quando o alimento não pode mais ser coletado ou procurado. A pessoa é tratada como se estivesse morta durante uma fase em que a declararíamos viva. Novamente, ignorem o "como se": a definição é tão precisa cognitivamente e satisfatória afetivamente quanto qualquer coisa dita por um neurocirurgião. A definição apenas é: o significado particular que um grupo de pessoas atribui à morte.

O que devemos fazer com essa cena? Certamente, não podemos escolher entre essas definições com base na verdade científica de uma e o capricho das outras. A morte não é dada inequivocamente na experiência por marcadores biológicos e sociais inflexíveis, e isso é um fato muito anterior à existência de sistemas artificiais de suporte de vida. Podemos, entretanto, mostrar como definições diferentes da morte apontam para valores e propósitos sociais diferentes: fixações em prolongar a vida por "meios artificiais", em preservar a continuidade com a existência comunitária, em reduzir a incisividade do corte entre a vida e a morte. Mas, quanto a escolher entre elas com base em qualquer argumento presumidamente científico, devemos permanecer, pelo menos neste momento, agnósticos.

O que mais pode ser feito com essa cena? Queremos perguntar o que levou esses indivíduos a defender essas definições estranhas? Podemos, naturalmente, investigar a questão, mas não imaginar que produziremos uma afirmação com caráter de "lei" que não seja uma tautologia do tipo "todas as pessoas têm definições de morte, por variadas que sejam, porque a morte é algo com que se deve lidar". A única afirmação causal que se pode imaginar é histórica: um relato genético de como essas visões cresceram ao longo do tempo entre diversas pessoas e foram modificadas, deslocadas e transformadas. Mas, uma análise assim não deve produzir afirmações com caráter de leis, porque parece intuitivamente óbvio que toda pessoa demanda uma história separada: existem tantas razões para defender diferentes definições de morte quanto existem definições de morte.

Poderíamos investigar as funções a que essas várias definições servem? Supõem-se que sim, mas isso não parece promissor. Não há, certamente, nenhuma razão *a priori* para supor que tais definições tenham alguma função. Podem-se imaginar especulações elaboradas sobre o papel da morte no fortalecimento da solidariedade social. Mas, esse tipo de coisa esbarra na anomalia de todas as análises funcionais: uma pessoa da tribo começa a entender se a morte ocorreu e acaba fortalecendo a solidariedade da sociedade. Não há relação necessária entre essas duas atividades. "O conceito de uma função latente", argumenta Geertz (1973: 206), "geralmente é invocado para cobrir esse estado de coisas anômalo, mas nomeia o fenômeno (cuja realidade não está em questão) em vez de explicá-lo; e o resultado líquido é que as análises funcionais (...) continuam irremediavelmente ambíguas". Será que alguém em uma situação como essa pode procurar a estrutura profunda da mente que subjaz a essas diversas definições superficiais? Novamente, pode-se fazer isso, mas é difícil ver como tal exercício nos ajudaria a entender essa cena específica. Podemos, *à la* Lévi-Strauss, buscar o que há de comum na estrutura semântica implícita nessas definições de morte e assim produzir, a partir da variedade de definições, uma visão elegante de um significado universal de morte. Mas esse tipo de coisa acaba beirando uma charada e, como Geertz (1973: 359) conclui em seu ensaio sobre Lévi-Strauss, existem indivíduos e cenas particulares suficientes, como a que descrevi, para "fazer qualquer doutrina do homem que se vê como detentor de verdades imutáveis da razão – uma 'lógica original' proveniente da 'estrutura da mente' – parecer apenas esquisito, uma curiosidade acadêmica".

Escolhi um exemplo tão simples e singelo quanto a morte, porque é um fenômeno tão universal, trans-histórico e transcultural quanto se pode ter. Em suas manifestações concretas, também é tão impetuosamente resistente à redução a leis, funções, poderes e interesses quanto se pode imaginar. Mesmo na era pós-moderna, iremos morrer de alguma forma vividamente específica e à luz de algum conjunto vividamente particular de significados. Nossa incapacidade de lidar com a situação de *ersatz* que criei e as inúmeras que somos chamados a comentar diariamente não resulta de uma falha em compreender as leis do comportamento ou as funções de práticas sociais, embora, até o ponto que essas coisas podem ser descobertas, não nos faria mal entendê-las. Tampouco nossa afasia face aos eventos empíricos resulta do fracasso em compreender a estrutura universal da mente ou a natureza da cognição – embora, mais uma vez, pudéssemos conhecer mais sobre isso também. A incapacidade para lidar com eventos tais como a cena da morte está relacionada, para colocar de forma críptica, à nossa incapacidade de compreendê-los: de conseguirmos apreender o universo imaginativo em que os atos de nossos atores são signos. O que enfrentamos em nossos estudos de comunicação é o desafio consistente de desembaraçar "uma multiplicidade de estruturas conceituais complexas, muitas delas superpostas ou amarradas umas nas outras, que são, a uma só vez, estranhas, irregulares e inexplícitas e que [o aluno] precisa de alguma forma conseguir, primeiro, apreender e, depois, reproduzir" (Geertz, 1973: 10). Repetindo, somos desafiados a apreender os significados que as pessoas constroem em suas palavras e comportamentos e a tornar esses significados, essas asserções sobre a vida e a experiência, explícitos e articulados para que possamos adequadamente julgá-los.

Evidentemente, cientistas sociais atribuem significados à experiência de seu sujeito: eles nos contam o que o pensamento ou a ação significam, o que outras pessoas estão fazendo. Mas, os significados que esses cientistas produzem não têm nenhuma relação necessária com as intenções subjetivas ou com as apreensões intuídas das pessoas que estudam. Como um observador incisivamente comentou, "cientistas sociais andam por aí dizendo às pessoas o que elas (pessoas) pensam". Geertz sugere que a primeira tarefa das ciências sociais é entender a estrutura significativa de símbolos pela qual pessoas enterram seus mortos. Como método, isso geralmente é chamado de *verstehen*. No entanto, não se trata de ler mentes a uma longa distância, mas uma tentativa de decifrar as interpretações que pessoas fazem de sua experiência, interpretações disponíveis no mundo público.

Uma ciência cultural da comunicação entende, portanto, o comportamento humano – ou, mais precisamente, a ação humana – como um texto. Nossa tarefa é construir uma "leitura" do texto. O texto em si é uma sequência de símbolos – fala, escrita, gesto – que contêm interpretações. Nossa tarefa, como a de um crítico literário, é interpretar as interpretações. Como Geertz elegantemente resumiu a posição em um ensaio sobre a "briga de galos balinesa":

> Na briga de galos, portanto, o balinês forma e descobre seu temperamento e o humor da sua sociedade ao mesmo tempo. Ou, mais exatamente, ele forma e descobre uma faceta particular deles. Não só existem muitos outros textos culturais que fornecem comentários sobre hierarquia de status e egocentrismo em Bali, como existem muitos outros setores críticos da vida balinesa além da estratificação (...) que recebem tal comentário. (...) O que [a briga de galos] diz sobre essa vida não é desqualificado nem mesmo incontestado por aquilo que outras afirmações culturais igualmente eloquentes falam sobre ela. Mas, não há nada mais surpreendente nisso do que o fato de que Racine e Molière eram contemporâneos, ou que as mesmas pessoas que fazem arranjos de crisântemos forjam espadas.
>
> A cultura de um povo é um conjunto de textos, que são eles mesmos conjuntos que o antropólogo se esforça para ler por cima dos ombros daqueles a quem propriamente pertencem (1973: 451-452).

Falar da ação humana através da metáfora de um texto não é mais incomum, embora ainda perturbador. A metáfora enfatiza que a tarefa do cientista cultural está mais próxima à de um crítico literário ou de estudioso das escrituras, embora não seja a mesma, do que à de um cientista comportamental. "Textos" nem sempre são impressos em páginas ou gravados em pedra – embora, às vezes, sim. Geralmente, lidamos com textos de manifestação pública ou comportamento moldado. Mas, devemos, como o crítico literário, descobrir o que o texto fala, construir uma interpretação dele. Fazer pesquisa em comunicação (ou estudos culturais ou, no termo de Geertz, etnografia) "é como tentar ler (no sentido de 'construir uma interpretação de') um manuscrito – estrangeiro, desbotado, cheio de elipses, incoerências, emendas e comentários tendenciosos, escrito não em gráficos convencionais de som, mas em exemplos transitórios de comportamento moldado" (Geertz, 1973: 10).

Para darmos mais um passo adiante, imagine se despirmos a cena da morte, isto é, removermos dela as falas, tirarmos dela as palavras. O que observamos agora não é uma conversa, mas um conjunto de ações. Estamos interessados nas ações, porque têm significado – são uma orquestração de símbolos gestuais. Precisamos decifrar – embora não seja tão mecânico quanto decifrar um código – o que está sendo dito através do comportamento. Devemos construir uma leitura da situação: interpretar o significado nesses símbolos como gestos. O truque é ler esses "textos" em relação à estrutura social concreta sem reduzi-los a essa estrutura. Ninguém vai alegar que isso é particularmente fácil. Existem dilemas metodológicos suficientes aqui para nos manter ocupados por algumas gerações. Mas, entender a comunicação como, perdoem-me a repetição, comunicação – como uma interpretação, um significado entendido a partir de e depositado sobre a experiência, que é dito para e interpretado por alguém – permite que nos concentremos no tema do empreendimento e não em alguma fórmula extrínseca e arbitrária que o explica. Por que queremos construir uma interpretação? A resposta para essa pergunta mostra a modéstia e a importância da comunicação como um estudo da cultura. O objetivo dos estudos culturais não é tanto responder nossas questões quanto, segundo Geertz (1973: 30), "tornar disponíveis para nós as respostas que outras pessoas, cuidando de outras ovelhas em outros vales, ofereceram e, assim, incluí-las no registro consultável do que o homem já disse". Isto é um alvo modesto: entender os significados que outros atribuíram à experiência; construir um registro verídico do que foi dito em outros momentos, lugares e de outras formas; ampliar a conversa humana através da compreensão do que outros estão dizendo. Embora modesto, a incapacidade de participar nessa conversa é o fracasso crucial das ciências sociais modernas. Ao não entender seus sujeitos – essa palavra infeliz –, as ciências sociais não conversam, mas sim impõem significados a eles. Cientistas sociais têm teorias políticas e sujeitos têm ideologias políticas; o comportamento de cientistas sociais é livre e informado racionalmente, enquanto seus sujeitos são condicionados e regidos por hábito e superstição – não é um bom solo intelectual para uma democracia funcional.

Geertz sugere que a grande necessidade das ciências sociais, uma que os estudos culturais podem de maneira singular atender, é a criação de uma teoria das ficções. Ficção é usada aqui em seu sentido original – *fictio* – um "fazer", uma construção. A realização da mente humana e sua extensão na cultura (embora seja uma necessidade humilde tanto quanto uma realização) são a criação de uma ampla variedade de formas culturais através das quais a realidade pode ser criada. A ciência, alegando ser o único feito cultural a oferecer um mapa verídico da realidade, prejudicou tanto quanto expandiu nossa compreensão sobre como esse milagre foi alcançado. O maior avanço obtido na teoria social recente é a erosão daquele campo de conceitos sobre o qual foram travadas as grandes batalhas intelectuais da vida no final do século XIX. Em particular, é significativo o abandono da disputa por encontrar a diferença irredutível entre as mentes "primitiva" e "moderna". A distinção entre a superstição irrestrita do nativo e o racionalismo ilimitado do cidadão – entre espaço de vida afetivamente carregado do mágico primitivo e o mundo friamente geométrico do cientista moderno, para argumentar de forma bem ousada – agora parece ter nos ensinado mais sobre os objetivos políticos e vaidades pessoais de cientistas sociais do que sobre a natureza do pensamento humano. Uma vez que a membrana intelectual separando a mente primitiva da moderna foi perfurada, a influência correu nas duas direções. A mente do selvagem lentamente entregou sua estrutura lógica, e os padrões de formas primitivas, embora não errôneas, de intelecção entre os modernos apareceram em relevo mais destacado.

A importância da descoberta de semelhanças no pensamento humano não é que sejamos primitivos e modernos, criaturas tanto da razão quanto da superstição, o que parece ser a construção facilmente alcançada que se atribui a este achado. De forma distinta, sua relevância reside na compreensão de que o pensamento humano não consiste na produção de mapas irrefutáveis do mundo objetivo (ciência) e esboços repletos de erros de uma realidade mística. O pensamento humano, no novo modelo, é visto mais como interpretações que pessoas aplicam à experiência, construções de sistemas de significados amplamente variados, cuja verificação não pode ser esgotada pelos métodos da ciência. O que pessoas criam não é somente uma, mas múltiplas realidades. A realidade não pode ser limitada a uma única forma simbólica, seja esta científica, religiosa ou estética. Consequentemente, a genialidade e a necessidade humanas conseguem construir modelos de realidade através da agência de diferentes tipos de símbolos – verbais, escritos, matemáticos, gestuais, cinestésicos – e por diferentes formas simbólicas – arte, ciência, jornalismo, ideologia, fala comum, religião, mitologia – para mencionar apenas parte do catálogo. Ao tentar entender os significados que as pessoas conferem à experiência, é necessário lidar com uma teoria das ficções: uma teoria que explique como essas formas operam, os dispositivos semânticos que empregam, os significados que sustentam, o brilho particular que lançam sobre a experiência.

Compreender uma cultura é uma questão complexa e, como diz Geertz, pensando, particularmente, no ritual,

> pode-se começar em qualquer ponto do repertório de formas de uma cultura e terminar em qualquer outro. Pode-se ficar (...) em uma única forma, mais ou menos delimitada, e circular firmemente dentro dela. Pode-se movimentar entre formas em busca de unidades mais amplas ou contras-

tes esclarecedores. Podem-se até comparar formas de diferentes culturas para definir seu caráter reciprocamente por contraste. Mas, qualquer que seja o nível em que se opera, e por mais intricado que seja, o princípio orientador é o mesmo: sociedades, como vidas, contêm suas próprias interpretações. Basta apenas aprender como obter acesso a elas (Geertz, 1973: 453).

Em cada ponto dessa volta, a tarefa continua a mesma: capturar as interpretações que pessoas fazem da existência e sistematizá-las para que fiquem mais prontamente disponíveis para nós. Esse é um processo de criar grandes afirmações a partir de pequenas questões: estudar rituais, poemas, peças de teatro, conversas, canções, danças, teorias e mitos particulares e buscar, cautelosamente, as relações plenas dentro de uma cultura ou um modo total de vida. Para o pesquisador de comunicação, outras questões urgem: como mudanças nas formas de tecnologia da comunicação afetam as construções/percepções surgidas da experiência? Como essas tecnologias modificam as formas de comunidade nas quais a experiência é aprendida e expressada? Em meio às forças da história, da tecnologia e da sociedade, o que está sendo pensado, com que material esse pensamento se desenvolve e para quem está sendo expresso/representado? Isto é, avanços em nossa compreensão da cultura não podem ser garantidos a menos que estejam atrelados a um sentido vívido de tecnologia e estrutura social. Para conseguir elaborar uma teoria efetiva da cultura popular, é necessária uma concepção de pessoas, não psicológica ou sociológica, mas cultural. Um modelo assim presumiria que a cultura é mais bem compreendida não por relações com condições psicológicas e sociológicas, ou, de fato, exclusivamente políticas ou econômicas, mas como uma manifestação de uma disposição cultural básica para moldar a experiência em forma simbólica. Essas formas, não importa o quão implausíveis para o investigador, são, ao mesmo tempo, esteticamente corretas e conceitualmente verídicas. Fornecem identidades significativas junto com um mundo apreendido.

Se a atividade humana não é passiva ou totalmente dependente de estimulação externa, então uma consequência é que a atividade não é somente uma emanação de algum substrato de necessidades biológicas ou de disposições socialmente induzidas. Em vez disso, a atividade humana, pela própria natureza do sistema nervoso humano (Geertz, 1973: 68), é cultural, envolvendo a construção de um recipiente simbólico que molda e expressa quaisquer naturezas, necessidades ou disposições humanas que existam. Como em muitos outros aspectos deste ensaio, Max Weber (1946: 281), escrevendo sobre religião, foi quem expressou isso melhor. No processo, Weber, como disse o sociólogo Nobert Wiley, roubando uma frase de Sartre, conseguiu "tornar ontológica a ausência de significado":

> Muito mais variedades de crença já existiram, é claro. Por trás delas, sempre há um posicionamento em relação a algo no mundo real que é experimentado como especificamente "sem sentido". Assim, a demanda foi insinuada: que a ordem do mundo em sua totalidade é, poderia e deveria de alguma forma ser um "cosmos" significativo. (...) As avenidas, os resultados e a eficácia dessa necessidade metafísica por um cosmos significativo variaram amplamente.

Quando a ideia de cultura entra na pesquisa da comunicação, emerge como o ambiente de um organismo ou um sistema a ser mantido ou um poder sobre o sujeito. Qualquer que seja a verdade dessas visões – e há verdade em todas elas –, a cultura deve primeiro ser vista como um conjunto de práticas, um modo de atividade humana, um processo pelo qual a realidade é criada, mantida e transformada, por mais que possa ser, subsequentemente, reificada em uma força independente da ação humana (Berger e Luckmann, 2014 [1966]). Essa atividade permite que o sistema nervoso humano funcione, produzindo e mantendo um cosmos significativo, ao mesmo tempo, esteticamente gratificante e intelectualmente plausível. É precisamente essa teoria da cultura – ou, se preferirem, teoria do significado, semântica ou semiótica – que é necessária para remover a cultura da condição de um poder ou de um ambiente.

Uma teoria assim geralmente é evitada ao situar as necessidades e as motivações humanas fora da história e da cultura – a visão racionalista do século XVIII de que a natureza humana é, por toda parte, a mesma se suas armadilhas culturais (isto é, simbólicas) puderem ser removidas (Geertz, 1973: 35). No entanto, a pesquisa da comunicação alcança precisão e persuasão somente quando é colocada dentro da história e da cultura; isto é, dentro da experiência histórica de povos específicos.

A cultura, porém, nunca é singular e unívoca. É, como a própria natureza, múltipla, diversa e variada. É assim para cada um de nós. Portanto, devemos partir, tal como Schutz (1970), da premissa de realidades múltiplas. A pesquisa da comunicação de massa geralmente começa a partir da premissa de alguma realidade existencial dura, além da cultura e dos símbolos, a qual as produções imaginativas humanas podem se referir para a validação final. É cômico ver esse argumento em análises, por exemplo, da música popular que definem canções de amor comerciais como fantasia e melancolia ou canções de protesto contra guerra como realidade (Carey, 1972; Hayakawa, 1957). A diferença entre essas formas não é que uma é real e a outra fantástica, mas sim que refletem os gostos de públicos para diferentes modos de organizar a experiência.

Em vez de classificar a experiência em zonas de correção epistemológica, podemos, de forma mais proveitosa, supor que, dado o que somos biologicamente e o que a cultura é em termos práticos, as pessoas vivem em zonas de experiência qualitativamente distintas que as formas culturais organizam de diferentes maneiras. Poucas pessoas contentam-se em apreender as coisas exclusivamente através dos óculos perceptuais imprecisos do senso comum. A maioria insiste em transformar constantemente a percepção em diferentes modos – religiosos, estéticos, científicos – para ver as maravilhas e os mistérios específicos que esses quadros de referência contêm. A arrogância científica está na suposição de que viver em quadros de referência científicos é inequivocamente superior às alternativas estéticas, do senso comum ou religiosas. O efeito debilitante dessa arrogância é a falha em entender os domínios significativos do discurso segundo os quais pessoas conduzem suas vidas.

O significado imediato da arte popular tem pouca relação com efeitos ou funções. A arte popular é, em primeiro lugar, uma experiência, nas palavras de Robert Warshow (1964), uma "experiência imediata" – que deve ser apreendida em algo como seus próprios termos. Não importa por quanto tempo ou quão intensamente se vive no mundo da arte popular, este é apenas um de vários mundos, de modo algum consistentes ou congruentes, nos quais pessoas vivem. Em geral, há pouca ou nenhuma relação entre esses mundos, exceto quando pessoas, ao responderem questionários das ciências sociais, precisam produzir uma fusão entre seu entretenimento e outras regiões da vida. No máximo, o que se encontra dentro da arte popular é a criação de humores específicos – tristeza, alegria, depressão –, sentimentos que descem e se dissipam como neblinas, e motivos específicos – erótico, agressivo –, que têm qualidades vetoriais (Geertz, 1973: 97). Mas, se esses humores ou motivos vão além do domínio em que existem – por exemplo, salas de teatro e de concerto – até laboratórios, esquinas de rua e igrejas, onde outros dramas estão sendo encenados e outras melodias tocadas, é radicalmente problemático. Geralmente, não vão. A análise da comunicação de massa terá de examinar os vários mundos culturais nos quais as pessoas existem simultaneamente – a tensão, muitas vezes radical, entre os mundos, os padrões de humor e a motivação que distinguem cada um e a interpenetração entre eles. Ao mesmo tempo, terá de deixar a suposição de que necessidades e motivos encontrados em mundos científicos são algo mais do que uma versão cultural entre muitas e não um tribunal onde se julga a veracidade de outros modos de experiência.

III

É lamentável que, para a maioria dos pesquisadores de comunicação, a menção aos estudos culturais ressuscite a imagem dos argumentos relativos à cultura de massa e popular que atormentou o campo há algumas décadas. Isso foi parte do desastre a que Raymond Williams se referiu em seus comentários mencionados anteriormente. Mas, muitos que trabalhavam na área da cultura popular estavam no caminho certo. A questão que tanto levantaram quanto obscureceram era simples, mas profunda: qual é o sentido de viver em um mundo de significados transmitidos pela arte popular? Qual é a relação entre os significados encontrados na arte popular e em formas como a ciência, a religião e a fala comum? Como, na modernidade, a experiência é construída, interpretada e solidificada em conhecimento e compreensão?

O trabalho notável de Clifford Geertz – notável em substância e metodologia, embora o segundo quesito não tenha sido explorado neste ensaio – e de muitos outros que trabalham em fenomenologia, hermenêutica e crítica literária serviu para esclarecer os objetivos da ciência cultural da comunicação e definiu as dimensões de uma ciência interpretativa da sociedade. A tarefa agora para estudantes de comunicação, de comunicação de massa ou de cultura contemporânea é direcionar esses avanços na ciência da cultura para os produtos característicos da vida contemporânea: reportagens, linguagem burocrática, canções de amor, retórica política, seriados diurnos, relatórios científicos, teledramaturgia, programas de entrevistas e o mundo mais amplo do lazer, do ritual e de informações contemporâneos. Para resolver a quadratura do círculo, estas eram algumas das convenções, formas e práticas que Raymond Williams sentiu que haviam nos escapado quando, cheios de confiança, nomeamos nosso campo de estudos de comunicação de massa.

SUPERANDO RESISTÊNCIAS AOS ESTUDOS CULTURAIS

Os principais problemas que os estudantes da comunicação de massa enfrentam, as questões macro, dizem respeito a todo o arcabouço dentro do qual nossos estudos prosseguem e, portanto, à natureza, ao objetivo e à pertinência do conhecimento que ensinamos. Para reorientar esse arcabouço, desenvolvi um argumento a favor de um ponto de vista particular e distintivo sobre as mídias de massa – a favor de algo que chamo, sem originalidade, de estudos culturais. Muito desse argumento, feito indiretamente, sugere que serviríamos melhor ao estudo dos meios de comunicação de massa se basicamente abandonássemos nossos compromissos com certas formas de explicação que dominaram o empreendimento nos últimos cinquenta anos ou mais. Tivemos nossa busca pelo Santo Graal: a busca por uma ciência positiva da comunicação, que elucida as leis do comportamento humano e as funções universais e unívocas das mídias de massa. Já é tempo de desistirmos, de abrirmos mão do que John Dewey, há duas gerações, chamou de "busca neurótica pela certeza". Abandonar o arcabouço tradicional não apenas revigoraria nossos estudos; também nos liberaria de uma série de ideias ruins e incapacitantes, particularmente, de um modelo de ordem social implícito nessa estrutura, uma versão distorcida de utilitarismo, e de uma retórica de motivos que anteriormente chamei de modelo de comunicação de poder e ansiedade. Estou sugerindo que deixemos a "tradição dos efeitos". Para mostrar como e por quê, vou primeiro discorrer sobre a forma particular de utilitarismo que sustenta os estudos de mídia.

Historicamente, o utilitarismo oferece o modelo básico para e a explicação da ordem social em democracias ocidentais. Portanto, a teoria utilitária é a forma mais influente de teoria social. O utilitarismo parte do pressuposto de que os desejos que motivam a ação humana são individuais e subjetivos, logo, desconhecidos para o observador ou puramente exógenos. Esses desejos subjetivos, essas preferências dadas e individuais, são expressos na ação humana como uma tentativa de maximizar a utilidade, o prazer ou a felicidade que a satisfação do desejo traz. A teoria econômica e as economias capitalistas são construídas sobre o princípio de maximização da utilidade. O resto das ciências sociais – geralmente infelizes, porque a teoria utilitária tende a contornar ou afastar o problema da ordem social – negam a subjetividade da utilidade, movem-na da cabeça para o mundo objetivo. Mas, logo realocam a utilidade para nossos genes, nosso ambiente e nossa sociedade. O darwinismo social – e sua materialização mais recente na sociobiologia – é um exemplo da primeira estratégia. O behaviorismo e o funcionalismo sociológico são exemplos da segunda e terceira.

São essas duas últimas instâncias, o behaviorismo e o funcionalismo, que fornecem suporte para a pesquisa da comunicação de massa. De fato, os estudos da comunicação foram pouco afetados pela teoria utilitária em suas formas econômica e biológica, exceto – e é uma grande exceção – algumas suposições sobre linguagem e comunicação (a teoria da representação, o processo de autocorreção do mercado livre das ideias) que sustentaram, entre economistas e pesquisadores da comunicação, a crença de que a busca por utilidade pode produzir uma ordem social progressista. A "mão invisível" trabalha no mercado das ideias e de produtos. Assim, a concepção utilitária da conduta humana e da sociedade é o subtexto implícito na pesquisa da comunicação, mas este foi retirado de seu arcabouço originalmente subjetivo e reposicionado no mundo objetivo do ambiente e da estrutura social. Contudo, é uma forma de utilitarismo: as utilidades objetivas da ecologia natural, as utilidades que promovem a sobrevivência da população humana ou da ordem social dada. (Aspectos dessa interpretação são tirados de Sahlins, 2003 [1976].)

É reconfortante para muitos acreditar que suas investigações empíricas de pequena escala, os estudos limitados que realizamos habitualmente, estão desconectadas das soluções mais abrangentes para o problema da ordem social, de como pessoas e sociedades operam quando estão funcionando de forma eficiente. Infelizmente, não estão. Nossos estudos inevitavelmente se articulam para dentro e para fora com essas teorias mais amplas. Articulam-se para "fora", porque inevitavelmente tomam a linguagem, conceitos e premissas emprestados do ambiente intelectual abarcante. Articulam-se para "dentro", pois fornecem ou são usados como evidência para e contra a solidez dessas teorias sociais. Conceitos como atitude, efeito, usos e gratificações são emprestados da teoria utilitária; evidências dos estudos dos "efeitos" são usadas para dar suporte a uma ou outra teoria da sociedade de massa, em geral, a liberal, utilitária ou pluralista. Realmente, o estudo dos efeitos da comunicação faz sentido e tem pertinência somente até o ponto em que se articula, ativamente, com essas posições mais amplas. Podemos desejar o contrário, mas não existem posições neutras nas questões que exasperam a sociedade.

Existe agora, acredito, uma grande e convincente literatura, que é escrita de todos os pontos do compasso do conhecimento, da ética e da beleza, atacando as ciências comportamentais e funcionais em bases tanto epistemológicas quanto ético-políticas. O idealismo e o pragmatismo minaram as noções de objetividade e verdade objetiva que sustentam o aparato explicativo dessas ciências. O marxismo, o existencialismo e uma variedade de filosofias continentais elucidaram as consequências nefastas dessas ciências para a política e a moral, para a conduta e a prática. No entanto, não é necessário ser tão polêmico nem filosófico sobre a questão toda.

O argumento pode ser feito no pequeno ao invés do grande. Diferentemente da previsão catastrófica de Bernard Berelson há 25 anos, o campo da comunicação de massa não desapareceu. Na verdade, é um empreendimento acadêmico bem-sucedido, em crescimento e altamente institucionalizado. Mas, apesar de seu sucesso acadêmico, medido por cursos, estudantes, periódicos acadêmicos e docentes, está intelectualmente estagnado e cada vez menos interessante. Também é atormentado por uma distância cada vez maior entre as ambições de estudantes e as posturas intelectuais e ideológicas de professores. Parte do problema (embora apenas uma fração dele) é que a tradição central da pesquisa dos efeitos foi um fracasso em seus próprios termos e, onde não fracassou, é patentemente antidemocrática e oposta às crenças declaradas por seus praticantes.

Quanto ao primeiro ponto, a tradição dos efeitos não gerou um consenso sobre as leis do comportamento ou as funções da comunicação com força e pertinência suficientes para nos sinalizar que o sucesso foi alcançado. Todo o empreendimento se degenerou em mero academicismo: a repetição solene do indubitável. Nossos compromissos não mais avançam, mas impedem a investigação, reproduzindo resultados de tamanha imprecisão e previsibilidade que ameaçamos nos matar de tédio. O sinal mais claro desse estado das coisas é o recuo de longo prazo para o método em detrimento da substância, como se o fazer certo garantisse a compreensão certa.

No entanto, a "tradição dos efeitos" seria um fracasso ainda maior, social e politicamente, se fosse um sucesso em termos intelectuais, pois a teoria utilitária produz o dilema clássico da democracia. Como dito anteriormente, a teoria da utilidade praticada por economistas parte da premissa de que os desejos de cada indivíduo são distintos daqueles dos demais. Se agentes humanos são movidos por desejos subjetivos desconectados dos sentimentos de outros, como conseguem criar e sustentar a forma associada e cooperativa de vida social que chamamos de democracia? Por que as pessoas simplesmente não exploram as outras até o limite, como costumam fazer no melhor dos momentos? Ninguém produziu uma resposta adequada a essa pergunta, que geralmente é dispensada com algum conceito "metafísico" como a mão invisível do mercado. Os teóricos da utilidade objetiva nos dão uma resposta: nossos genes nos fazem democratas, ou nosso ambiente, ou as normas da sociedade, embora aqui esteja apelando um pouco para o burlesco. Além de serem otimistas demais, os teóricos da utilidade objetiva alcançam uma imagem da democracia a um custo altíssimo: a renúncia a qualquer noção de um sujeito automovido, autônomo, autogovernado. O "novo" sujeito é controlado ou constrangido pelas leis da biologia, da natureza ou da sociedade, leis às quais se submete, porque não é possível fazer de modo diferente. Essa é a imagem dos humanos e o dilema da democracia contra o qual toda a tradição da comunicação de massa luta. Está no centro do nosso livro fundador, *Opinião pública*, de Lippmann. É o motivo pelo qual o trabalho de Lazarsfeld foi tão importante. Acaba que *The People's Choice* não é de forma alguma a escolha do povo, mas sim um índice de status socioeconômico. Essas leis do comportamento são antidemocráticas, porque revelam um sujeito que não é adequado à democracia, ou podem ser usadas para controlar sujeitos de uma democracia presumida. Como costuma acontecer no trabalho intelectual, as respostas que damos são desconectadas das perguntas que fizemos – ou melhor, são ativamente sufocadas. Consequentemente, as críticas mais contundentes às ciências comportamentais e funcionais que surgiram de círculos filosóficos são agora tratadas com silêncio. Nessas circunstâncias, podemos continuar a esperar que o nosso Newton desponte dentro do arcabouço tradicional, mas cada vez mais parece que estamos esperando por Godot. Ou, podemos tentar deslocar o arcabouço e nos apegarmos àquilo que é valioso na tradição dos efeitos, ainda que a reformulando em um vocabulário conceitual alternativo.

Ressalto um ponto que parece sempre escapar aos leitores mais apressados. Abandonar a tradição dos efeitos não envolve dispensar métodos de pesquisa, incluindo as formas mais complexas e misteriosas de cálculo que ocupam tanto tempo em nossos seminários. Também não exige aumentar a temperatura acadêmica ao estilo *Fahrenheit 451*, consentindo a queima de livros no atacado. Ninguém, exceto os congenitamente deslocados, sugere que devemos parar de calcular ou que podemos parar de ler os "clássicos" na literatura dos efeitos. No entanto, essa literatura terá de ser desconstruída, para usar um termo em voga, e reinterpretada, e os métodos e as técnicas do ofício deverão ser remanejados. Estou tentando ser ecumênico a respeito disso – não somente por razões de decência, embora isso fosse suficiente, mas por um objetivo filosófico sério. Não haverá progresso nesse campo que não se articule, não dialogue com a tradição dos efeitos e não construa algo senão a partir da tradição dos efeitos que herdamos. Um esvaziamento ou uma separação total das teorias, dos métodos, dos *insights* e das técnicas tão dolorosamente trabalhados na última metade do século seria um convite certo ao fracasso. Isso é verdade, no mínimo, porque a inteligência continuamente transborda as limitações dadas por paradigmas e métodos. Para ir mais direto ao ponto, a tradição dos efeitos tentava lidar com problemas sérios da política e da cultura, pelo menos por parte de seus principais praticantes, e agora integra essa cultura. Qualquer tentativa de evitá-la leva à irrelevância.

No entanto, para reorientar o estudo da comunicação de massa, teremos que mudar a autoimagem, a autoconsciência e a autorreflexão que temos do empreendimento: nossa visão do que estamos fazendo, a história que temos em comum, como nos situamos nas sociedades em que trabalhamos e os argumentos que tecemos pelo conhecimento que ensinamos. Isso é uma rendição um pouco mais fácil e muito mais dolorosa do que mudar uma lista de leitura, ou, substituir a análise fatorial e equações de regressão linear pela observação participante ou pela "leitura atenta". Se fizéssemos a mudança que tenho enaltecido, falaríamos muito menos – e aqui tomo emprestadas algumas observações de Richard Rorty – sobre paradigmas e métodos e muito mais sobre certas conquistas concretas. Falaríamos menos sobre rigor e mais sobre originalidade. Iríamos nos basear mais no vocabulário da poesia e da política e menos na metafísica e no determinismo. E teríamos mais senso de solidariedade com as sociedades que investigamos e com nossos colegas estudantes do que temos agora. (Esse argumento é emprestado de Rorty (1995 [1979]; 1982), bem como de alguns de seus trabalhos não publicados.) Acima de tudo, veríamos de forma mais clara o relacionamento reflexivo da produção acadêmica com a sociedade e nos livraríamos da maldição do intelectual: a crença alternada de que somos uma classe neutra de descobridores de leis da sociedade ou um novo sacerdócio dotado de credenciais que nos habilitam a operar a máquina social. Finalmente, entenderíamos a verdade e o conhecimento não como um mapa objetivo da ordem social, a natureza falando através de nós, mas como aquilo que, na adorável frase de William James, é bom porque se acredita que é bom, aquilo que nos levará para onde quisermos ir.

Os estudos culturais compõem um veículo que pode alterar nossa autoimagem e promover as atitudes intelectuais que acabei de mencionar. No mínimo, essa posição envolve um redirecionamento e um pensamento por meio do conceito de cultura em relação às mídias de massa, descartando-se os conceitos de efeito e função. Agora percebo que apenas os excessivamente aventureiros, congenitamente infelizes ou perpetuamente audaciosos vão deixar a aldeia aconchegante, embora não muito interessante, da pesquisa dos efeitos em direção à savana inexplorada, mas surpreendente, dos estudos culturais, sem um mapa do território melhor do que o que eu ou qualquer outro já conseguiu fornecer. Preencher a lacuna é a principal tarefa do futuro. O melhor que posso fazer, no momento, é encorajar as pessoas a circular dentro de um vocabulário conceitual e de uma literatura alternativos, que vão ajudar a demarcar esse território livre.

Para tornar as coisas familiares, mesmo que não muito precisas, isso significa conectar os estudos de mídia ao debate sobre a cultura de massa e a cultura popular, que foi um momento modesto, mas importante, na discussão geral sobre os efeitos dos meios de comunicação de massa nos anos 1950. O próprio debate terá de ser reconstruído, é claro. As linhas básicas dessa reconstrução foram dispostas nos trabalhos iniciais de Raymond Williams e Richard Hoggart na Inglaterra, quando tentaram aplicar a concepção antropológica de cultura à vida e à sociedade industrial: à linguagem, ao trabalho, à vida comunitária e à mídia daqueles vivenciando o que Williams chamou de "a longa revolução" (Hoggart, 1961; Williams, 1961).

A conexão dos estudos culturais com o trabalho de Max Weber é ainda mais importante. Weber tentou apresentar uma fenomenologia das sociedades industriais – isto é, uma descrição da vida subjetiva ou consciência de comunidades industriais, incluindo os fins e os objetivos de suas ações características – e uma análise dos padrões de dominação e autoridade típicos dessas sociedades. Weber descreveu o empreendimento como uma "ciência cultural" durante a discussão interminável sobre *Naturwissenschaft* e *Kulturwissenschaft*. Prefiro muito mais estudos culturais à ciência cultural, porque desprezo o sentido honorífico que se acumulou em torno da palavra "ciência". Como Thomas Kuhn recentemente observou, o termo "ciência" emergiu no final do século XVIII para nomear um conjunto de disciplinas ainda em formação que eram simplesmente para ser contrastadas com a medicina, com o direito, com a engenharia, a filosofia e a teologia, bem como com outras áreas de estudo (Kuhn, 1983). A esse sentido taxonômico foi rapidamente acrescentado o honorífico: a distinção entre ciência e não ciência era a mesma que a distinção platônica entre conhecimento e opinião. Essa segunda diferenciação, junto com distinções correlacionadas entre o objetivo e o subjetivo, o primário e o secundário, é precisamente a que os estudos culturais buscam, prioritariamente, dissolver. Mais do que isso, gosto da conotação modesta, até autodepreciativa, da palavra "estudos": impede-nos de confundir a história de pescador com o pescador. Pode até engendrar uma atitude genuinamente humilde em relação ao nosso tema e um senso de solidariedade para com nossos concidadãos que estão fora do estudo formal das mídias de massa, mas dentro, como nós, do fenômeno a ser estudado.

Nos Estados Unidos, os estudos culturais tiveram sua expressão mais poderosa em John Dewey e na tradição do interacionismo simbólico que se desenvolveu, no geral, fora do pragmatismo americano. Foi Robert Park, aluno de Dewey, que nos proporcionou a análise mais poderosa da cultura de massa (embora não a chamasse dessa forma) adaptada às circunstâncias do país. De forma não planejada, Dewey, Park e outros da Escola de Chicago transplantaram a sociologia weberiana para o solo americano, embora dentro da tentativa pragmática de dissolver a distinção entre ciências naturais e culturais. De modo não tão afortunado, embora compreensível, perderam as arestas mais afiadas da sociologia weberiana, particularmente, sua ênfase na autoridade, no conflito e na dominação, e isso terá de ser restaurado à tradição. Entendo que nomes não resolvem nada, mas começam a sugerir, pelo menos, uma série de conceitos e noções dentro da qual os estudos de mídia podem circular frutiferamente. Para citar apenas parte do catálogo, posso mencionar experiência, subjetividade, interação, conflito, autoridade, dominação, classe, status e poder. Como argumentei em trabalho anterior (Carey, 1983), foram precisamente essas conexões e questões que formaram acadêmicos que abordaram um tema menor, mas duradouro, dos estudos de mídia durante o tumulto das décadas de 1940 e 1950: Davis Riesman, C. Wright Mills, Harold Innins e Kenneth Burke, uma tradição que é simultaneamente histórica, interpretativa e crítica. Os estudos culturais, no contexto americano, são uma tentativa de recuperar e reconstruir essa tradição.

Percebo que, na era do internacionalismo, estabeleci esse argumento de forma etnocêntrica. Faço isso para defender um argumento filosófico, não nacionalista. Pelo menos desde o advento da imprensa, os argumentos que constituem a análise social foram formulados de modo etnocêntrico. Tentar escapar dessas formulações, tentar importar por completo de algum outro lugar uma análise que não desenvolva raízes em bases nativas, são só uma pose, um outro jeito de ser "observador". Isso não quer dizer que outras vozes de outros vales não possam dar uma grande contribuição. Weber foi mencionado; Marx não pode ser evitado por muito tempo; e já prestei homenagem a Williams e Hoggart. Na cena contemporânea, pensa-se em quatro vozes europeias que têm algo do espírito certo nelas: Habermas, Foucault, Giddens e Bourdieu. Mas essas vozes devem ser fixadas e profundamente conectadas às linhas de discurso e aos cânones de evidência e argumento que são decifráveis apenas dentro de tradições sociais, políticas e intelectuais de dadas formulações social-nacionais.

As questões em torno dos estudos culturais foram complicadas e enormemente enriquecidas pela crescente proeminência do trabalho do Centre for the Study of Contemporary Culture (Centro de Estudos da Cultura Contemporânea) da Universidade de Birmingham, particularmente nas atividades identificadas com Stuart Hall. O trabalho de Hall é teórica, histórica e, muitas vezes, empiricamente elegante e merece, de fato, a influência que alcançou. A pesquisa do Centro, embora distintivamente inglesa em orientação e, portanto, em suas limitações, baseia-se fortemente em certas tradições da teoria e da política continentais, particularmente, o marxismo e o estruturalismo, embora, curiosamente, não na teoria crítica ao estilo da Escola de Frankfurt. Os estudos culturais britânicos poderiam ser facilmente, e talvez mais precisamente, descritos como estudos ideológicos, pois assimilam a cultura à ideologia em uma variedade de formas complexas. Mais exatamente, fazem da ideologia uma sinédoque da cultura como um todo. Estudos ideológicos são, na frase de Stuart Hall, "o retorno do que sempre foi reprimido nos estudos de mídia". A ideologia, nessa leitura, sempre foi o subtexto não reconhecido da pesquisa dos efeitos. Diferenças de opinião descritas em escalas psicológicas mascaravam rachaduras ligadas a divisões políticas vitais. O "consenso" alcançado pela mídia de massa só aconteceu pela extração da formação social dos "desviantes": a diferença política reduzida à ausência de normas. As ciências positivas não forneciam uma análise da ideologia (ou da cultura), mas eram parte do próprio processo social através do qual formas ideológicas mascaravam e sustentavam a ordem social (Hall, 1982).

O trabalho de Hall, e de muitos outros, teve um efeito rejuvenescedor sobre uma variedade de análises marxistas e neomarxistas de sociedades capitalistas feitas por acadêmicos norte-americanos. Infelizmente, a excitação que esse rejuvenescimento proporcionou ao campo costuma ser descrita pelo contraste insípido e improdutivo entre as pesquisas administrativa e crítica, um legado que sobrou dos anos em que a Escola de Frankfurt esteva no exílio. Mas, a diferença entre estudos culturais e as ciências positivas não é, de maneira alguma, uma mera diferença entre apoiar e criticar o status quo, embora possa ser reconfortante para alguns pensar dessa forma.

Existem grandes e importantes similaridades entre os estudos culturais britânico e americano que derivam de certas origens e influências comuns. Ambos os lados têm um momento fundador no começo da década de 1950 e foram influenciados, em maior ou menor grau, pelo debate sobre a cultura de massa e os trabalhos de Williams, Hoggart e E. P. Thompson. Ambos se basearam significativamente no interacionismo simbólico, embora de formas um tanto diferentes. No caso britânico, o interacionismo simbólico se limitou a fornecer uma abordagem à análise de subculturas e do "problema do desvio". No caso americano, forneceu um modelo muito mais generalizado de ação social. Similarmente, as duas tradições foram influenciadas por Max Weber. O principal conceito de Weber que penetrou os estudos britânicos é aquele de legitimação. O restante da análise de Weber sobre classe, status e autoridade, por mais importante que tenha sido, foi em grande parte deixada de lado. Finalmente, os estudos culturais britânicos envolveram uma variedade de significados de ideologia. Esses significados foram fornecidos pelo debate mais amplo dentro do marxismo, particularmente, pelo encontro entre marxismo e estruturalismo francês. De fato, começando pelo trabalho de Williams, Hoggart e Thompson, os estudos culturais britânicos fizeram um desvio de rota pelo estruturalismo francês e, como tudo mais hoje em dia, ficaram profundamente divididos com relação a esse encontro. O estruturalismo, por sua vez, avançou pouco nos Estados

Unidos, onde precisa competir com os formalismos muito mais poderosos propiciados pela teoria da informação e pela linguística gerativa.

Essas influências amplas e frequentemente contraditórias foram sustentadas por Stuart Hall em um equilíbrio admirável. Ele mostrou uma capacidade excepcional de ser aberto e generoso na absorção de correntes de pensamento sem deixar de centrar os estudos culturais na análise ideológica dentro de um arcabouço neomarxista. No entanto, apesar do poder e da elegância de sua análise, acho mais provável que aumente, em vez de quebrar, a resistência aos estudos culturais nos Estados Unidos. Essa resistência, mesmo que compreensível, é míope. Os dois tipos dominantes de resistência aos estudos culturais tomam uma forma positivista e fenomenológica, embora esses rótulos (como todo rótulo) não sejam muito adequados. Como formas de resistência, sobrepõem-se e têm algo importante em comum, embora partam de origens diferentes e, portanto, acabem em dilemas diferentes.

A resistência positivista aos estudos culturais, além do desejo sempre presente de manter a distinção entre ciência dura e estudos brandos, entre conhecimento e opinião, baseia-se em um instinto político profundo. As ciências positivas, para as quais a física é o modelo e a psicologia uma aspirante, cresceram em uma relação histórica distinta não apenas com o capitalismo, mas com a democracia parlamentar. Essas ciências são a mais nobre realização da civilização ocidental. Em muitos sentidos, são bem menos ambíguas que o capitalismo ou a democracia. De fato, as ciências positivas conferiram base epistemológica para a democracia, garantia de que a verdade poderia transcender a opinião, e, principalmente, um modelo não coagido de comunicação pelo qual se poderia julgar e modificar a prática política. Em resumo, as ciências positivas são historicamente ligadas a certas práticas valiosas a que ninguém particularmente quer renunciar. Portanto, os estudos culturais, em seu ataque ao autoconhecimento das ciências positivas, parecem aderir a um vocabulário moral e político que, se não antidemocrático, é pelo menos insuficientemente sensível às maneiras como práticas políticas valorizadas se entrelaçam com certos hábitos intelectuais. Além do mais, poucos podem completamente esquecer que as ciências positivas escoraram a democracia parlamentar em dois momentos particularmente perigosos de sua história: a Grande Depressão e a Segunda Guerra Mundial. A ciência positiva estava ancorada em uma noção de verdade independente da política, alcançada pela comunicação aberta, e na doutrina de direitos naturais. Logo, fornecia um meio de resistir à tentação totalitária.

É importante ser compreensivo com essa forma de resistência aos estudos culturais, mas, no fim, a transigência se torna inapropriada e contraproducente. Ainda que as ciências positivas tenham sustentado a democracia em dois momentos ruins, não se deve concluir que assim o farão permanentemente. De fato, já sugeri que, na fase pós-Segunda Guerra Mundial, as ciências positivas cada vez mais assumiram um caráter antidemocrático que estava implícito nos compromissos das ciências comportamentais e funcionais. Noções como leis do comportamento e funções da sociedade em larga medida obliteravam todo o legado da democracia. Substituíam o processo de formação de consenso via conversa não coagida por uma prática ideológica e coercitiva. Se, por trás de noções subjetivas sobre o que estamos fazendo, estão à espreita nossos genes, nossa história condicionante ou as funções da sociedade exigindo o que lhes é devido, então nossa vida subjetiva, nossas intenções e nossos objetivos são apenas ilusões, meros epifenômenos. As únicas pessoas que apreendem a distinção entre realidade e aparência, que apreendem as leis de conduta e sociedade, são os grupos dominantes e aqueles que cumprem suas ordens: elites científicas e técnicas que elucidam as leis do comportamento e as funções da sociedade para que as pessoas possam ser mais efetivamente, embora inconscientemente, governadas. A sugestão de que essa ciência positiva deveria substituir a comunicação voluntária foi primeiro apresentada em nossa tradição por Walter Lippmann em *Opinião pública*. John Dewey, respondendo instantaneamente ao livro, descreveu-o como a maior ameaça à democracia já escrita. Mais adiante, com a Guerra do Vietnã, Dewey provou ter sido profético, pois as ciências comportamentais foram centrais para aquele desastre intelectual, moral e político.

A democracia pode ser prejudicada pelas ciências positivas, mas não precisa ser apoiada por elas, nem defendida e justificada por meio delas. As práticas e os hábitos apreciados do Iluminismo intelectual e político podem ser melhor defendidos por aquilo que Richard Rorty chamou de "sucesso ocasional e sem critério" ao compararem sociedades que exibem qualidades de tolerância, livre investigação e busca pela comunicação com sociedades que não as possuem. Não precisamos fortalecer essa comparação, designando certos métodos e teorias como fiadores da Verdade. Os estudos culturais são, é claro, um vocabulário moral e político pouco disfarçado. Mas, isso vale para todos os vocabulários intelectuais, incluindo o das ciências positivas. Se estudantes neste campo não aprenderam isso com Kenneth Burke, talvez não sejam mais capazes de aprender, mas os vocabulários conceituais sempre contêm uma retórica de atitudes e uma retórica de motivos. Não há como realizar o trabalho intelectual sem adotar uma linguagem que simultaneamente defina, descreva, avalie e atue em relação ao fenômeno em questão. Portanto, a resistência em centrar a questão da ideologia ou de adotar os estudos culturais como ponto de vista sobre as mídias de massa é que parece levar a um compromisso prévio com uma avaliação moral da sociedade moderna – a americana, em particular, e as democracias ocidentais, em geral – que é totalmente negativa e condenatória. Parece, assim, comprometer o pesquisador com uma linha revolucionária de ação política ou, pelo menos, com um grande projeto de reconstrução social. O medo é real. Também é um pouco bobo, no mínimo, porque não existem mais revolucionários em parte alguma hoje em dia, embora haja alguns contrarrevolucionários por aí.

Se as ciências comportamentais e funcionais contêm um vocabulário moral e político, então o problema não é realizar a tarefa desafortunada de separar as ciências da moral e da política. Ao contrário, é reconhecer a interconexão inevitável entre essas formas de atividade e torná-la cada vez mais explícita e justificada. As ciências comportamentais e culturais devem conter uma análise da ideologia mais ampla do que a crua e reducionista que hoje possuem. Mas, também devem tornar explícitas suas próprias persuasões e insinuações ideológicas e defendê-las em seu próprio terreno, não fingindo que a "ciência diz" isso ou aquilo. (Um paradoxo do nosso tempo é que os estudos acadêmicos da direita, como representados pelo neoconservadorismo, não têm muito de uma análise da ideologia; só têm uma ideologia. A esquerda tem uma dúzia de análises da ideologia, mas não tem uma ideologia – no sentido de um plano de ação política.)

Os estudos culturais consideram a ideologia e a teoria como formas variantes de expressão dentro de uma mesma cultura. Diferem semântica e estilisticamente, bem como em termos de suas condições de expressão e recepção. Não diferem porque uma contém verdade e outra erro, uma contém conhecimento e outra opinião, uma contém fato e outra preferência, de alguma maneira *a priori*. A tarefa é ver os tipos de dificuldades características a que nos levam nossas ideologias e teorias (e nossa cultura) para então tentar formular maneiras de sair dessas dificuldades.

Já sugeri algumas das dificuldades que a teoria utilitária, as ciências sociais e a ideologia liberal nos colocam. Como reconciliar desejos individuais liberados pelo capitalismo com as demandas da vida em associação, com a justiça, com a igualdade e com a preocupação mútua necessárias à democracia? Esse dilema é complicado o suficiente, mas logo que o resolvemos pela via aberta pelas ciências objetivas (não se preocupe, a justiça está em nossos genes e instituições), acabamos em um dilema pior, um que a esquerda criticou com precisão. Temos uma classe dominante de cientistas sociais – desinteressados, é claro – administrando a ordem social com base na verdade incontaminada. Temos direito de ser céticos com relação a esse sacerdócio. Uma vez que cientistas sociais adotam o papel de oráculos, devemos alimentar a noção de que sua posição não é baseada em seu conhecimento, mas na sua capacidade de monopolizar posições de poder e influência na estrutura social. Novamente, foi Max Weber quem examinou as credenciais acadêmicas como um dispositivo de fechamento de classe e que foi o mais incisivo nesse ponto. O fornecimento de coisas valorizadas em uma sociedade, incluindo ocupações, é estritamente limitado. O trabalho em sociedades industriais é hierarquicamente organizado para que as ocupações valorizadas possam ser identificadas e banhadas em rendimentos, conveniências e prestígio. Empregos preferenciais são bens posicionais por oposição a bens materiais na distinção conhecida do economista britânico Fred Hirsch (1976), e são apreciados porque escassos. São valorizados também porque o poder se vincula a eles, o poder de monopolizar recursos culturais preciosos: monopolizar o conhecimento objetivo, incontaminado pela ideologia, conhecimento este que só o cientista social pode apreender. Isso dificilmente é um clima saudável para a democracia. Ninguém sabe como sair desse dilema, mas temos pouca chance até reconhecermos a situação difícil em que nos encontramos.

Em todo caso, a "saída" não vai ser alcançada pela eliminação ou pela desvalorização da ideologia e da cultura em nome da ciência; será alcançada ao mergulharmos a ciência mais profundamente na cultura e na ideologia. Todas as formas de prática e expressão, incluindo a ciência, são culturais. Só podem ser entendidas sob essa luz.

Uma lição instrutiva aqui (embora eu não costume exaltar ou aplaudir positivistas e neoconservadores) foi dada por Daniel Bell e Irving Kristol, quando fundaram *The Public Interest*. Os dois estabeleceram a revista de políticas públicas em 1965, quando a esquerda ortodoxa (por oposição à radical) estava no controle da política americana. Bell e Kristol entendiam que a sociedade americana havia sido severamente prejudicada por programas sociais e pelas iniciativas culturais e de política externa daqueles no comando. Conceberam *The Public Interest* como um lugar para que áqueles de pensamento semelhante pudessem desenvolver um amplo programa social para mudar a direção da vida americana. Posso garantir que não desperdiçaram tempo defendendo ou explicando as teorias e métodos das ciências positivas. Não correram atrás de morcegos metafísicos em torno de campanários intelectuais. Simplesmente, reuniram um grupo de cientistas sociais, deixaram a igreja e desceram a rua até desaparecerem. Não deixaram sequer um endereço para encaminhamento de mensagens ou um bilhete no banco dizendo "cumprimentos". Foram embora e construíram uma igreja diferente, em um espaço intelectual diferente que não era tão facilmente abalado pela crítica contra o positivismo. Sistematicamente, utilizaram a inteligência, independentemente de método e teoria, para refazer a ordem social, realizando o que Stuart Hall chamaria de um projeto hegemônico, mas que poderíamos identificar de modo mais imparcial como um projeto de reconstrução social. Não recorreram a uma filosofia da ciência antiquada para sustentar sua própria imagem de democracia e trabalho intelectual. Apesar de terem escrito ensaios sobre o "fim da ideologia", admitiram descaradamente a interconexão entre ideologia e ciência e argumentaram – uma argumentação notavelmente bem-sucedida, como ficou provado – a favor de suas visões sobre o mundo e como agir nele. A tarefa para aqueles que acreditam que atuais versões dos estudos culturais corrompem ou comprometem a prática democrática não é recuar para a ciência objetiva e livre de julgamentos, mas revelar, explicitar e criticar os compromissos morais e políticos em seu próprio trabalho contingente. A produção intelectual sempre depende de toda a estrutura da ordem social articulada – e das ideologias que a articulam – e não surge de um ponto arquimediano no universo: de algum observador "lá fora" onde, como disse Gertrude Stein sobre Oakland, na Califórnia, não há um lá. Se alguém se opõe às versões atuais dos estudos culturais, a única resposta é analisar as articulações entre teoria, prática e ideologia presentes dentro da tradição dos efeitos – desistir, em resumo, da pose de observador e assumir, explicitamente, a tarefa de usar a inteligência para mudar, modificar ou reconstruir a ordem social. Em síntese, a resposta é seguir em direção ao ponto de vista dos estudos culturais, não se afastar dele.

A resistência fenomenológica aos estudos culturais é mais difícil de caracterizar, pois as duas correntes têm muito em comum. Adeptos da fenomenologia estão bastante dispostos a abrir mão de todo o arcabouço positivista da ciência da comunicação humana ou, no mínimo, a se contentar com uma divisão de trabalho entre ciências e humanidades. Estão dispostos a seguir o argumento de usar as mídias de massa como um contexto dentro do qual podem escrever uma fenomenologia da experiência e da consciência modernas. A fenomenologia deseja descrever a vida subjetiva – a "estrutura de sentimento" moderna, como na frase irônica, mas útil de Raymond Williams – em relação aos meios de comunicação, uma das formas de experiência dominantes em relação à qual a consciência é formada. Na prática, isso significa se limitar ao que Williams e Hoggart fizeram em seus trabalhos iniciais e não avançar para as areias movediças intelectual, moral e política que podem ser encontradas quando se flerta com o estruturalismo francês. A fenomenologia, no sentido restrito em que estou usando o termo, está disposta a se comprometer com uma reconstrução da consciência através de métodos tão simples quanto o *verstehen* ou tão complexos quanto a hermenêutica. Embora reconheça que a consciência moderna é crivada com antinomias e contradições formadas em relação a e exacerbadas pelas mídias de massa, e embora se oponha firmemente a muitas formas de vida nas sociedades capitalistas, a fenomenologia resiste em deslocar o poder, o conflito, a dominação ou qualquer conjunto de elementos socioestruturais para o centro da análise.

Novamente, não sou insensível a essa resistência, mas acho que está equivocada. Está claro que a análise ideológica e cultural pode ser simplesmente uma outra entrada do platônico. A distinção entre conhecimento e opinião é substituída pela distinção entre conhecimento e ideologia. O único ganho aqui é a referência política mais explícita da palavra "ideologia". Mas, o que estamos comprando ao colocarmos o ideológico e o político no centro? Quando a ideologia se torna um termo para descrever todo um modo de vida ou apenas outro nome para o que está acontecendo, a rica diversidade fenomenológica das sociedades modernas é reduzida a uma análise achatada do conflito entre classes e facções. A economia pode ter sido a ciência sombria original; os estudos culturais/ideológicos ameaçam assumir seu lugar.

Vale nos lembrarmos por que a economia ficou conhecida como a ciência sombria. Mais uma vez, o utilitarismo, o alicerce da economia clássica, basicamente reduziu a vida social à roda da vontade de aquisição e acumulação. O homem econômico se tornou a totalidade do homem, o único homem. No entanto, o tédio repetitivo da aquisição não era a única perspectiva sombria que a economia oferecia. A sociedade tornou-se um "mundo sem fim, amém!" onde a coceira da cobiça nunca podia ser adequadamente aliviada por causa do fantasma malthusiano. Todo ganho era equilibrado pelo crescimento populacional, e as crianças que amamos se tornaram tiranas que giram a roda do ganho.

Os estudos culturais também podem se tornar uma ciência sombria se a diversidade fenomenológica da sociedade for reduzida à busca por poder e dominação. Ao eliminar a diversidade na era pré-revolucionária, ficamos com um motivo apenas para administrar a sociedade pós-revolucionária. A busca pelo poder, porém, será tão exaustiva e inesgotável quanto a busca pela riqueza. Não obstante, a busca pelo poder, e teorias que a racionalizam, captam algo do impasse em que nos encontramos. O poder, e o prestígio que o acompanha, é tão arquetípico de uma época burocrática quanto a riqueza é da época do capitalismo de centavo.[1] Não há razão, exceto uma positivista, para uma fenomenologia da comunicação evitar o fenômeno do poder e da dominação a menos que todas as relações humanas e símbolos sejam reduzidos somente aos termos do poder e da política. Apoio o empreendimento fenomenológico, porque acredito que qualquer sociedade saudável possui aquela parte de seu espírito que admite a pluralização inevitável e desejável das

---

1 NT: *Penny capitalism*.

variedades de experiências. Só porque alguém admite o poder no domicílio da consciência e da conduta, não precisa deixá-lo ocupar todos os cômodos, embora eu entenda que, como acontece com muitos hóspedes indesejados, será preciso lutar para impedi-lo de se espalhar por toda a residência. Todos os matizes da fenomenologia estão comprometidos com as variedades da experiência humana como se proporcionassem o maior prazer, o combustível e os problemas explicativos mais complexos na sociedade moderna. Remover essa diversidade, mesmo que seja descrita como uma diversidade relativamente autônoma, para revelar uma estrutura profunda e unívoca da ideologia e da política é esmagar a consciência subjetiva de forma tão eficaz quanto fizeram os behavioristas e os funcionalistas. Nessa interpretação, não se desejam trocar os males conhecidos da caixa de Skinner pelos menos familiares, mas igualmente reais, da caixa althusseriana. Portanto, qualquer movimento no sentido de englobar elementos da estrutura social – classe, poder, autoridade – que não explique a diversidade de consciência equivale a seguir um caminho tão autocontido quanto o terreno behaviorista que a fenomenologia tentou recusar de um jeito ou de outro durante a maior parte do século XX. Por que abandonar algo de rica diversidade para construir algo de monotonia autocontida? É precisamente a diversidade fenomenológica da sociedade moderna que produz os problemas políticos e intelectuais mais fascinantes. Não é preciso ser otimista ou favorável em relação a essa diversidade, nem celebrá-la como uma forma de pluralismo benigno. Basta reconhecer que as tensões excepcionais que essa diversidade gera na consciência se desenvolvem em uma relação particular com os meios de comunicação.

  Essas duas formas de resistência aos estudos culturais têm real significado e genuína importância. Nenhuma das duas podem ser facilmente ou sumariamente descartadas. Porém, discordo de ambas. Já indiquei que não acredito que a social-democracia deva ser sustentada na base objetivista da ciência positiva; que a segunda é uma fraqueza da primeira; e que podemos conviver bem, entendendo o trabalho intelectual, incluindo a ciência, como um sucesso ocasional diante dos dilemas que a história, a tradição e a vida contemporânea nos colocaram. Também não acho que seja necessário abandonar a noção de ideologia ou fechar nossos olhos para as formas de poder, autoridade e dominação característicos do mundo moderno para fazer jus a sua diversidade fenomenológica. Conflitos e contradições são tão típicos e integrais à sociedade quanto qualquer outra coisa. E tão irremovíveis quanto.

Estou falando sobre mais do que os conflitos e as contradições de raça, classe e gênero. Existem mais variedades de contradições particularmente pertinentes à nossa experiência na educação. Por exemplo, observamos na oscilação do interesse de estudantes entre os campos de especialização uma competição generalizada por posições na estrutura ocupacional, uma contradição que mais cedo descrevi, com a frase de Fred Hirsch, como uma luta por "bens posicionais". Também observamos as tentativas de pais de comprar, através das mensalidades pagas a universidades prestigiosas, um lugar para seus filhos na estrutura ocupacional – na verdade, frequentemente participamos delas, apesar da nossa ideologia liberal. Isso é uma velha história que a assistência federal e os programas de empréstimo mais ou menos democratizaram (ênfase no menos, é claro). O fato de esses nichos ocupacionais serem considerados direitos, recompensas por virtude educacional ou por sucesso apresenta um tipo de contradição em nossa sociedade presumivelmente igualitária. O fato de essa competição por empregos, da qual participamos na determinação do resultado, acontecer em um momento em que a automação amplia o abismo entre o trabalho mecânico e o glamour das profissões apresenta outro tipo de contradição. Ambas vivem em nossas aulas e currículos e não temos respostas para elas. No entanto, se removermos essas contradições, teremos outras igualmente difíceis e severas. Similarmente, se removermos as contradições principais de raça, classe e gênero, vamos gerar, imediatamente, uma nova classe principal, embora precisemos da imaginação da ficção científica para antecipar sua forma.

Conflito e contradição são tão inevitáveis para nós quanto a linguagem e a capacidade de dizer não. Portanto, ideologia e poder são centrais para a vida social. São menos do que pura fabricação, no entanto. Afinal, a ideologia desempenha um papel mais amplo na vida moderna, porque a coerção desempenha um papel muito menor. Aparelhos ideológicos do Estado deslocaram significativamente aparelhos repressivos do Estado, se quisermos chamá-los dessa forma, e isso não é necessariamente algo ruim. Ninguém elaborou ainda uma análise adequada sobre poder, conflito, contradição e autoridade. O problema era absolutamente central para o trabalho rico, diverso e melancólico de Max Weber. De fato, parte da resistência fenomenológica aos estudos culturais provém do simples fato de que noções de poder e autoridade, que eram firmemente vinculadas, em Weber, a questões de ação e subjetividade, agora costumam proceder mais de Durkheim, o integracionista social, para quem poder e autoridade eram invisíveis e despercebidos. Como resultado, a análise constantemente escorrega para o funcionalismo, apesar de tentativas das mais heroicas para impedir isso de acontecer. Não é absolutamente certo que as formas de desigualdade e dominação típicas da sociedade moderna sejam tão odiosas que possam ser mantidas apenas pela agência silenciosa e invisível da reprodução cultural, pelas costas, por assim dizer, de seus "sujeitos". Seria bom se a ordem social operasse através da reprodução silenciosa das culturas e das estruturas. Isso nos pouparia de toda a miséria que o conflito e o antagonismo trazem.

Infelizmente, não funciona dessa forma. Vivemos essa reprodução em toda a sua turbulência e ambiguidade. Durkheim, o teórico da integração social, deliberadamente minimizou, em contraste com a tradição marxista, elementos de poder e conflito. Inspirado pela complexidade de estudos antropológicos da reprodução, inventou noções de "representações coletivas" e "consciência coletiva" para explicar como sociedades se mantêm intactas em meio a conflitos e tensões. Quando aplicou essa análise a sociedades modernas, embora minha cronologia esteja errada aqui, tentou mostrar como a própria existência e a estabilidade de sociedades capitalistas dependiam de uma sociedade pré-capitalista herdada – os chamados elementos pré-contratuais do contrato. A sociedade *Gesellschaft*, regulada por utilidade e contrato, não podia funcionar sem os mecanismos integradores da sociedade *Gemeinschaft:* valores não utilitários, crenças, tradições e assim por diante. Ao antigo slogan que diz que o dinheiro é para o Ocidente o que o parentesco é para o resto, acrescentou que o parentesco desempenha uma função integradora contínua em sociedades avançadas. Em certo sentido, Durkheim inverte as relações de base e superestrutura: a economia capitalista prospera no sistema radicular da sociedade tradicional. Esse aspecto de Durkheim é de notável importância e utilidade. Mas, só porque a cultura fornece o fundo de apoio para contraí-la, não é necessário argumentar que é inconsciente, irracional, coerciva ou automática. Desenvolver esse argumento é se tornar um teórico da utilidade objetiva ou um marxista mecânico. Essa aposta na cultura como inconsciente ou parte de uma estrutura profunda dificulta a distinção entre marxismo e funcionalismo, exceto que – e se trata de uma importante exceção – as duas correntes fazem avaliações bem diferentes da ordem social que está sendo silenciosa e automaticamente integrada.

Em resumo, creio que seja possível avançar com uma forma de estudos culturais que não reduza inevitavelmente a cultura à ideologia, o conflito social ao conflito de classe, o consentimento à conformidade, ação à reprodução, ou comunicação à coerção. Mais do que isso, apesar dos perigos e das ressalvas aqui reconhecidos, os estudos culturais, seja em qual forma sobrevivam, oferecem a vantagem real de abandonar uma filosofia da ciência antiquada (talvez de se livrar totalmente da filosofia da ciência) e posicionar as mídias de massa como um local (não um tema ou uma disciplina) próprio para lidar com a questão geral da teoria social: como, apesar de todas as espécies de mudança e diversidade, apesar de todos os conflitos e contradições, o milagre da vida social é realizado, como as sociedades conseguem se produzir e se reproduzir?

A produção e a reprodução da sociedade nunca são garantidas, automáticas ou mecânicas, e as problemáticas do fenômeno costumam ser melhor reveladas em momentos de conflito e contradição e nos episódios raros, mas poderosos, de violência coerciva, desordem social e caos. Mas, sejam quais forem os detalhes da produção e da reprodução da vida social, é através da comunicação, das relações entremeadas de símbolos e estrutura social, que as sociedades, pelo menos aquelas com as quais temos mais familiaridade, são criadas, mantidas e transformadas.

2

COMUNICAÇÃO, MÍDIA E PENSAMENTO

Os três capítulos que compõem esta segunda parte fazem reflexões mais diretas sobre questões que envolvem a mídia e o ambiente midiático. O texto "Tecnologia e ideologia: o caso do telégrafo" é talvez o trabalho mais conhecido e importante de James Carey. Nele, o autor discute não somente a relevância paradigmática dessa mídia, como as consequências e os desdobramentos sociais desse desenvolvimento tecnológico. No capítulo seguinte – "Reconsiderações sobre a 'mídia' e a 'massa'" –, Carey discorre sobre um debate clássico, entre Walter Lippmann e John Dewey, em relação à mídia e à comunicação nos Estados Unidos. E, por fim, o autor faz um "tributo a Harold Innis", exaltando a importância do trabalho de Innis para o entendimento dos impactos do desenvolvimento tecnológico de comunicação e do ambiente midiático para as sociedades.

TECNOLOGIA E IDEOLOGIA: O CASO DO TELÉGRAFO

I

Em um dos parágrafos mais famosos de uma das mais célebres autobiografias, Henry Adams localizou o momento preciso em que "a Boston troglodita do século XVIII" se juntou à América industrial: "a abertura da Ferrovia Boston e Albany; o aparecimento do primeiro navio a vapor Cunard na baía; e as mensagens telegráficas que levaram de Baltimore a Washington notícias de que Henry Clay e James K. Polk foram nomeados para a presidência. Isto foi maio de 1844" (Adams, 1931 [1918]: 5).

Adams identificou a absorção da Nova Inglaterra à América industrial em três avanços no transporte e na comunicação. Mas, apesar de toda a importância atribuída ao telégrafo nessa famosa passagem, este continua sendo produto de uma das tecnologias menos estudadas. O efeito do telégrafo na vida moderna e seu papel como um modelo para desenvolvimentos posteriores na comunicação são praticamente inexplorados. Os primeiros 23 volumes da revista *Technology and Culture* quase não fazem menção ao telégrafo. O livro *Wiring a Continent*, de Robert L. Thompson, a principal história do telégrafo, foi escrito nos anos 1940, segue a narrativa só até 1866 e foca quase exclusivamente na formação da Western Union (Thompson, 1947).

Considero lamentável esse esquecimento do telégrafo por diversos motivos. Em primeiro lugar, o telégrafo foi dominado pelo primeiro grande monopólio industrial – a Western Union, o primeiro império da comunicação e o protótipo dos muitos impérios que se seguiriam. O telégrafo, combinado à ferrovia, ofereceu o cenário no qual técnicas modernas para a administração de empreendimentos complexos foram desenvolvidas pela primeira vez, embora, para o telégrafo, em circunstâncias que acabaram se tornando monopolísticas.[1] Ainda que o telégrafo não tenha sido o foco da primeira das disputas titânicas do século XIX por patentes (esse prêmio provavelmente vai para a máquina de costura de Elias Howe), incitou uma das mais significativas ao reescrever a lei americana, especificamente, na grande "guerra do telégrafo" entre Jay Gould e os interesses de Vanderbilt pelo controle das patentes de Edison para o sistema telegráfico quadruplex, inovação que Gould acertadamente valorizou como o "nervo da indústria".[2]

Além disso, o telégrafo foi o primeiro produto – realmente, o fundador – da indústria de bens elétricos e, portanto, o primeiro das indústrias baseadas na ciência e na engenharia. O livro *America by Design: Science, Technology and the Rise of Corporate Capitalism,* de David Noble, (1977) sugere uma clara distinção entre formas de engenharia baseadas em uma tradição de artesanato e guilda, como a civil, e aquelas baseadas desde o início na ciência, como a química e a elétrica. Muito do que é distintivo do telégrafo, da organização da indústria até a retórica que a racionalizava, decorre da natureza particular da engenharia que o criou. Mais especificamente, o telégrafo foi a primeira tecnologia de engenharia elétrica e, logo, a primeira a focar no problema central da engenharia moderna: a economia de um sinal.[3]

Em terceiro lugar, o telégrafo engendrou mudanças na natureza da linguagem, do conhecimento comum, das próprias estruturas da

---

1 Ver Chandler (1977), especialmente a segunda parte.
2 Josephson (1959) está entre as fontes mais legíveis e acessíveis sobre as disputas de patentes.
3 Ver Wiener (1948: 38-44).

consciência. Embora, em seus primórdios, o telégrafo fosse usado como um brinquedo – assim como o computador que prefigurava – para jogar partidas de xadrez a distância, suas implicações para o conhecimento foram objeto de debates extensos, muitas vezes eufóricos e pessimistas. Adams via o telégrafo como um artifício demoníaco, dissipando a energia da história e substituindo a Virgem por um dínamo, enquanto Thoreau o considerava um agente da banalização. Um grupo ainda maior via o telégrafo como uma agência de aperfeiçoamento benigno – espiritual, moral, econômico e político. Agora que o pensamento podia viajar pelo "fio cantante", novas formas de relatar e de conhecimento foram concebidas para substituir a literatura tradicional por uma nova e ativa forma de conhecimento científico.

Em quarto lugar, e em parte por causa das razões anteriores, o telégrafo foi um divisor de águas na comunicação, como espero demonstrar mais adiante. Admito que é fácil exagerar na ênfase sobre as consequências revolucionárias do telégrafo. Não é uma experiência incomum dirigir por uma rodovia interestadual e tomar consciência de que esta é paralela a um rio, a um canal, a uma ferrovia ou a fios de telégrafo e telefone. Neste instante, é possível perceber que cada uma dessas melhorias no transporte e na comunicação apenas operaram uma modificação naquela que a precedeu. O telégrafo retorceu e alterou, mas não suplantou, padrões de conexão formados pela geografia natural: o rio, as trilhas primitivas para pedestres e cavalos e, mais tarde, estradas de madeira e canais.

Mas, a inovação do telégrafo pode representar metaforicamente todas as inovações que inauguraram a fase moderna da história e determinam, ainda hoje, as principais linhas de desenvolvimento da comunicação. O fato mais importante sobre o telégrafo é, ao mesmo tempo, o mais óbvio e inocente: permitiu, pela primeira vez, a separação efetiva entre comunicação e transporte. Esse fato foi imediatamente reconhecido, mas seu significado raramente investigado. O telégrafo não apenas permitiu que mensagens fossem separadas do movimento físico dos objetos; também permitiu à comunicação controlar processos físicos ativamente. O uso inicial do telégrafo na sinalização da ferrovia é um exemplo: mensagens telegráficas podiam controlar a comutação física do material rodante, assim multiplicando os objetivos e a eficiência da comunicação. A separação entre comunicação e transporte foi explorada na maioria dos desenvolvimentos subsequentes na comunicação até os sistemas de controle computadorizados.

Quando o telégrafo alcançou a Costa Oeste dos Estados Unidos oito anos antes de uma ferrovia transcontinental, a identidade entre comunicação e transporte acabou tanto em fato quanto em símbolo. Antes do telégrafo, o termo "comunicação" era usado para descrever o transporte e a transferência de mensagens pelo simples motivo de que estas precisavam ser levadas a pé, a cavalo ou de trem. O telégrafo, ao dissolver essa identidade, permitiu que símbolos se movessem de maneira independente e mais rápida do que o transporte. Em outras palavras, o telégrafo liberou a comunicação das limitações da geografia. O telégrafo, portanto, não apenas alterou a relação entre comunicação e transporte; também mudou, fundamentalmente, as formas de pensar sobre a comunicação. Forneceu um modelo para pensar a comunicação – um modelo que chamo de visão de transmissão – e substituiu antigas perspectivas religiosas sobre a comunicação, ainda que a nova tecnologia fosse mediada pela linguagem religiosa. Abriu novos caminhos para refletir sobre a comunicação tanto dentro da prática formal da teoria quanto da consciência prática da vida cotidiana. Nesse sentido, o telégrafo não foi apenas uma nova ferramenta do comércio, mas também uma coisa com a qual se pensar, uma agência para a transformação das ideias.

II

Um tratamento completo das consequências do telégrafo buscaria demonstrar como esse instrumento alterou os limites espaciais e temporais da interação humana, criou novas formas de linguagem, bem como novos sistemas conceituais e engendrou novas estruturas de relações sociais, particularmente, fomentando uma classe média comercial nacional. Essas consequências foram também trocas: formas mais antigas de linguagem e escrita decaíram, interações sociais tradicionais diminuíram e os padrões do capitalismo de cidade-Estado que haviam dominado na primeira metade do século XIX foram quebrados (Carey e Sims, 1976: 219-241). Pretendo agora focar na relação entre telégrafo e ideias, ou, de maneira mais ampla, entre telégrafo e ideologia. Também espero insinuar algumas observações a respeito de questões mais abrangentes mencionadas anteriormente.

Há três relações entre telégrafo e ideologia. Duas delas já receberam alguma atenção, portanto, irei mencioná-las apenas de passagem para poder me concentrar na relação que ainda não foi investigada.

A primeira é a relação entre o telégrafo e o capitalismo de monopólio, tema principal de *Wiring a Continent* de Thompson. O telégrafo foi uma força de produção nova e distintivamente diferente que demandou um novo corpo de leis, teoria econômica, arranjos políticos, técnicas de administração, estruturas organizacionais e fundamentações científicas com os quais se podia justificar e tornar efetivo o desenvolvimento de uma corporação monopolística de propriedade e controle privados. Esse problema pode ser lido como uma das relações entre uma força de produção, as formas organizacionais e técnicas administrativas que a materializam e a ideologia explicativa e justificadora que guia e legitima sua institucionalização. Infelizmente, mesmo nesse contexto, o telégrafo não foi investigado adequadamente, em parte por causa da tendência que evita investigações históricas e trata as forças de produção, *tout court*, como abrangentes em vez de investigar as consequências e aimplicações ideológicas de tecnologias específicas. A tecnologia como tal é uma categoria muito abstrata para sustentar qualquer análise precisa. Portanto, mudanças na tecnologia não são analisadas, exceto se for para classificá-las de acordo com os vários estágios do desenvolvimento capitalista.

Antes do telégrafo, relações comerciais eram pessoais; isto é, eram mediadas por relações presenciais, por correspondência pessoal, por contatos entre pessoas que, em geral, conheciam umas às outras como indivíduos. A coordenação geral dessas relações e transações atômicas era possibilitada pela "mão invisível" do mercado.

Com o telégrafo e, claro, as ferrovias e os avanços em outras técnicas do transporte e da comunicação, o volume e a velocidade de transações demandaram uma nova forma de organização de relações essencialmente impessoais – isto é, as relações não eram entre pessoas conhecidas, mas entre compradores e vendedores cuja única relação era mediada através de uma organização e de uma estrutura de gestão. "A mão visível da administração substituiu a mão invisível das forças do mercado, onde e quando novas tecnologias e mercados expandidos permitiram um volume alto, historicamente inédito, de materiais através dos processos de produção e distribuição" (Chandler, 1977: 12). Através do telégrafo e da ferrovia, relações sociais entre grandes números de compradores e vendedores anônimos eram coordenadas. Mas, essas relações de comunicação e contato, novas e sem precedentes, também precisavam ser explicadas, justificadas e tornadas efetivas. O que inocentemente descrevemos como teoria, lei, senso comum e religião foram os meios pelos quais essas relações foram estabelecidas na consciência explícita e "naturalizadas", como se fossem simplesmente da ordem das coisas.

A segunda conexão entre ideologia e telégrafo reside no imaginário popular, principalmente, religioso, que acompanhou a introdução da tecnologia. Este aspecto do problema já foi mais investigado, pelo menos de maneira geral, nos Estados Unidos e, particularmente, na chamada escola do "mito e símbolo". O telégrafo, amplamente saudado na época de sua introdução como um "inquilino silencioso da imensidão selvagem", foi vestido na linguagem da aspiração religiosa e do milenarismo secular, uma linguagem que Leo Marx chama de "retórica do sublime tecnológico". John Quirk e eu, pensando mais diretamente sobre o telégrafo e desdobramentos subsequentes, chamamos essa mesma linguagem de "retórica do sublime elétrico".

Havia outras maravilhas tecnológicas em meados do século XIX, mas a natureza enigmática do telégrafo o fez parecer mais extraordinário e qualitativamente diferente de outras invenções. A chave para o mistério era, evidentemente, a eletricidade – uma força de grande potência, porém, invisível. Foi essa invisibilidade que fez da eletricidade e do telégrafo impulsos poderosos para o pensamento idealista tanto em termos religiosos quanto filosóficos. Apresentava o mistério do dualismo mente-corpo e localizava a energia vital no domínio da mente, no mundo não material. A eletricidade era, nos termos convencionais da época, "sombria, misteriosa, impalpável. Vive nos céus e parece conectar o espiritual e o material" (Czitrom, 1982: 9).[4]

A eletricidade, disse o reverendo Ezra S. Gannett para sua congregação em Boston, era "a rápida mensageira alada da destruição" e a "energia vital da criação material. A substância invisível e imponderável, a força, seja lá o que for – nem sabemos ao certo com o que estamos lidando (...) é controlada para fazer nossas tarefas, ou melhor, como um verdadeiro escravo" (Czitrom, 1982: 19).

Outro pregador da época, Gardner Spring, exclamou que estávamos na "fronteira de uma colheita espiritual, porque agora o pensamento viaja a vapor e por fios magnéticos" (Miller, 1965: 48). Essa nova tecnologia entra em discussões nos Estados Unidos não como um fato mundano, mas de inspiração divina, cujo propósito era espalhar a mensagem cristã mais longe e mais rápido, eclipsando o tempo e transcendendo o espaço, salvando os pagãos e tornando mais próximo e provável o dia da salvação.

---

4 Enquanto comentei as metáforas essencialmente religiosas que saudaram o telégrafo nos ensaios mencionados, Czitrom (1982) reúne esse material de uma maneira sistemática.

Havia dissidentes, é claro, mas a uniformidade geral da reação ao telégrafo demonstrou como este foi capaz de combinar os polos opostos do sublime elétrico: o desejo por paz, harmonia e autossuficiência com a aspiração por poder, lucro e produtividade. A suposta "aniquilação do tempo e do espaço" anunciada pelo telégrafo prometia unir o país bem no momento em que os augúrios da Guerra Civil ameaçavam separá-lo. Aqui as metáforas orgânicas, tão facilmente atribuídas à filosofia alemã, flutuaram no pensamento americano como um meio para descrever a forma como o telégrafo mudaria a vida. Já em 1838, Morse antecipava noções do século XX sobre a "aldeia global". Escreveu que não demoraria muito para que toda a superfície dos Estados Unidos fosse "canalizada para aqueles nervos que difundem, com a velocidade do pensamento, um conhecimento sobre tudo o que está ocorrendo por toda a terra" (Czitrom, 1982: 11-12), transformando o país em uma grande vizinhança.

E, finalmente, um exemplo de poesia burlesca típica da época, intitulada "To Professor Morse, in Pleasant Memory of Oct. 9, 1856, at the Albion", expressa a mistura de ciência, comércio, política e unidade religiosa pia que emergiu na consciência popular com o telégrafo:

> A good and generous spirit ruled the hour;
> Old jealousies were drowned in brotherhood;
> Philanthropy rejoiced that Skill and Power,
> Servants to Science, compass all men's good;
> And over all Religion's banner stood,
> Upheld by thee, true patriarch of the plan
> Which in two hemispheres was schemed to shower
> Mercies from God on universal man.
> Yes, this electric chain from East to West
> More than mere metal, more than mammon can,
> Binds us together – kinsmen, in the best,

> As most affectionate and frankest bond;
> Brethren as one; and looking far beyond
> The world in an Electric Union blest!
> (Martin F. Typper, in *Prime*, 1875: 648)[5]

Nessa retórica do sublime elétrico, encontra-se um princípio central da ideologia da classe média: que "a comunicação, a troca e o movimento trazem humanidade, iluminação e progresso e que o isolamento e a desconexão são evidências de barbárie e meros obstáculos a serem superados" (Schivelbusch, 1978: 40). O ideal de universalismo do século XVIII – o Reino de Deus e a Fraternidade do Homem – incluía a crença em uma Natureza Humana Universal. Pessoas eram pessoas – iguais em qualquer lugar. A comunicação era o motor que impulsionava esse ideal. Cada avanço na comunicação, ao acabar com o isolamento, ao ligar pessoas por toda parte, era anunciado como a realização da Fraternidade Universal do Homem Universal.

Esse argumento não é abstrato. Charles F. Briggs e Augustus Maverick, escrevendo em 1858, precisaram a equação:

> Resultou das grandes descobertas do século passado a efetivação de uma revolução na vida política e social ao estabelecerem uma conexão mais íntima entre nações. Percebeu-se que o velho sistema de exclusão e isolamento é estagnação e morte. A saúde nacional só pode ser mantida pelo intercâmbio livre e desobstruído de cada um com todos. Que força poderosa, portanto, o telégrafo está destinado a se tornar na civilização do mundo! Isso liga por um cordão vital todas as nações da Terra. É impossí-

---

[5] NT: Um bom e generoso espírito governou a hora;/ Velhos ciúmes foram afogados em fraternidade;/ A filantropia se alegrou com aquela Habilidade e Poder;/ Servos da Ciência, alcancem todo o bem dos homens;/ E sobre todos a bandeira da Religião erguida estava,/ Sustentada por ti, verdadeiro patriarca do plano/ Que em dois hemisférios estava projetado para derramar/ Misericórdias de Deus para o Homem Universal./ Sim, essa corrente elétrica de Leste a Oeste/ Mais do que mero metal, mais do que mamon, pode nos unir – compatriotas, no melhor,/ Como vínculo mais afetuoso e franco;/ Irmanados como um; e olhando para muito além/ Do mundo em uma União Elétrica abençoada!

vel que antigos preconceitos e hostilidades continuem a existir diante de tal instrumento criado para uma troca de ideias entre todas as nações da Terra (Briggs e Maverick, 1858: 21-22).

Em outro trabalho da época, Sir William P. Andrews, ao justificar a Ferrovia do Vale do Eufrates conectando a Índia à África, cita um escrito anônimo que entendeu toda a questão de forma bem mais correta:

Nem por um momento se pode duvidar de que uma linha de telégrafos elétricos entre a Europa e a Índia deva ser um empreendimento comercial bem-sucedido, tirando totalmente de vista os importantes efeitos morais que esse meio de comunicação rápida deve necessariamente gerar. Pode-se, ao contrário, duvidar de que algum meio mais eficiente poderia ser adotado para desenvolver os recursos da Índia, consolidar o poder britânico e fortalecer o governo britânico naquele país além da formação do sistema proposto de ferrovias na Ásia central e da execução da proposta de comunicação telegráfica com a Europa (Andrews, 1857: 141).

Uma visão essencialmente religiosa da comunicação – ou, pelo menos, revestida de metáforas religiosas – é como um mediador – um mediador que desaparece progressivamente – entre as aspirações da classe média e o desenvolvimento capitalista e cada vez mais imperial.[6] A obra de Max Weber retém seu significado original nesse contexto, pois Benjamin Franklin – o arquétipo de Weber da formação da ética protestante – reaparece em meados do século XIX como o primeiro eletricista, o primeiro a liberar essa nova força do progresso moral e social. Mas, o que precisa ser investigado mais atentamente é a relação entre um estágio posterior de desenvolvimento econômico, novas formas de tecnologia elétrica e um corpo transposto de crenças religiosas. Isto é

---

6 Por "mediador que desaparece" – uma referência ao conceito de *vanishing mediator* de Frederic Jameson – quero dizer uma noção que serve como portadora da mudança, mas que pode desvanecer quando essa mudança é ratificada na realidade das instituições. Ver Jameson (1974: 111-149).

particularmente verdadeiro, porque, a partir do telégrafo, o desenvolvimento tecnológico passou a ser abrigado em sociedades profissionais de engenharia, em universidades e em laboratórios de pesquisa.

À medida que o desenvolvimento tecnológico se tornou mais sistemático, também o desenvolvimento de ideologias justificadoras se tornou mais conscientemente planejado e dirigido por esses mesmos grupos.

III

No restante deste capítulo, desejo me concentrar no efeito do telégrafo sobre ideias comuns: as coordenadas do pensamento, da atitude natural, da consciência prática ou, de forma menos grandiosa, do senso comum. Como já indiquei, creio que a melhor forma de compreender os efeitos do telégrafo ou de qualquer outra tecnologia não é por meio de um ataque frontal, mas sim através da investigação detalhada de alguns pontos esses efeitos podem ser observados com mais clareza.

Permitam-me sugerir alguns dos pontos para essas investigações – investigações a serem posteriormente integradas e encaminhadas para elucidação de algumas noções teóricas gerais. Primeiro, muito trabalho adicional precisa ser feito sobre os efeitos do telégrafo na linguagem e no jornalismo. O telégrafo retrabalhou a natureza da linguagem escrita e, finalmente, a própria natureza da consciência. Uma velha máxima, que já repeti outras vezes, diz que o telégrafo, ao criar as agências de notícias, levou a uma mudança fundamental nas notícias. Rompeu a tradição do jornalismo partidário, forçando as agências a gerar notícias "objetivas", notícias que poderiam ser usadas por jornais de qualquer tendência política (Carey, 1969: 23-38). Mas, a questão é mais profunda que isso. As agências de notícias demandavam uma forma de linguagem despida do local, do regional e do coloquial. Demandavam algo mais próximo de uma linguagem "científica", uma linguagem de denotação estrita em que os aspectos conotativos da declaração ficavam sob controle. Para uma mesma história ser entendida da mesma forma de Maine a Califórnia, a linguagem teve de ser nivelada e padronizada. O telégrafo, portanto, levou ao desaparecimento de formas de discurso e estilos de jornalismo e narrativa – o conto mirabolante, a farsa, muito do humor, ironia e sátira – que dependiam de um uso mais tradicional do simbólico, um uso que mais cedo chamei de fiduciário.[7] As origens da objetividade podem ser buscadas, portanto, na necessidade de esticar a linguagem no espaço por meio das longas linhas da Western Union. Isto é, o telégrafo mudou as formas de relações sociais mediadas pela linguagem. Assim como longas linhas deslocaram a relação pessoal mediada pela fala e pela correspondência na condução de negócios e a substituíram pela coordenação mecânica entre comprador e vendedor, também a linguagem do telégrafo substituiu uma relação fiduciária entre escritor e leitor por uma coordenada.

De modo semelhante, o telégrafo eliminou o correspondente que enviava cartas que anunciavam um evento, descreviam-no em detalhe e analisavam sua substância, colocando em seu lugar o repórter que fornecia fatos secos. Como palavras custavam caro no telégrafo, separavam o observador do escritor. Para economizar dinheiro, não apenas a escrita tinha de ser condensada – em outras palavras, ser telegráfica –, mas também a narrativa precisava ser reconstituída ao final da linha telegráfica a partir das notas e anedotas marginais do repórter, um processo que alcança sofisticação artística com as revistas de notícias, a história divorciada do contador da história.

Mas, como toda limitação é também uma oportunidade, o telégrafo alterou o estilo literário. Em uma história conhecida, o dialeto do cabograma influenciou o estilo de Hemingway, ajudando-o a enxugar o máximo possível sua prosa e despi-la de todos os adornos. A maioria dos correspondentes se irritava com essa restrição, mas não Hemingway. "Tive de deixar de ser um correspondente", disse ele a Lincoln Steffens mais tarde, pois "estava ficando fascinado demais pelo

---

[7] Ver capítulo 1. Sobre mudanças em estilos de jornalismo, ver Sims (1979).

linguajar do cabo" (Steffens, 1958: 834). [8] Mas, o linguajar do cabo proporcionou a estrutura de base para um dos estilos literários mais influentes do século XX.

Houve outros efeitos – alguns óbvios, outros sutis. Se o telégrafo tornou a prosa enxuta e sem adornos, levando a um jornalismo sem o luxo do detalhe e da análise, também gerou uma paixão avassaladora por essa prosa nas redações. Diante de um verdadeiro excesso de ocorrências, a avaliação de notícias precisou ser disciplinada em uma rotina e a organização da redação transformada em uma espécie de fábrica. O repórter que produziu a nova prosa rapidamente ganhou destaque no jornalismo, substituindo o editor como o arquétipo do jornalista. O comedimento da prosa e o próprio volume permitiram que as notícias – de fato, notícias forçadas – fossem tratadas como mercadoria: algo que poderia ser transportado, medido, reduzido e programado. Na esteira do telégrafo, a notícia ficou sujeita a todos os procedimentos desenvolvidos para a gestão de mercadorias agrícolas. Ficou sujeita a "taxas, contratos, franquias, descontos e roubos".[9]

Um segundo ponto para a investigação do telégrafo é o domínio do império. Novamente, é melhor não atacar o problema como uma teoria abrangente do imperialismo, mas examinar casos e conexões específicos: o papel do telégrafo na coordenação de operações militares, especialmente, navais; a transição do colonialismo, no qual poder e autoridade repousavam no governador doméstico, para o imperialismo, no qual poder e autoridade foram reabsorvidos pela capital imperial; as novas formas de correspondência política que surgiram quando o correspondente de guerra foi obrigado a usar o telégrafo; e a emergência das primeiras formas de negócios internacionais que poderiam ser chamadas de multinacionais.

---

8 Ver Shirer (1976: 282 ff.) para um relato sobre a arte e as adversidades de se escrever para o cabo.

9 A citação é de um manuscrito não publicado de Douglas Birkhead da Universidade de Utah. Birkhead desenvolve o tema em detalhe.

Enquanto o crescimento do império e do imperialismo foi explicado por quase todo fato possível, pouca atenção foi dada a como a telegrafia gerou as condições de base para o imperialismo urbano de meados do século XIX e o imperialismo internacional de décadas seguintes.[10] Provavelmente, não é acidental que as palavras "império" e "imperialismo" tenham entrado em destaque na língua em 1870, pouco depois da instalação do cabo transatlântico. Embora colônias pudessem ser mantidas unidas com a impressão, a correspondência e a navegação, o laço, como mostra a experiência americana, sempre foi tênue em grandes distâncias. Além disso, em arranjos coloniais, a margem tinha tanto poder quanto o centro. Até o cabo transatlântico, era difícil determinar se a política colonial britânica era determinada em Londres ou pelos governadores coloniais no campo – fora de contato e fora de controle. Foram o cabo e o telégrafo, apoiados, é claro, pela força naval, que transformaram o colonialismo em imperialismo: um sistema em que o centro de um império podia comandar e não apenas responder à margem.[11]

A mudança crítica reside na capacidade de assegurar investimentos. Não havia investimento estrangeiro pesado até o controle possibilitado pelo cabo. A inovação do telégrafo criou, se não o ímpeto absoluto para a expansão imperial, pelo menos, os recursos para torná-la teoricamente aceitável. Mas, também criou uma tensão entre a habilidade para expandir e a capacidade para governar.

Com o desenvolvimento da ferrovia, da energia a vapor, do telégrafo e do cabo, um império coeso emergiu baseado em um sistema coerente de comunicação. Nesse sistema, a ferrovia pode ser tomada como a extensão por terra do navio a vapor e vice-versa, e o telégrafo e o cabo constituem os dispositivos que coordenam e regulam ambos.[12]

---

10 Ver Schlesinger (1933) e Pred (1973) sobre imperialismo urbano.

11 Entre os poucos estudos sobre telégrafo e império, o mais ilustre é o de Fortner (1978). Ver também Field (1978: 644-668).

12 Essas observações que faço devem muito aos trabalhos de Fortner e Field.

Embora o jornal e os escritórios imperiais estejam entre os melhores pontos para se pesquisar os efeitos do telégrafo, existem locais mais modestos de igual interesse. Certamente, é mais do que um acidente que muitos dos grandes impérios comerciais do século XIX foram fundados nas circunstâncias humildes da cabine do operador do telégrafo. O caso de Richard B. Sears de North Redwood, em Minnesota, é instrutivo. Não se pode esquecer que Edison e Carnegie começaram da mesma forma e que o gênio de Jay Gould estava em sua integração do telégrafo com a ferrovia. Nesse sentido, a importância do telégrafo é que levou ao controle e à transmissão de informação seletivos. O operador do telégrafo era capaz de monopolizar o conhecimento, mesmo que só por alguns momentos, ao longo de uma rota; e isso trouxe uma vantagem seletiva para o comércio e a especulação. Mas, foi esse mesmo controle da informação que deu ao telégrafo uma importância central no desenvolvimento do jogo de azar moderno e dos negócios de crédito. Finalmente, foi central à explosão, no final do século XIX, de formas de merchandising, como a venda por catálogo.[13]

No restante deste ensaio, gostaria de percorrer alguns desses desenvolvimentos e descrever como o telégrafo alterou as formas pelas quais tempo e espaço eram entendidos em assuntos humanos comuns e, particularmente, examinar uma forma modificada por meio da qual o tempo entrou na consciência prática. Para demonstrar essas mudanças, desejo me concentrar nos desenvolvimentos dos mercados de commodities e na institucionalização do fuso horário padrão. Mas, antes, deixem-me reiterar o argumento básico.

A ideia mais simples e importante sobre o telégrafo é a de que marcou a separação decisiva entre "transporte" e "comunicação". Até o telégrafo, essas palavras eram sinônimas. O telégrafo acabou com essa identidade e permitiu que os símbolos se movessem de modo independente da geografia, além de livres e mais rápidos do que o transporte. Digo

---

13 Boorstin (1973) tem sugestões proveitosas sobre essas questões.

separação decisiva, porque antes houve premonições do que estava por vir e, afinal, houve a telegrafia pré-elétrica – os dispositivos de sinalização ópticos.

Quase todas as cidades dos Estados Unidos, de qualquer época, têm um morro do telégrafo ou um morro do sinal que nos remete a esses dispositivos. Estes contavam com a operação de persianas, abas, discos ou braços assim como a sinalização semafórica no mar. Eram ópticos em vez de sistemas de "escrita a distância" e antecessores das redes de micro-ondas, que dependem de estações retransmissoras em pontos geográficos altos para transmissões aéreas.

A telegrafia visual entrou em uso no final do século XVIII. Seu principal arquiteto foi Claude Chappe, que persuadiu o Comitê de Instrução Pública da França pós-revolucionária a aprovar seu experimento. Joseph Lakanal, um de seus membros, relatou ao comitê o resultado: "Que destino brilhante a ciência e as artes reservam à República, que por sua imensa população e pelo gênio de seus habitantes é chamada a se tornar a nação que irá instruir a Europa" (Wilson, 1976: 122).

A Convenção Nacional aprovou a adoção do telégrafo como uma utilidade nacional e instruiu o Comitê de Segurança Pública a mapear rotas. O principal ímpeto para seu desenvolvimento na França foi o mesmo que levou à onda de construções de canais e ferrovias nos Estados Unidos. O telégrafo pré-elétrico daria uma resposta a Montesquieu e a outros teóricos políticos que pensavam que a França ou os Estados Unidos eram grandes demais para serem uma República. Mas, sobretudo, forneceu um meio para ligar e coordenar os departamentos, que haviam substituído as províncias após a Revolução, com a autoridade central (Wilson, 1976: 123).

O telégrafo pré-elétrico também foi objeto de experimentação nos Estados Unidos. Em 1800, um sistema de telégrafo visual foi inaugurado entre Martha's Vineyard e Boston (Wilson, 1976: 210). Entre 1807 e 1812, foram desenvolvidos planos para um telégrafo que iria de Maine a Nova Orleans. O primeiro uso prático da telegrafia visual foi para a transmissão de notícias sobre a chegada de navios, uma prática iniciada bem antes de 1837 (Thompson, 1947: 11). Mas, mesmo antes do desenvolvimento dos mecanismos ópticos, alterações nos padrões de transporte haviam levado à separação entre informação e carga e isso teve importantes consequências para o comércio internacional. Falarei mais sobre isso a seguir. Apesar dessas reservas e qualificações, o telégrafo ocasionou a ruptura, decisiva e cumulativa, da identidade entre comunicação e transporte.

A grande importância teórica da tecnologia reside não somente na separação, mas também no uso do telégrafo como um modelo e um mecanismo de controle do movimento físico das coisas, especificamente, para a ferrovia. Essa é a descoberta fundamental: não apenas a informação se move independentemente e mais rapidamente do que objetos físicos, mas também pode ser uma simulação e um mecanismo de controle do que foi deixado para trás. A descoberta foi primeiro explorada em remessas ferroviárias na Inglaterra, em 1844, e nos Estados Unidos em 1849. Foi bastante útil nos longos trechos de estrada de mão única no Oeste americano, onde acidentes eram um problema sério. Antes do uso do telégrafo para controlar o acoplamento, a Ferrovia Boston e Worcester, por exemplo, mantinha cavalos a cada cinco milhas ao longo da linha, que corriam para cima e para baixo na pista para que cavaleiros pudessem alertar os engenheiros de colisões iminentes (Thompson, 1947: 205-206). Ao mover informações mais rápido do que o material rodante, o telégrafo permitiu o controle centralizado ao longo de muitas milhas de trilho. De fato, a operação do telégrafo em conjunto com a ferrovia possibilitou um sistema integrado de transporte e comunicação. O mesmo princípio realizado nessas circunstâncias mundanas governa o desenvolvimento de todos os processos modernos de transmissão e controle elétricos, desde miras de arma guiadas a servomecanismos simples que abrem portas. A relação do telégrafo e da ferrovia ilustra a noção básica da teoria de sistemas e, frase de efeito, de que "o sistema é a solução", indicando que o sistema comutado integrado é mais importante do que qualquer um de seus componentes.

O telégrafo permitiu o desenvolvimento, na metáfora favorita do dia, de um sistema nervoso social meticulosamente articulado no qual a sinalização foi divorciada da musculatura. Foram o telégrafo e a ferrovia – a verdadeira e dolorosa construção de um sistema integrado – que proporcionaram a porta de entrada para as metáforas orgânicas que dominaram o pensamento do século XIX. Embora o romantismo e o idealismo alemães tenham sua importância, é menos para o mundo das ideias e mais para o mundo da prática concreta que devemos olhar ao tentar entender por que o século XIX era obcecado com o organicismo.

O efeito do telégrafo na ideologia, nas ideias comuns, pode ser demonstrado mais graficamente com outros dois exemplos tirados do mercado de commodities e do desenvolvimento do fuso horário padrão. O telégrafo, como a maioria das inovações em comunicação até o computador, teve seu primeiro e mais profundo impacto na condução do comércio, do governo e das Forças Armadas. Foi, em síntese, um bem de produção antes de ser um bem de consumo. O telégrafo, como disse mais cedo, era usado em seus primeiros meses para jogos de xadrez a distância. Seu sentido comercial demorou a ser realizado. Mas, uma vez que esse sentido foi determinado, foi usado para reorganizar o comércio. E dos padrões de uso no comércio vieram muitas das mais profundas consequências do telégrafo no pensamento comum. Entre seus primeiros efeitos estava a reorganização do mercado de commodities.

Era a expectativa normal dos americanos do início do século XIX que o preço de uma commodity variasse de cidade para cidade, de modo que o custo do trigo, do milho ou de qualquer outra coisa seria radicalmente diferente, digamos, em Pittsburgh, Cincinnati e St. Louis. Essa crença refletia o fato de que, antes do telégrafo, os mercados eram independentes entre si, ou, mais precisamente, o efeito de um mercado sobre o outro se manifestava tão gradualmente que quase passava despercebido. Em suma, os preços das mercadorias eram, em larga medida, determinados por condições locais de oferta e demanda. Um dos principais historiadores dos mercados comentou que "certamente, em todos os artigos de comércio, as condições de todas as fontes de abastecimento tinham seu efeito final em valores distantes, mas, mesmo nestes, a comunicação era tão lenta que as condições poderiam mudar completamente antes que seus efeitos pudessem ser sentidos" (Emery, 1896: 106).

Nessas circunstâncias, o principal método de negociação é chamado de arbitragem: comprar barato e vender caro movendo bens no espaço. Isto é, se os preços são mais altos em St. Louis do que em Cincinnati, faz sentido comprar em Cincinnati e revender em St. Louis, desde que o diferencial de preço seja maior do que o custo de transporte entre as duas cidades. Se a arbitragem for amplamente praticada entre as duas cidades, os preços devem se estabilizar em um equilíbrio em que a diferença de preço é atrelada à diferença no custo de transporte. Esse resultado, por sua vez, é baseado na premissa da economia clássica de informação perfeita – que todos os compradores e vendedores estão cientes das opções disponíveis em todos os mercados relevantes –, uma situação raramente abordada na prática antes do telégrafo.

Nos Estados Unidos, a divergência de preços entre mercados diminuiu ao longo do século XIX. Arthur H. Cole computou a disparidade dos preços anual e mensal médios para grupos uniformes de mercadorias durante o período de 1816-1842, isto é, até a véspera da chegada do telégrafo. Ao longo desse período, a disparidade do preço anual médio caiu de 9,3 para 4,8; e a disparidade mensal média de 15,4 para 4,8 (Cole, 1938: 94-96, 103). O próprio declínio atesta os avanços na comunicação gerados pela construção de canais e estradas. O declínio abrupto está provavelmente um pouco mascarado, porque Cole agrupou preços para os períodos de 1816-1830 e 1830-1842, mas foi no final da era do canal e no começo das construções de ferrovias de grande escala que as quedas mais acentuadas foram sentidas.

Por um lado, a queda representa o crescimento gradual no tamanho efetivo do mercado. Por outro, representa um declínio em oportunidades especulativas baseadas no espaço – oportunidades de transformar comércio em lucro movendo bens entre mercados distintos. De certa forma, a ferrovia e o canal regionalizaram mercados. O telégrafo nacionalizou-os.

O efeito do telégrafo é simples: equaliza mercados no espaço. O telégrafo coloca todos no mesmo lugar para fins de negócios. Torna a geografia irrelevante. O telégrafo realiza as condições de oferta e demanda em todos os mercados na determinação de um preço. A não ser para a exceção marginal aqui e ali, elimina as oportunidades de arbitragem ao concretizar a premissa clássica da informação perfeita.

Mas, a importância do telégrafo não reside apenas no declínio da arbitragem. De fato, o telégrafo desloca a especulação para outra dimensão. Desloca a especulação do espaço para o tempo, da arbitragem para o mercado de futuros. Após o telégrafo, o comércio de commodity foi da negociação entre espaços para a negociação entre tempos. O arbitrador troca Cincinnati por St. Louis; o negociador do mercado futuro vende agosto por outubro, este ano pelo próximo. Em outras palavras, enquanto o telégrafo reduziu a incerteza espacial nos preços, aumentou a incerteza do tempo por causa de melhorias na comunicação. Portanto, não é mero acidente histórico que a Chicago Commodity Exchange, a principal bolsa de futuros dos Estados Unidos ainda hoje, tenha sido inaugurada em 1848, o mesmo ano em que o telégrafo chegou à cidade.[14] Em certo sentido, o telégrafo inventou o futuro como uma nova zona de incerteza e uma nova região da ação prática.

Deixem-me fazer um recuo dessa conclusão sobre os efeitos do telégrafo no tempo, porque exagerei o caso. Primeiro, as oportunidades para arbitragem nunca foram completamente eliminadas. Há sempre imperfeições no mercado de informações mesmo no pregão de uma bolsa de valores: compradores e vendedores que não se conhecem e os preços pelos quais os outros estão dispostos a negociar. Sabemos disso também a partir das experiências comuns em leilões, onde alguém sempre conhece um comprador que pagará mais do que o preço leiloado.

---

14 NT: O autor se refere à Chicago Board of Trade (CBOT), inaugurada em 1848 e hoje parte da Chicago Mercantile Exchange (Grupo CME).

Segundo, houve um hiato entre arbitragem e mercado futuro quando contratos por tempo dominaram e isso foi um desenvolvimento de certa importância. Algo próximo da negociação de contratos futuros ocorreu já em 1733, quando a Companhia Britânica das Índias Orientais iniciou a prática dos títulos de garantia, ou *warrants*, comerciais. A função de um *warrant* era transferir a posse de bens sem consumar a transferência física deles. O título não representava, como tal, bens armazenados específicos; eram apenas endossados de pessoa para pessoa. O uso de *warrants*, ou contratos por tempo, evoluiu rapidamente nos Estados Unidos no comércio de commodities agrícolas. Evoluiu para atender às novas condições do tamanho do mercado efetivo e, o que é igualmente importante, sua evolução foi ilimitada pela prática histórica.

A condição crítica a governar o desenvolvimento dos contratos por tempo também foi a separação entre comunicação e transporte. Cada vez mais, as notícias das condições da colheita chegavam ao mercado antes da própria commodity. Por exemplo, a negociação de *warrants* avançou quando o algodão era enviado para a Inglaterra a vela enquanto os passageiros e a informação eram transportados por navios a vapor. Baseados em notícias sobre a colheita e em amostras da mercadoria, contratos por tempo ou contratos "*to arrive*" (a chegar) eram realizados. Estes eram usados principalmente para as vendas transatlânticas, mas, após a abertura do vale do Mississippi para o comércio agrícola, foram amplamente usados em Chicago nos anos 1840 (Baer e Woodruff, 1935: 3-5).

O telégrafo começou a mudar o uso de contratos por tempo, bem como a arbitragem. Ao transmitir o conhecimento de preços e condições da colheita, aproximou mercados e preços. Não temos boas medidas de comparação entre o antes e o depois, mas temos evidências, citadas acima, do declínio no longo prazo das disparidades de preços entre mercados. Além disso, temos medidas de Cincinnati, em particular. Na década de 1820, Cincinnati estava dois anos atrás em relação aos mercados do Leste. Isto significa que turbulências na estrutura do mercado do Leste levavam dois anos para afetar os preços de Cincinnati. Em 1840, esse intervalo havia caído para quatro meses. Já em 1857 – e provavelmente bem antes disso –, o efeito dos mercados do Leste sobre Cincinnati era instantâneo. Mas, uma vez que o espaço foi, como se diz, aniquilado, uma vez que todos estavam no mesmo lugar para fins de comércio, o tempo como uma nova região da experiência, da incerteza, da especulação e da exploração foi aberto às forças do comércio.

Um exemplo de porta dos fundos dessa inversão do espaço e do tempo pode ser tirado de um episódio posterior envolvendo o efeito do telefone na Bolsa de Valores de Nova York. Em 1894, o telefone havia tornado o tempo de informação idêntico nas principais cidades. Compradores e vendedores, não importa onde estivessem, sabiam os preços atuais ao mesmo tempo que os negociadores no pregão da Bolsa. Portanto, a lacuna de informação entre Nova York e Boston havia sido eliminada e os negócios gravitaram das corretoras de Nova York para as de Boston. A Bolsa de Nova York se contrapôs a esse movimento criando uma vantagem de tempo de trinta segundos que assegurou a superioridade de Nova York sobre Boston. A Bolsa determinou que telefones não seriam autorizados no pregão. A informação do preço tinha de ser transmitida por um mensageiro para uma área fora do pregão da Bolsa, que havia sido reservada para os telefones. Esse movimento destruiu a identidade temporal dos mercados e criou um monopólio de trinta segundos sobre o conhecimento que atraiu os negócios de volta para Nova York (Emery, 1896: 139).

Esse movimento das commodities para fora do espaço e dentro do tempo teve outras três consequências de grande importância para examinar o efeito do telégrafo. Primeiro, os contratos futuros exigiram a descontextualização dos mercados, ou, dito de outra forma, os mercados se tornaram relativamente insensíveis às condições locais de oferta e demanda. O telégrafo removeu os mercados dos contextos específicos onde estavam historicamente localizados e concentrou neles as forças que emanavam de qualquer lugar e momento. Isto foi uma redefinição dos mercados, de físicos ou geográficos para espirituais. Em certo sentido, os mercados se tornaram mais misteriosos: mercados de todo lugar e toda hora, portanto, menos apreensíveis justamente no momento em que ficaram mais poderosos.

Segundo, não apenas forças distantes e amorfas foram aplicadas nos mercados, mas a mercadoria foi separada de suas representações; isto é, o desenvolvimento dos contratos futuros dependia da capacidade de negociar ou de circular instrumentos negociáveis independentemente do movimento físico dos bens. A representação da mercadoria se tornou o recibo do armazém de elevadores de grãos ao longo da linha do trem. Esses instrumentos eram negociados sem qualquer relação com o movimento físico dos próprios bens. O comprador desses recibos não esperava receber a entrega; o vendedor desses recibos não esperava fazer a entrega. Uma velha piada, que também é uma advertência, conta que um negociador de contratos futuros esqueceu o que estava fazendo e acabou com quarenta toneladas de trigo em seu quintal no subúrbio. Mas, isso é só uma anedota e uma lição. O negociador de futuros frequentemente vende antes de comprar ou compra e vende simultaneamente. Entretanto, a compra e a venda não são de bens, mas de recibos. O que está sendo negociado não é dinheiro por mercadorias, mas tempo por preço. Em resumo, o recibo do armazém, que serve como uma representação do produto, não tem uma relação intrínseca com o produto verdadeiro.

Mas, para negociar recibos em vez de bens, uma terceira mudança foi necessária. No mercado futuro, os produtos não são comprados ou vendidos pela inspeção do produto físico ou por uma amostra dele. Na realidade, são vendidos por meio de um sistema de classificação. Para se prestar ao mercado futuro, o produto tem que ser misturado, padronizado, diluído a fim de ser reduzido a uma medida específica, embora abstrata. Com o advento do telégrafo, os produtos não mais puderam ser enviados em tantas unidades separadas quanto o número de proprietários dos grãos. "O alto volume de vendas exigiu padrões impessoais. Os compradores não conseguiam mais checar pessoalmente todos os lotes"

(Chandler, 1977: 211). Consequentemente, nem todos os produtos são negociados no mercado futuro, porque alguns resistem à tentativa de reduzi-los a categorias padronizadas de qualidade.

O desenvolvimento do mercado futuro, em síntese, dependeu de um número específico de mudanças nos mercados e no sistema de commodities. Precisou que a informação se movesse de modo independente e mais rápido do que os produtos. Precisou também que commodities fossem separadas dos recibos que as representam e reduzidas a medidas uniformes.

Vale acrescentar que essas eram as condições que inspiraram a análise de Marx do fetiche da mercadoria. Esse conceito, agora amplamente usado, muitas vezes de forma indiscriminada, foi desenvolvido no *Grundrisse* e em *Das Kapital* no final da década de 1850, quando o mercado futuro se tornou a arena dominante para o estabelecimento de valores agrícolas. Em particular, Marx indicou a descontextualização de mercados, a separação entre valor de uso e valor de troca – acarretada pelo declínio na função representativa do recibo do armazém – e a abstração do produto de suas condições reais de produção através de um sistema de classificação como os principais elementos no fetiche da mercadoria. No *Grundrisse*, comenta que "esse movimento espacial – o levar o produto ao mercado, o que constitui uma condição necessária para sua circulação, exceto no caso em que o próprio local de produção é um mercado – poderia ser mais precisamente considerado como transformação do produto em *mercadoria*" (Marx, 2011 [1939]: 713).

Marx se refere ao que Walter Benjamin (1968) chamaria depois de "perda da aura" em sua análise paralela dos efeitos da reprodução mecânica na obra de arte. O objeto é disponibilizado como mercadoria depois de ser abstraído das condições reais de sua produção e uso, transportado para mercados distantes, padronizado e classificado, representado por símbolos totalmente contingentes. Seu status como mercadoria representa a ruptura de uma relação real e direta entre comprador e vendedor, separa o valor de uso do valor de troca, retira dos objetos qualquer singularidade (que depois precisa ser devolvida ao objeto através da publicidade) e, o que é mais importante, esconde do comprador as condições reais de produção. Além disso, a dissociação entre recibo e produto pode ser pensada como parte de um processo social generalizado, amplamente estudado pela semiótica contemporânea, iniciado pelo uso do dinheiro: o divórcio progressivo do significante e do significado, um processo em que o mundo dos significantes gradualmente suprime e se move independentemente de objetos materiais reais.

Para resumir, o crescimento da comunicação no século XIX teve o efeito prático de diminuir o espaço como um critério diferenciador em assuntos humanos. O que Harold Innis chamou de "poderes de penetração do sistema de preços" foi, de fato, a disseminação de um sistema de preços uniforme por todo espaço, de modo que, para fins de comércio, todos estivessem no mesmo lugar. O telégrafo foi o instrumento crítico dessa disseminação. No comércio, isso significou a descontextualização dos mercados para que os preços não mais dependessem de fatores locais de oferta e demanda, mas respondessem a forças nacionais e internacionais.

A disseminação do sistema de preços foi parte da tentativa de colonizar o espaço. O correlato à penetração desse sistema foi o que o compositor Igor Stravinsky chamou de "estatisticalização da mente": a transformação de todo o mundo mental em quantidade e a distribuição dessas quantidades no espaço para que a relação entre coisas e pessoas se torne apenas numérica. A estatística amplia o mercado para tudo e o torna mais uniforme e independente. O telégrafo teve esse mesmo efeito na consciência prática do tempo através da construção de fusos horários padrão.

IV

Nosso sentido de tempo e nossas atividades no tempo são coordenados por uma grade de fusos horários, uma grade tão fixada em nossa consciência que parece ser a forma natural do tempo, pelo menos até passarmos pela mudança do horário legal para o horário de verão e vice-versa.

Mas, o horário padrão é uma invenção relativamente recente nos Estados Unidos, por exemplo. Foi introduzido em 18 de novembro de 1883.

Até aquela data, quase todas as comunidades americanas estabeleciam seus próprios horários, marcando o ponto em que o sol alcançava seu pico como meio-dia. Isso podia ser determinado com exatidão astronômica, mas qualquer vila era capaz de fazê-lo, para fins práticos, observando a menor sombra em um relógio de sol. O horário oficial local em uma comunidade podia ser fixado, desde tempos imemoriais, por uma igreja, depois também pelo Palácio de Justiça ou por um joalheiro e, mais tarde, pelo mestre da estação ferroviária. Um sino era tocado ou um apito disparado para que os moradores pudessem ajustar seus relógios. Em Kansas City, uma bola era jogada do edifício mais alto ao meio-dia e ficava visível a quilômetros de distância, uma prática que continua a ser realizada nas festividades do Ano-Novo na cidade de Nova York, na Times Square (Corliss, 1952).

Nem toda cidade mantinha seu próprio horário. Muitas ajustavam seus relógios de acordo com a sede do condado ou de alguma cidade próxima de importância comercial ou política. Quando a vasta maioria dos habitats americanos era, como na frase de Robert Wiebe (1967), "comunidades insulares", que raramente interagiam umas com as outras, a diferença entre horários locais causava poucas confusão e preocupação. Mas, com a expansão dos tentáculos do comércio e da política das capitais, o caos temporal também se espalhou. O caos era totalmente físico. A cada grau de longitude que se deslocava para o Oeste, o sol alcançava seu zênite quatro minutos mais tarde. Isso significa que, quando era meio-dia em Boston, eram 11:48 em Albany; quando era meio-dia em Atlanta, eram 11:36 em Nova Orleans. Em outras palavras, o meio-dia chegava um minuto mais tarde para cada quarto de grau longitudinal para o Oeste, e esse intervalo ficava menor quando se movia para o Norte: em geral, treze milhas equivaliam a um minuto.[15]

---

15 NT: Treze milhas correspondem a aproximadamente 20 quilômetros.

O ajuste de relógios conforme o horário local astronômico ou, na melhor das hipóteses, da sede do condado, levou a uma proliferação de fusos horários. Antes da padronização, Michigan tinha 27 fusos horários; Indiana, 23; Wisconsin, 39; Illinois, 27. Os relógios em Nova York, Boston e Filadélfia, cidades que hoje estão em horários idênticos, tinham vários minutos de diferença entre si (Corliss, 1952: 3). Quando era meio-dia em Washington, D.C., eram 11:30 em Atlanta, 12:09 na Filadélfia, 12:12 em Nova York, 12:41 em Eastport, Maine.

À medida que as ferrovias se espalharam por todo o continente, a variedade de horários locais causou enorme confusão em agendamentos, provocou acidentes de trens que colidiam por estarem seguindo relógios distintos e gerou muita irritação entre passageiros, pois ninguém conseguia saber com facilidade quando um trem chegaria a outra cidade. As ferrovias usavam 58 horários locais correspondentes às maiores cidades. Além disso, cada ferrovia acertava seus relógios de acordo com o horário de uma cidade diferente. A Pennsylvania Railroad ajustava seu horário de acordo com a Filadélfia, cujos relógios estavam doze minutos atrás de Nova York e cinco minutos à frente de Baltimore. A New York Central Railroad se mantinha no horário da cidade de Nova York. A Baltimore and Ohio Railroad acertava seus horários segundo três cidades: Baltimore/MD, Columbus/OH e Vincennes/IN (Bartky e Harrison, 1979: 46-53).

A solução, que foi a padronização dos fusos horários, há muito atraía o interesse de estudiosos. A pressão para estabelecer um padrão foi mais forte na América do Norte, que tinha uma média de oito horas de claridade da Terra Nova ao Alaska Ocidental. Embora a Europa tenha estabelecido o horário padrão primeiro, a pressão prática por lá era menor. A variação do horário de sol por toda a Inglaterra é de apenas meia hora. A França, ainda que maior, podia ser administrada segundo o horário de Paris. Mas, a Inglaterra tinha interesse na padronização do horário há muito tempo por motivos imperiais. O controle do tempo permite a coordenação de atividades e, portanto, o controle social efetivo. Na navegação, o tempo foi cedo fixado em navios ingleses de acordo com o relógio do Observatório de Greenwhich. Não importa onde um navio estivesse no Atlântico, seu cronômetro sempre registrava o horário de Greenwich. Da mesma forma, o horário irlandês era regulado por um relógio ajustado todas as manhãs no Big Ben, levado de trem para Holyhead, no País de Gales, para atravessar o mar irlandês de balsa até Kingstown (hoje, Dun Laoghaire) e seguir novamente de trem até Dublin, onde relógios irlandeses eram coordenados com o horário inglês (Schivelbusch, 1978: 39).

Portanto, não foi surpresa quando, em 1870, o nova-iorquino Charles Dowd propôs um sistema de fusos horários padrão que fixava Greenwhich como o grau zero de longitude e estabelecia zonas com centros ao redor do mundo a quinze graus para leste e oeste de Greenwhich. Como quinze graus equivale a uma hora, o mundo foi dividido em 24 zonas com intervalos de uma hora.

O plano de Dowd foi um exemplo maravilhoso de realismo excêntrico. As linhas foram traçadas com exatidão geométrica, ignorando geografia, topografia, região, comércio ou afinidade natural. Maine e Flórida foram colocadas em fusos horários distintos. É um ótimo exemplo da máxima que diz que a grade é a geometria do império. Dowd recomendou o plano às ferrovias, que o adotaram provisoriamente e criaram, a partir dele, uma tabela para que o viajante pudesse fazer a conversão do horário da ferrovia para o local, adicionando ou subtraindo minutos em relação à programação dos trens. Por treze anos, o sistema de Dowd foi debatido, mas nunca adotado oficialmente pela Convenção Geral do Tempo (General Time Convention). Durante esse período, as ferrovias tentaram junto ao Congresso que fosse adotado como sistema de horário uniforme, mas a ideia foi rejeitada por um motivo óbvio: o fuso horário padrão ofendia pessoas com profundos sentimentos religiosos. Violava o funcionamento físico da ordem natural e negava a presença de uma natureza divinamente consagrada. Mas, mesmo nesse caso, a linguagem religiosa era um mediador em extinção para sentimentos políticos. O horário padrão era amplamente conhecido como horário de Vanderbilt e a reação contra ele foi parte de um protesto populista contra bancos, o telégrafo e a ferrovia.

Em 1881, a Convenção Geral do Tempo na Filadélfia passou o problema para William Frederick Allen, um jovem engenheiro civil. Dois anos depois, ele apresentou um plano. Este era baseado no esquema de Dowd, mas com uma diferença crucial: permitia o ajuste dos fusos horários para fins econômicos e ecológicos. Nesse esquema, limites temporais poderiam ser deslocados até cem milhas de distância das linhas geométricas para minimizar interferências.[16] E, o que é mais importante, Allen recomendou que as ferrovias abandonassem a prática de fornecer uma tabela de conversão por minuto e simplesmente adotassem o horário padrão para regular suas programações, permitindo, assim, que as comunidades e instituições se ajustassem ao novo horário da maneira que desejassem.

No plano Allen, os Estados Unidos foram divididos em quatro fusos horários com centros nos meridianos 75º, 90º, 105º e 120º: Filadélfia, St. Louis, Denver e Reno eram os centros aproximados. As zonas se estendiam por 7,5 graus para cada lado da linha central. O dia 18 de novembro de 1883 foi selecionado como a data da mudança do horário local para o padrão e uma campanha "educacional" ambiciosa foi montada para ajudar os cidadãos a se ajustarem ao novo sistema. Naquela data, Chicago, o principal centro ferroviário, foi ligado ao telégrafo por um observatório em Allegheny, na Pensilvânia. Ao marcar uma hora no centro do fuso horário Leste, os relógios foram parados ao meio-dia em Chicago por 9 minutos e 32 segundos até o sol se alinhar ao meridiano 90º. Em seguida, os relógios foram reiniciados, agora com o sistema ferroviário integrado e coordenado no tempo.

A transição foi saudada com reuniões em massa, com raiva e protestos religiosos que não tiveram êxito. O horário ferroviário se tornou

---

16 NT: Cem milhas correspondem a cerca de 160 quilômetros.

o horário padrão. Não se estabeleceu como horário oficial dos Estados Unidos até o início da Primeira Guerra Mundial. Mas, poucos meses após o estabelecimento do horário ferroviário, a avalanche de adesões por comunidades locais já estava em curso. Estranhamente, os Estados Unidos nunca migraram para o sistema de 24 horas, mantendo assim alguma conexão entre o ciclo diurno da atividade humana e o ciclo dos planetas.

Os limites dos fusos horários já foram ajustados várias vezes desde então. No geral, foram adequados às fronteiras dos estados, mas existem diversas exceções. A extremidade ocidental do fuso horário do Leste (ETZ) já foi no oeste de Ohio, mas agora forma uma linha irregular ao longo da fronteira entre Illinois e Indiana. Boise, em Idaho, trocou do horário do Pacífico (PT) para o horário da Montanha (MT) e, recentemente, 12 mil milhas quadradas do Arizona também passaram por alteração semelhante.[17] As razões para essas mudanças nos dizem muito sobre os propósitos dos Estados Unidos. Tem-se a sensação, por exemplo, de que as redes de televisão prefeririam um país com três fusos horários: Leste, Central e Oeste.

Fusos horários padrão foram estabelecidos, porque eram necessários aos olhos de alguns. Para retomar a questão deste capítulo, foram estabelecidos por causa do poder tecnológico do telégrafo. O horário era enviado pelos fios telegráficos. Hoje, porém, graças a avanços técnicos, é enviado por ondas de rádio do Observatório Naval dos Estados Unidos em Maryland. O telégrafo podia enviar o horário mais rápido do que o vagão de trem podia se mover. Portanto, facilitou a coordenação e a integração temporal de todo o sistema. Quando isso se tornou possível, novas definições de tempo puderam ser usadas por indústria e governo para controlar e coordenar atividades pelo país, penetrar na consciência prática de homens e mulheres comuns e desarraigar velhas noções de ritmo e temporalidade.

---

17 NT: Equivale a mais de 31 mil km².

O desenvolvimento de fusos horários padrão serviu para cobrir o mundo com uma grade temporal da mesma forma que o mapa do agrimensor colocou uma grade espacial sobre velhas cidades, sobre novos territórios do Ocidente ou sobre os mares. A grade temporal pôde, assim, ser usada para controlar e coordenar atividades na grade espacial.

V

Quando o nicho ecológico do espaço foi preenchido como uma arena de comércio e controle, a atenção se deslocou para o preenchimento do tempo, agora definido como um aspecto do espaço, uma continuação do espaço em outra dimensão. À medida que a fronteira espacial se fechou, o tempo se tornou a nova fronteira. Permitam-me mencionar, para encerrar, outras duas dimensões da fronteira temporal.

Um fuso horário adicional a ser penetrado quando o espaço fosse esgotado era o tempo sagrado, particularmente, o sabá. A maior invenção dos antigos hebreus foi a ideia do sabá, embora aqui esteja usando a palavra em um sentido completamente secular: a invenção de uma região livre do controle do Estado e do comércio onde outra dimensão da vida poderia ser vivenciada e onde formas alteradas de relação social poderiam ocorrer. Como tal, o sabá sempre foi uma grande resistência ao poder do Estado e do mercado. Para fins de comunicação, a efetiva penetração no sabá veio nos anos 1880 com a invenção do jornal de domingo. Foi Hearst com seu *New York Sunday World* quem popularizou a ideia da leitura do jornal dominical e criou, de fato, um mercado onde antes não havia – um mercado do sabá. Desde então, a penetração do sabá é uma das "fronteiras" da atividade comercial. Murray Melbin (1987) tentou caracterizar "a noite como uma fronteira". Em termos de comunicação, a expansão constante da transmissão comercial à noite é um dos melhores exemplos. Não havia estações de rádio 24 horas em Boston, por exemplo, de 1918 a 1954. Atualmente, metade das estações em Boston operam a noite toda. A televisão se expandiu lentamente no horário noturno, por um lado, e iniciou operações cada vez mais cedo, por outro. Hoje, existem canais de televisão 24 horas em todos os principais mercados.

A noção da noite como fronteira, uma nova fronteira do tempo que se abre quando o espaço é preenchido, é uma metáfora, mas também mais do que isso. Melbin detalha algumas das características comuns às fronteiras espacial e temporal: ambas avançam em etapas; a população é mais dispersa e homogênea; há solidão, uma ausência de restrições sociais e menos perseguição; assentamentos são isolados; o governo é descentralizado; a ilegalidade e a violência, bem como a amizade e a gentileza aumentam; novos estilos comportamentais emergem. Ou seja, a mesma dialética entre centralização e descentralização ocorre tanto na fronteira temporal quanto na espacial. Por um lado, a comunicação é ainda mais privatizada à noite. Por outro, as restrições sociais na comunicação são relaxadas, porque a mão invasiva da autoridade afrouxou.

A penetração do tempo, o uso do tempo como um mecanismo de controle, a abertura do tempo para o comércio e a política foram radicalmente estendidos por avanços na tecnologia do computador. O tempo foi redefinido como um nicho ecológico a ser preenchido até o microssegundo, o nanossegundo e o picossegundo – até um nível em que o tempo pode ser representado, mas não experimentado. Esse processo e a reconstrução paralela da consciência e da atividade práticas começam naquelas habilidades do telégrafo que prefiguram o computador. O telégrafo construiu um simulacro de sistemas complexos, ofereceu um modelo análogo à ferrovia e um modelo digital de linguagem. Coordenou e controlou atividades no espaço, frequentemente, pelas costas daqueles sujeitos a ele.

E. P. Thompson considera significativo que o jovem Henry Ford tenha criado um relógio com dois ponteiros: um para o horário local e outro para o horário da ferrovia. "A atenção ao tempo no trabalho depende em grande parte da necessidade de sincronização do trabalho" (Thompson, 1998 [1967]: 280). Concepções modernas de tempo enraizaram-se em nossa consciência de forma tão profunda que a cena do trabalhador recebendo um relógio ao se aposentar é grotesca e cômica. Ele recebe um relógio quando não há mais necessidade de marcar o tempo. Ele recebe um relógio como um tributo por ter aprendido a lição mais difícil do trabalhador – contar as horas.

Assim como o relógio coordenou a fábrica industrial, o telégrafo, através da grade do tempo, coordenou a nação industrial. Hoje, o tempo do computador, o espaço do computador e a memória do computador, noções que entendemos vagamente, estão modificando a consciência prática, coordenando e controlando a vida no que chamamos precipitadamente de sociedade pós-industrial. Realmente, o microcomputador está substituindo o relógio como o presente escolhido para o aposentado da classe média. Nesse novo, mas imutável, costume, vemos a relação mais profunda entre tecnologia e ideologia.

RECONSIDERAÇÕES SOBRE A "MÍDIA" E A "MASSA"

Segundo Richard Rorty, a hermenêutica tem como missão atrair pensadores hermeticamente vedados para fora de suas práticas autocontidas e entender as relações entre acadêmicos como fios de uma conversa sem pressupostos que unam os falantes, mas na qual a esperança de consenso nunca está perdida (Rorty, 1995 [1979]). Nesta visão, acadêmicos não estão presos em um combate sobre alguma Verdade Universal, mas sim unidos em sociedade: são pessoas cujos caminhos se aproximaram ao longo da vida, unidas pela civilidade e não por um objetivo ou por uma base comum (Rorty, 1995 [1979]). Em lugar algum, essa intenção hermenêutica é mais necessária do que nas discussões teóricas sobre as mídias de massa. De todas as áreas e subáreas dentro da comunicação, aquela das mídias de massa provou ser a mais resistente à formulação teórica adequada – na verdade, até mesmo à discussão sistemática. Os conceitos e métodos, que, se inadequados, pelo menos não são constrangedores quando aplicados à comunicação interpessoal, provam ser infelizes e até um pouco tolos quando aplicados às mídias de massa. Trata-se aqui de mais do que uma questão de complexidade, embora isto também faça parte. Muitos problemas relativos à comunicação interpessoal podem ser protegidos do mundo ao redor e tratados com modelos relativamente simples e métodos descomplicados. O mesmo não vale para as mídias de massa, em que questões de poder político e mudança institucional são inevitáveis e costumam tornar irremediavelmente ineficaz o livro de receitas padrão que as escolas de pós-graduação vendem a varejo.

Neste capítulo, faço uma tentativa modesta de argumento, ou, pelo menos, uma entrada nesta discussão perpetuamente insatisfatória sobre as mídias de massa. Primeiro, permitam-me antecipar a conclusão. No capítulo anterior, em um ensaio sobre a história do telégrafo, tentei mostrar como aquela tecnologia – a maior invenção de meados do século XIX – foi a força motora por trás da criação de uma imprensa de massa. Também tentei mostrar como o telégrafo produziu uma nova série de interações sociais, um novo sistema conceitual, novas formas de linguagem e uma nova estrutura de relações sociais. Em síntese, o telégrafo estendeu os limites espaciais da comunicação e abriu o futuro como uma zona de interação. Também deu origem a uma nova concepção de tempo ao criar um mercado futuro em commodities agrícolas e ao permitir o desenvolvimento do padrão de fuso horário. Também eliminou diversas formas de jornalismo – por exemplo, o impostor e o fantasioso – e trouxe outras formas de escrita à existência – por exemplo, o estilo "telegráfico", conciso, que Hemingway aprendeu como correspondente. Finalmente, o telégrafo fez surgir uma classe média nacional ao quebrar o padrão de capitalismo da cidade-Estado que dominou a primeira metade do século XIX. Repito as conclusões a que cheguei em outro trabalho, pois aqui tento elucidar uma estrutura teórica que irá apoiar e conferir generalidade a investigações histórico-empíricas detalhadas. Mas, o caminho da vacuidade teórica em torno da mídia para investigações concretas deve prosseguir por uma série de desvios.

I

A cordilheira irregular e ambulante separando o Iluminismo do Contra-Iluminismo – Descartes e Vico, se precisamos dar nomes – emergiu nos estudos da mídia contemporâneos como uma oposição entre a pesquisa

crítica e a administrativa. A cordilheira que a ação de Descartes e a reação de Vico esculpiram como uma marca na imaginação ocidental tem, entre suas características, três picos.
1. *A não contingência de pontos de partida.* Há um determinado lugar para começar a solucionar quaisquer problemas e outro onde estes são solucionados.
2. *Indubitabilidade.* Ao resolver problemas, conceitos e métodos de aceitação e aplicabilidade universais estão disponíveis e, caso não estejam, não se pode fazer nenhuma reivindicação de conhecimento.
3. *Identidade.* O mundo dos problemas é independente da e acessível à mente do observador.

Em suma, se partimos do começo, se estamos armados com conceitos e métodos indubitáveis, se nos posicionamos como um observador que contempla uma realidade independente, aí temos um caminho para o conhecimento positivo. Juntos, esses picos descreveram e asseguraram o caminho para o conhecimento positivo e concederam uma filosofia epistemologicamente centrada. O que é mais importante: tornaram a ciência paradigmática para a cultura como um todo – desacreditando ou, pelo menos, minimizando outras atividades humanas que não se conformavam ao paradigma cartesiano.

A reação do lado italiano dos Alpes estabeleceu todas essas divisões que continuam conosco até hoje: a ciência *versus* as humanidades, o objetivo *versus* o subjetivo, o racionalismo *versus* o romantismo, a análise *versus* a interpretação. Há três aspectos da reação de Vico que merecem ser destacados, ainda que, devo admitir, um pouco desviados para os propósitos daqui. Primeiramente, o mundo como tal não tem essência e, portanto, nenhuma independência real. O "real" é continuamente adaptado e refeito para se adequar aos desígnios humanos, incluindo a recriação dos próprios humanos. É este mundo de atividade humana que podemos entender com maior clareza. Em segundo lugar, a ciência cartesiana não deve ser vista como paradigmática para a cultura como um todo, mas como mais uma forma de expressão – um novo subúrbio da linguagem, nos termos de Wittgenstein. A ciência, nessa visão, é mais uma voz na conversa da humanidade, mais um dispositivo de autoexpressão, de comunicação com outros humanos. Deve ser entendida, como diríamos hoje, de modo hermenêutico, como parte de uma longa conversa. Em terceiro lugar, não existem, portanto, métodos, conceitos ou princípios atemporais invariantes através dos quais as coisas são apreendidas, mas apenas símbolos e conhecimentos restritos, mais ou menos exclusivos de uma dada cultura, que tornam o mundo inteligível.

Pintei um retrato enganador e demasiadamente bidimensional. A cordilheira do Iluminismo não divide pessoas com tanta precisão. Alguns acadêmicos habilidosos tentam ficar dos dois lados ao mesmo tempo; outros estão em diferentes lados, livros ou em etapas de suas carreiras. Outros ainda tentam salvar o que há de valioso nas duas tradições. Alguns (críticos literários modernos, por exemplo) assimilam Descartes a Vico e fazem da ciência positiva apenas mais um gênero literário; outros assimilam Vico a Descartes e "cientificam" toda a cultura. Finalmente, alguns, como William James, consideram todo o argumento inútil e simplesmente se afastam da discussão deixando nada em seu lugar.

Não quero debater todas essas questões que levantei, mas somente tornar mais nítida uma das distinções, ou melhor, uma distinção, nos termos de Charles Taylor (1975), entre "objetivismo" e "expressivismo".

Taylor caracteriza a visão de Descartes como objetivista. Descartes via os humanos como sujeitos que possuem sua própria imagem do mundo (por oposição à imagem determinada por Deus) e uma motivação endógena. Junto com essa identidade autodefinidora vinha a objetificação do mundo. Isto é, o mundo não era visto como uma ordem cósmica, mas como um domínio neutro, um fato contingente ao qual pessoas estão relacionadas apenas como observadoras. Esse domínio era para ser mapeado através do rastreamento de correlações e, em última análise, manipulado para objetivos humanos. Além disso, essa visão de um mundo neutro objetificado era valorizada como uma confirmação de uma nova identidade, antes de isso se tornar importante como base para o domínio da natureza. Mais tarde, essa objetificação se estendeu além da natureza exterior para incluir a vida humana e a sociedade (Taylor, 1975: 539). Essa visão objetivista colidiu não apenas com crenças religiosas profundas, mas com seculares também. A maioria das pessoas, na maior parte do tempo, sentiu que a realidade expressava algo, que era uma inscrição ou uma semelhança. Comumente, essa expressividade era vista como espiritualismo ou animismo; a realidade expressava espírito, o divino e o transcendente. A doutrina do expressivismo foi a mais completamente desacreditada por Descartes. Em sua visão, a realidade não expressava nada. Era neutra, contingente, concatenada.

No entanto, o expressivismo não desapareceu simplesmente porque Descartes o atacou. A corrente reapareceu em diversas formas de romantismo. E o que é mais importante, a noção de que a realidade expressa algo reapareceu em Hegel com o *Geist*: o crescimento da liberdade racional. Mais tarde, na frase útil de Taylor, "Marx tornou o *Geist* antropológico: ele o deslocou para o homem" (Taylor, 1975: 546). Em Marx e em muito do marxismo, a realidade não é neutra e independente das pessoas, mas as expressa no sentido de que é um produto da atividade humana. Na frase adorável de William James, a "marca da serpente está em tudo". A realidade expressa, em qualquer momento histórico, os propósitos e objetivos, intenções e desejos de humanos. Tecnologia, relações sociais e todos os artefatos são hieróglifos sociais. A realidade é expressiva, não porque revela alguma natureza, humana ou divina, ou uma essência eterna de algum tipo, mas porque é um produto da ação humana no e sobre o mundo.

E é essa distinção entre visões objetivista e expressivista do mundo, não entre pesquisas administrativa e crítica, que constitui a divisão fundamental nos estudos de comunicação. Mas, aceito essa distinção somente como um prelúdio para modificá-la. Concordo, até certo ponto, que a realidade é um produto da atividade humana. Porém, a afirmação não é filosófica nem metafísica. É, simplesmente, histórica.

A realidade foi feita, progressivamente, pela atividade humana. Fez isso por um processo, celebrado por estruturalistas, em que a natureza é transformada em cultura e, por um processo similar inverso, a cultura penetra o corpo da natureza. O primeiro processo é revelado pelos exemplos simples de Lévi-Strauss em que a vegetação é transformada em culinária ou animais em totens; o segundo, pela mente ulcerando o estômago ou pelo momento mais ameaçador, quando uma equação fissura o átomo. O ponto é geral: a história das espécies é, simultaneamente, a história da transformação da realidade. Hoje, praticamente não há alcance do espaço, do microscópico ou macroscópico, que não tenha sido reconfigurado pela ação humana. Cada vez mais, o que resta da natureza é o que deliberadamente deixamos lá. Mas, se isso é verdade, então a realidade não é objetiva, contingente e neutra. Imaginar tal ciência objetiva é, de fato, imaginar um mundo em que, como argumentou Lewis Mumford, humanos não existissem. E assim Galileu a imaginou (Mumford, 1970: 57-65). Mas, se tudo isso é verdade, tem uma consequência filosófica: não existem pontos de partida dados, nenhum ponto arquimediano ou conceitos indubitáveis ou métodos privilegiados. O único ponto de base que temos é a natureza historicamente variante dos propósitos humanos. Ao apresentar a posição expressionista, encobri, deliberadamente, os desacordos sérios, mesmo fundamentais, dentro desta tradição. O racha – com frequência descrito pelos termos "materialismo" e "idealismo" – gira em torno da questão de se a realidade deveria ser vista como uma expressão da mente humana – "o lugar da mente na natureza", como na frase proveitosa de Ernst Cassirer – ou da atividade humana, da força de trabalho humana. Por mais importante que seja o debate sobre essa questão, é possível concordar com o seguinte tanto em uma leitura materialista quanto em uma idealista: a mente, associativa e cooperativa, sua extensão na cultura e realização na técnica, é o meio mais importante de produção. O produto mais importante da mente é uma realidade produzida e sustentada.

Quero deixar a savana da filosofia continental e ir para a vila mais segura dos estudos americanos. Não vou me referir a essas questões preliminares no que se segue, mas, roubando uma ótima frase de Stuart Hall, sua "presença ausente (...) atravessa a rota como a trilha do céu de uma aeronave desaparecida" (Hall, 1977: 18).

II

Quero localizar uma distinção entre as pesquisas administrativa e crítica – agora transformada em uma distinção entre objetivismo e expressivismo – fora da tradição europeia e dentro dos estudos americanos. Inevitavelmente, quando esse assunto surge, as pesquisas crítica e administrativa são identificadas com dois emigrados da queda de Weimar, T. W. Adorno e Paul Lazarsfeld. O contexto da discussão é, assim, fixado antecipadamente pelo tipo de pesquisa e esforço identificados com Lazarsfeld e pela pesquisa e versão "hegelianizada" do marxismo identificadas com Adorno. De fato, o termo "crítico" não descrevia tanto uma posição como uma cobertura sob a qual o marxismo pôde se esconder durante o período hostil no exílio. É útil, entretanto, reposicionar a distinção entre pesquisas administrativa e crítica dentro de uma conversa da cultura americana e, particularmente, em uma troca durante a década de 1920 entre Walter Lippmann e John Dewey. Não faço isso para dramatizar a importância de Lippmann ou Dewey, mas sim para sublinhar o ponto de que não se pode apreender uma conversa alhures até que se possa entender uma conversa em casa. Se aceitarmos a contingência de pontos de partida (o tempo e o lugar onde residimos), aceitaremos nossa herança e conversa com nossos pares seres humanos como única fonte de orientação (Rorty, 1995 [1979]).

Tentar fugir dessa contingência é querer se tornar uma máquina devidamente programada, que é o que a pós-graduação costuma ser. Em resumo, recorro a Dewey e Lippmann para ver se posso apreender a conversa deles dentro da tradição que herdamos e moldamos. Uma vez que consigamos captá-la, podemos usá-la como uma entrada para outras conversas – estrangeiras, estranhas e elípticas. Acredito que *Opinião pública*, publicado por Walter Lippmann em 1922, é o livro fundador dos estudos de mídia nos Estados Unidos. Não foi o primeiro livro escrito sobre as mídias de massa no país, mas foi o primeiro trabalho sério a ser filosófico e analítico ao confrontá-las. O título do seu livro pode ser *Opinião pública*, mas seu tema e ator central são os meios de comunicação de massa, particularmente, a mídia jornalística. O livro também fundou ou, pelo menos, esclareceu uma tradição contínua de pesquisa. Finalmente, o livro conscientemente reafirmou a problemática central no estudo das mídias de massa.

Em um texto anterior sobre os meios de comunicação de massa, a problemática central, fiel à tradição utilitária, era a liberdade. O utilitarismo presume que, estritamente falando, os fins da ação humana são aleatórios ou exógenos. O conhecimento racional não poderia ser obtido de valores ou de propósitos humanos. O melhor que podemos fazer é julgar racionalmente o encaixe entre fins e meios. Pode-se atingir conhecimento racional da alocação de recursos entre meios e para determinados fins, mas não se pode obter conhecimento racional da seleção de finalidades. Maçãs são tão boas quanto laranjas, beisebol é tão bom quanto poesia. Tudo o que pode ser determinado é o meio racional de satisfazer o desejo subjetivo e a-racional. A verdade nessa tradição é uma propriedade da determinação racional dos meios. Por sua vez, a racionalidade dos meios dependia da liberdade e da disponibilidade de informação. Mais precisamente, foi a liberdade que garantiu a disponibilidade de informação perfeita e a informação perfeita que garantiu a racionalidade dos meios. Em síntese, portanto: se as pessoas são livres, terão informação perfeita; se a informação for perfeita, podem ser racionais ao escolher o meio mais eficaz para seus fins individuais, e, se assim for, de maneira nunca exatamente explicada, o bem social será o resultado. Então, o problema que afligia escritores sobre a imprensa na tradição anglo-americana era como assegurar as condições da liberdade contra as forças que a minavam. Essas forças eram consideradas políticas e institucionais, não psicológicas. Uma vez que a liberdade fosse assegurada contra essas forças, a verdade e o progresso estavam garantidos.

Lippmann mudou essa problemática. Argumentou que um sistema de comunicação livre não vai garantir informação perfeita e que, portanto, não existem garantias de verdade mesmo que as condições de liberdade sejam asseguradas. Além disso, os inimigos da liberdade não eram mais o Estado e as imperfeições do mercado, mas a própria natureza do noticiário e da coleta de notícias, a psicologia da audiência e a dimensão da vida moderna. É importante notar o seguinte: Lippmann redefiniu o problema da imprensa, deslocando-o da moral e da política para a epistemologia. A consequência desse movimento foi radicalmente minimizar o papel do poder de classe e do Estado – de fato, contribuir, paradoxalmente, em livros sobre política, com a despolitização da esfera pública.

O próprio título do capítulo introdutório de Lippman, "The World Outside and the Pictures in Our Heads", o mais famoso do seu livro, revela suas premissas básicas. Podemos conhecer o mundo se pudermos representar com precisão o que está fora de nossa mente. A possibilidade e a natureza do conhecimento são determinadas pelo modo como a mente é capaz de construir representações. O lado filosófico de Lippmann está argumentando a favor de uma teoria da representação que divide a cultura entre áreas que representam bem a realidade (como a ciência), as que a representam não tão bem (como a arte) e aquelas que não a representam de forma alguma (como o jornalismo), apesar de suas pretensões em fazê-lo (Rorty, 1995 [1979]). Segundo a visão de Lippmann, a realidade é "retratável" e a verdade pode ser alcançada pela conciliação entre uma realidade independente, objetiva e representável e uma linguagem correspondente. Notícias, porém, não podem retratar a realidade ou fornecer uma correspondência com a verdade. Notícias só podem oferecer, como o bipe de um sonar, um sinal de que algo está acontecendo. Mais frequentemente, oferecem fotografias degeneradas ou uma pseudorrealidade de estereótipos. Notícias podem estimar a verdade somente quando a realidade é reduzível a uma tabela estatística: placares esportivos, relatórios da Bolsa de Valores, nascimentos, mortes, casamentos, acidentes, decisões judiciais, eleições e transações econômicas, como comércio exterior e balanço de pagamentos. O principal argumento de Lippmann é esse: onde há um bom maquinário de registro, o sistema de notícias funciona com precisão; onde não há, dissemina estereótipos. A solução de Lippmann para o dilema foi um escritório oficial de inteligência, quase governamental, que reduziria todos os aspectos contestáveis da realidade a uma tabela.

Não é preciso ensaiar as conhecidas críticas fenomenológicas e etnometodológicas de registros e tabelas oficiais para perceber em Lippmann a clássica falácia da tradição cartesiana, a saber: a crença de que metáforas de visão, correspondência, mapeamento, retrato e representação que se aplicam a asserções pequenas e rotineiras (a rosa é vermelha; o Cubs perdeu por 7 a 5; IBM está vendendo a 67 1/2) também servem àquelas grandes e controversas. Números podem representar o mercado de ações, mas não dizem o que está acontecendo na América Central ou o que devemos fazer a respeito da Europa Oriental.

Em *Opinião pública*, há uma série de pressupostos e de doutrinas subsidiárias. Mencionarei apenas duas. A metáfora básica da comunicação é a visão. A comunicação é um modo de ver as coisas corretamente. Porque a comunicação é contemplada dentro dos requisitos de exatidão epistemológica, é também um método para transmitir essa exatidão. Idealmente, a comunicação é a transmissão de uma verdade segura e fundamentada, independentemente do poder. Como essas condições de verdade não podem ser alcançadas fora da ciência cartesiana, é necessário empregar quadros de cientistas para assegurar representações exatas que possam, então, permitir ao jornal informar a opinião pública corretamente. Lippmann deixou um legado intelectual que ainda é influente, apesar de ter refutado muitas de suas próprias visões em trabalhos subsequentes. Particularmente, promoveu um conjunto de crenças compartilhadas com grandes extensões do Movimento Progressista. Lippmann apoiou a noção de que era possível ter uma ciência da sociedade de modo que os cientistas pudessem constituir um novo sacerdócio: os possuidores da verdade como resultado de terem um método acordado para sua determinação. As mídias de massa poderiam operar como representantes do público, informando a opinião pública corretamente. A opinião pública é apenas o agregado estatístico de opiniões privadas divulgadas pela mídia jornalística. Os efeitos da comunicação de massa derivam da inadequação epistemológica do sistema de notícias, bem como dos estereótipos prévios, dos preconceitos e das percepções seletivas da audiência. A atividade político-intelectual precisou ser profissionalizada para a verdade ser produzida. Finalmente, e em resumo, Lippmann sugeriu que o terreno para a discussão sobre as mídias de massa tinha de ser movido das questões do público, poder e liberdade para questões de conhecimento, verdade e estereótipos. John Dewey fez uma crítica à *Opinião pública* na edição de 3 de maio de 1922 do *New Republic*. Admitiu as virtudes do livro, mas sua conclusão mais contundente foi que a obra era a maior acusação contra a democracia já escrita. Dewey respondeu Lippmann em palestras dadas quatro anos mais tarde no Antioch College e publicadas em 1927 sob o título *The Public and Its Problems*. Em sua maior parte, trata-se de um livro irritantemente obscuro. Portanto, em vez de tentar resumi-lo, cito um fragmento de suas últimas três páginas, que encurtei (omitindo as muitas elipses) sem prejudicar seu significado:

> A geração de comunidades democráticas e um público democrático articulado nos levam além da questão do método intelectual para aquela do procedimento prático. Mas, as duas questões não estão desconectadas. O problema de assegurar inteligência difusa e seminal pode ser resolvido somente na medida em que a vida comunitária local se torne uma realidade. Signos e símbolos, linguagem, são os meios de comunicação pelos quais uma experiência fraternalmente compartilhada é iniciada e sustentada. Mas, a conversa tem uma importância vital que falta às palavras fixas e congeladas do discurso escrito. A investigação sistemática sobre as con-

dições de disseminação do impresso é uma precondição para a criação de um público verdadeiro. Mas, este e seus resultados são apenas ferramentas no fim das contas. Sua realidade é alcançada em relações presenciais por meio de concessões recíprocas diretas. A lógica em sua realização volta ao sentido primitivo da palavra: diálogo. Ideias que não são comunicadas, compartilhadas e revitalizadas na expressão são apenas solilóquio, e o solilóquio é apenas pensamento quebrado e imperfeito. Este, como a aquisição de riqueza material, marca um desvio da riqueza criada por esforço associado e troca para fins privados (...) a expansão da compreensão e julgamento pessoais só pode ser realizada em relações de interação pessoal na comunidade local. As conexões do ouvido com o pensamento e a emoção vitais e expansivos são imensamente mais próximas e mais variadas do que aquelas do olho. A visão é um espectador: a audição é um participante. A publicação é parcial e o público resultante é parcialmente informado e formado até que os significados que veicula passem de boca em boca. Não há limite para a dotação intelectual que pode proceder do fluxo de inteligência social quando esta circula no boca a boca, de um para outro, na comunicação da comunidade local. Isso e somente isso confere realidade à opinião pública. Repousamos, como disse Emerson, no colo de uma imensa inteligência. Mas, essa inteligência está adormecida, e sua comunicação, falha, inarticulada e fraca até que possua a comunidade local como seu meio (Dewey, 1927: 217-219).

Há muito a ser observado sobre essa citação e muito está implícito nela. Vou extrair o suficiente para focar no conflito de Dewey com Lippmann e preparar o terreno para o argumento que desejo avançar. O que é mais incisivamente gravado na citação é a defesa de Dewey da metáfora da audição sobre a da visão. Embora sua linguagem atente para argumentos que reapareceriam em décadas subsequentes com Harold Innis e Marshall McLuhan, é importante notar que Dewey está atacando a doutrina da representação em suas formas políticas e epistemológicas. Ele escolhe a metáfora de ouvir sobre a de ver para argumentar que a linguagem não é um sistema de representações, mas uma forma de atividade, e que a fala capta essa ação melhor do que as imagens mais estáticas da página impressa. Como um instrumento de ação, a linguagem não pode servir a uma função representativa. A verdade, como na frase feliz de William James, é o que julgamos melhor de acreditar e o teste de veracidade das proposições é a adequação destas aos nossos propósitos (Rorty, 1995 [1979]).

Na perspectiva de Dewey, as palavras assumem seus significados de outras palavras e de suas relações com a atividade prática, não em virtude de seu caráter representativo. Como resultado, vocabulários adquirem seu status das pessoas que os usam e não, como na esplêndida frase de Rorty, da "sua transparência para o real". A ciência não é um conjunto privilegiado e fundamentado de representações, mas somente parte da conversa de nossa cultura, embora seja uma parte extremamente importante. A ciência é um padrão de discurso adotado, por variadas razões históricas, para a conquista da verdade objetiva, que não é nem mais nem menos do que a melhor ideia que temos no momento para explicar o que está acontecendo.

Em outras palavras, Dewey propõe que a conversa, não a fotografia, é o contexto final dentro do qual o conhecimento deve ser compreendido. A ciência é um, mas apenas um, fio da conversa. A ciência deve ser exaltada não por causa do privilégio de suas representações, mas por causa do seu método, se entendermos método não como técnica, mas como certos hábitos apreciados: transparência total, disposição para fornecer motivos, abertura para a experiência, uma arena para a crítica sistemática. Dewey não queria uma ciência da sociedade presidida por um sacerdócio; em vez disso, queria uma ciência na sociedade: um meio de colocar nosso pensamento em ordem, melhorando a conversa. Nesse sentido, todo mundo é cientista. Dewey não almejava uma nova ciência que iria objetificar a sociedade; almejava uma ciência que esclareceria nossos propósitos, ampliaria nossa compreensão mútua e permitiria a ação cooperativa. As notícias não devem ser julgadas, segundo essa visão, como uma forma degenerada de ciência que negocia estereótipos, mas como a ocasião de discussão e ação públicas – outra voz a ser escutada.

Finalmente, se a realidade é o que estamos dispostos a acreditar em apoio aos nossos propósitos compartilhados, então é apropriado afirmar que a realidade é constituída pela ação humana, particularmente, a simbólica e a associativa. Portanto, a realidade não tem uma essência a ser descoberta, mas sim um caráter a ser, dentro de certos limites, constituído. O instrumento de ação política, da geração de uma ordem política democrática, é aquela forma de vida coletiva que chamamos de "o público". Assim, se o público é atomizado, eclipsado, transformado em fantasma, a democracia é impossível.

Deixem-me resumir Lippmann e Dewey. Na visão de Lippmann, uma opinião pública efetiva existe quando as mentes individuais que compõem o público possuem as representações corretas do mundo. O jornal serve à sua função democrática quando transmite essas representações para membros individuais do público. Uma opinião pública efetiva, portanto, pode ser formada como uma agregação estatística dessas representações corretas. Isto é atualmente impossível por causa de censura, do tempo limitado e do contato disponível para as pessoas, de um vocabulário comprimido, de certos medos humanos de encarar fatos, e assim por diante. Mas, a maior limitação está na natureza das notícias, que não conseguem adequadamente representar – no máximo, sinalizam – eventos e implantam e invocam estereótipos. Sendo assim, a formação de uma opinião pública correta requer a formação de quadros independentes de cientistas sociais, trabalhando em burocracias públicas (o Bureau of Standards era seu modelo), usando os procedimentos estatísticos mais recentes para produzir representações verídicas da realidade – representações que, por sua vez, serão transmitidas para os indivíduos em espera que constituem o público.[1]

---

1 NT: Agência de Padrões (Bureau of Standards) é a antecessora do Instituto Nacional de Padrões e Tecnologia (National Institute of Standards and Technology – NIST) dos Estados Unidos.

A resposta de Dewey dá diversas guinadas. A opinião pública não é formada quando indivíduos possuem representações corretas do ambiente, ainda que representações corretas sejam possíveis. É formada somente na discussão, quando se torna ativa na vida em comunidade. Embora notícias tenham muitas das deficiências que Lippmann cita, sua maior deficiência não é sua falha em representar. De todo modo, é impossível traçar a linha entre uma imagem adequada e um estereótipo. O propósito das notícias não é representar e informar, mas sinalizar, contar uma história, ativar uma investigação. A investigação, por sua vez, não é nada mais que uma conversa e uma discussão, embora uma versão mais sistemática disso. O que nos falta é o meio vital pelo qual essa conversa pode ser continuada: instituições da vida pública por meio das quais um público pode ser formado e pode formar uma opinião. A imprensa, ao entender seu papel como sendo o de informar o público, abandona seu papel como uma agência na continuação da conversa de nossa cultura. Falta-nos não apenas uma imprensa eficaz, mas certos hábitos vitais: a capacidade de seguir um argumento, apreender o ponto de vista de outro, expandir os limites de compreensão, debater os objetivos alternativos que podem ser perseguidos.

Por trás da crítica de Dewey no nível da superfície, há uma mais profunda direcionada ao problema da representação em seus sentidos tanto epistemológico quanto político-jornalístico. Aqui, Dewey está no conflito mais crítico com Lippmann. Ele vê em Lippmann uma manifestação daquilo contra o que argumentava mais veementemente: a teoria do conhecimento do espectador. Lippmann entende o público como um espectador de segunda ordem: um espectador do espectador. Os cientistas observam a realidade e a representam. Essa representação correta é então transmitida a uma audiência receptiva e impressionável. Dewey expressa sua insatisfação com a visão de Lippmann, contrastando a fala com a visão. Associamos o conhecimento à visão para enfatizar que somos espectadores em vez de participantes no jogo de linguagem através do qual o conhecimento é feito ou produzido. Associamos a política à visão e ao espectador para negar ao público qualquer papel político que não seja o de ratificar um mundo político já representado – um mundo despolitizado em que todas as escolhas críticas foram feitas pelos especialistas. Ele insistia, porém, que não somos observadores ou espectadores de um dado mundo, mas participantes em sua construção. A maneira como constituímos o mundo depende de nossos propósitos e habilidade de previsão, de imaginar os possíveis estados de uma política desejável.

III

Havia muitas imperfeições no pensamento de Dewey, como tentei apontar em várias ocasiões: um otimismo congênito, um romance com a cidade pequena, uma visão desastrosamente simplista sobre a tecnologia. Acho, porém, que Dewey se saiu melhor nesse confronto e que, portanto, devemos expandir, ainda que suavemente, sua concepção pragmática da comunicação de massa.

Com Dewey, deve-se começar a análise da comunicação de massa de dentro de uma crise genuína na cultura, uma crise na vida comunitária, da vida pública. Essa crise da vida em comunidade decorre de uma perda, ou melhor, de um fracasso em alcançar os princípios mais ativos da vida associativa na tradição ocidental: a saber, uma ordem social-democrática. Embora as raízes dessa crise possam ser descritas de diversas formas compatíveis, ao menos para fins disciplinares, é possível atribuí-las a certos modelos de comunicação que dominam a vida cotidiana, modelos através dos quais criamos relações sociais que possibilitam a vida em comunidade. Esses modelos, por sua vez, provêm de um compromisso com uma ciência da sociedade que descreve, paradigmaticamente, a essência da comunicação como um processo em que pessoas alternativamente buscam a influência ou fogem da ansiedade, essências que derivam de modelos das ciências sociais, respectivamente, de causalidade e funcionalismo. De fato, a crise vem, em parte, do modelo de comunicação, conhecimento e cultura que se encontra em *Opinião pública*. Esses modelos são suportes não só para as notícias, mas para todas as nossas produções culturais, discussões e para nossos argumentos sobre essas produções e a mídia que os transmite.

Para falar em termos mais coloquiais e filosóficos, a linguagem – o meio fundamental da vida humana – é cada vez mais definida como um instrumento de manipulação de objetos, não um dispositivo para estabelecer a verdade, mas para fazer outros acreditarem naquilo que queremos que acreditem. Como disse Albert Camus, "diálogo e relações pessoais foram substituídos por propaganda ou polêmica" (Pitkin, 1972: 329). Ou, como argumenta Hannah Arendt, o resultado dessa visão da linguagem é que não mais reconhecemos como uma possibilidade séria a função da linguagem de revelação da verdade, tão apartados que estamos de seu poder de estabelecer relacionamentos genuínos ou criar o "espaço público": uma arena institucional em que a deliberação pública compartilhada e a ação política livre são possíveis (Pitkin, 1972). De volta a Dewey, embora nas palavras de Arendt: "há uma ligação íntima entre fala e vida política. A fala é o que faz do homem um ser político e, sempre que a relevância da fala está em jogo, questões se tornam políticas por definição. A pólis era um modo de vida em que a fala e somente a fala fazia sentido e em que a preocupação central de todos os cidadãos era falar uns com os outros" (Pitkin, 1972: 331). Considero que todos esses argumentos convergem no seguinte ponto: a verdade divorciada do discurso e da ação – a instrumentalização da comunicação – não apenas aumentou a incidência da propaganda, mas perturbou a própria noção de verdade. Deste modo, o sentido pelo qual nos orientamos no mundo é destruído.

Se esse diagnóstico for minimamente correto, requer que reformulemos nossa concepção de comunicação, que não seria mero reflexo, mas ação. Isto é, se a comunicação está, nos termos de Wittgenstein, entre nossas formas centrais de vida, então mudar os modelos que descrevem os termos da comunicação abriria a possibilidade de mudar essa forma de vida. De fato, é mudá-la não apenas como uma forma de fala, mas como uma forma de vida associativa.

Permitam-me reiterar os rumos que essa reformulação deve tomar. Primeiramente, devemos descartar a visão da linguagem como referência, correspondência e representação, bem como a visão paralela de que a função principal da linguagem é expressar asserções sobre o mundo. Em seguida, devemos aceitar a visão de que a linguagem – a comunicação – é uma forma de ação – ou melhor, interação – que não somente representa ou descreve, mas efetivamente molda ou constitui o mundo. Ao examiná-la como um processo através do qual a realidade é constituída, mantida e transformada, tento sublinhar que a comunicação em si não tem essência nem qualidades universais; não pode ser representada na natureza. A comunicação simplesmente constitui um conjunto de práticas historicamente variáveis e reflexões sobre elas. Essas práticas reúnem concepções e propósitos humanos com formas tecnológicas em relações sociais sedimentadas. Da essência da comunicação, podemos apenas indicar, seguindo Heidegger, que "nós – humanidade – somos uma conversa (...). O ser do homem se encontra na linguagem (...) com a qual a humanidade continuamente se produz e se contempla, um reflexo do nosso ser espécie" (Pitkin, 1972: 3). Chamo essa abordagem de estudos culturais e seu problema central de significado para contrastá-la com versões da comunicação, que buscam por leis e funções, e focar no lado hermenêutico da tarefa. Nessa visão, o significado não é representação, mas uma atividade fundadora através da qual humanos conferem coerência e ordem suficientes para um mundo elástico, embora resistente, sustentar seus propósitos. A agência por meio da qual fazem isso certamente é a representação, mas não representações do mundo simplesmente. É o grande poder dos símbolos retratar aquilo que simulam descrever. Isto é, símbolos têm um lado "de" e um "para". É essa natureza dupla que nos permite produzir o mundo por trabalho simbólico para, então, residir no mundo produzido. Essa é uma visão ritual da comunicação, cuja ênfase está na produção de um mundo coerente, que então é, para todos os efeitos, presumido existir. Trata-se de enfatizar a construção e a manutenção de paradigmas em vez de experimentos; pressuposições em vez de proposições; a moldura, não a imagem.

O objetivo de fazer tudo isso – de olhar as práticas que organizam a comunicação, os conceitos que essas práticas pressupõem e as relações sociais que trazem à existência – é hermenêutico: tentar descobrir o que outras pessoas estão fazendo, ou, pelo menos, o que pensam que estão fazendo; tornar transparentes os conceitos e objetivos que orientam suas ações e tornam o mundo coerente para elas; prolongar a conversa humana; incorporar ao nosso mundo outros atores, lidando com outros dramas, compreendendo o que estão dizendo. Entender outra pessoa ou cultura, que é o objetivo de primeira ordem e desperdício de recurso do estudo da comunicação, é semelhante a entender uma teoria científica. Você olha para as práticas com as quais as pessoas se envolvem, o mundo conceitual cravado e pressuposto nessas práticas e as relações sociais e formas de vida que manifestam.

A comunicação é um conjunto de práticas sociais nas quais entram concepções, formas de expressão e relações sociais. Essas práticas constituem a realidade (se não a negam, transformam-na ou simplesmente celebram-na). A comunicação naturaliza as formas artificiais que as relações humanas assumem ao fundir nelas técnica e concepção. Cada momento na prática contribui para a materialização das concepções do real, das formas de expressão e das relações sociais previstas e realizadas em ambas. Pode-se desestabilizar a prática a cada ponto. As formas e as relações sociais que a tecnologia possibilita são elas próprias imaginadas e antevistas pela tecnologia. A técnica é vetorial e não meramente neutra no processo histórico. Um edifício, sua arquitetura precisa, antecipa e imagina as relações sociais que permite e deseja. Assim também faz um sinal de televisão. Relações sociais de classe, status e poder demandam uma estrutura conceitual de pessoas e uma tecnologia para gerá-las. Estruturas conceituais, por sua vez, nunca flutuam livres das formas expressivas que as realizam ou das relações sociais que as tornam agentes ativos.

A comunicação é, ao mesmo tempo, uma estrutura da ação humana – atividade, processo, prática –, um grupo de formas expressivas e um conjunto de relações sociais. Descrever a comunicação não é meramente descrever uma constelação de ideias consagradas; é também descrever uma constelação de práticas que consagram e determinam essas ideias em um conjunto de formas técnicas e sociais. Como argumentou Clifford Geertz, não deveria ser necessário insistir, pelo menos desde Wittgenstein, em que tal asserção não implica compromisso com o idealismo, com uma concepção subjetivista da realidade social, com uma crença de que pessoas agem em circunstâncias que elas próprias criaram e escolheram, com uma fé ingênua no poder das ideias ou com a noção romântica de que a imaginação criativa pode intencionalmente triunfar sobre todas as forças sedimentadas na natureza, na sociedade, na economia ou no inconsciente – biológico, coletivo, vivido (Geertz, 1981: 134). A realidade não é uma forma de propriedade privada ou uma questão de gosto. Não é um dado eterno, apenas à espera de uma representação exata na mente individual, uma vez que essa mente seja esvaziada de história e tradição, ou o véu da falsa consciência seja levantado, ou uma tecnologia melhor de comunicação seja aperfeiçoada. A realidade é um produto de trabalho e ação coletivos e associados. É formada e sustentada, reparada e transformada, adorada e celebrada nas atividades comuns da vida. Colocar a questão dessa maneira não é negar, ignorar nem mistificar o conflito social. De fato, é uma tentativa de localizar esse conflito e torná-lo inteligível.

A realidade é, sobretudo, um recurso escasso. Como qualquer recurso escasso, está lá para ser disputado, designado para vários fins e projetos, dotado de certos significados e potenciais, gasto e conservado, racionalizado e distribuído. A forma fundamental de poder é o poder de definir, destinar e exibir esse recurso. Uma vez que a tela em branco do mundo é retratada e apresentada, também é destacada e restringida. Assim, o lugar onde artistas pintam, escritores escrevem, palestrantes falam, cineastas filmam e emissoras transmitem é, simultaneamente, o lugar de conflito social sobre o real. Não é um conflito sobre ideias como forças etéreas. Não é um conflito sobre a tecnologia. Não é um conflito sobre relações sociais. É um conflito sobre a determinação simultânea de ideias, técnica e relações sociais. É, principalmente, um conflito não sobre os efeitos da comunicação, mas dos atos e das práticas que são eles mesmos os efeitos.

O conflito sobre a comunicação não é, entretanto, indiferenciado. Ocorre no nível de paradigmas e teorias, fórmulas e estereótipos, receitas e programas; isto é, o conflito ocorre sobre a determinação geral do real, bem como nos pontos de exclusão, repressão e negação, em que formas de pensamento, técnica e relações sociais são lançadas além do brilho do real na escuridão da ininteligibilidade, da subversão e da desgraça. Em nosso tempo, a realidade é escassa por causa do acesso: poucos comandam o maquinário de sua determinação. Alguns têm a chance de falar e outros de escutar, alguns de escrever e outros de ler; alguns de filmar e outros de assistir. É normal que nos digam que somos tanto uma espécie que ativamente cria o mundo como também uma subespécie, cujo acesso ao mecanismo que realiza esse milagre foi negado. Não há ironia em dizer que temos de aceitar essas duas cláusulas independentes. Mas, isso revela também – e o pensamento é deliberadamente alusivo – que não há apenas conflito de classes na comunicação, mas de status também. Hoje em dia, todos parecem dispostos a afirmar a dominação de classe e descrevê-la em riqueza de detalhes. Ora, estamos dispostos a descrever as divisões internas a classes dominantes e o acesso de intelectuais dominantes e dominados ao maquinário de produção da realidade: salas de aula, revistas científicas, livros – até jornais, filmes e transmissões de rádio e televisão. Status parece menos real do que classe somente para aqueles que têm demais do segundo fator e muito pouco do primeiro.

A noção de vida pública de John Dewey é ingênua, porque, em retrospecto, ele parece inocente em relação ao papel de classe, de status e de poder na comunicação. As visões de Lippmann parecem sofisticadas, ainda que contestáveis, porque ele tanto entendia quanto aceitava as novas mídias e as formas de poder de classe que incorporavam. A imagem de Dewey de uma comunidade democrática era a de uma comunidade de iguais que usam procedimentos de pensamento racional para promover seus objetivos comuns.

Sua ênfase na comunidade de pesquisadores, o público, foi concebida para sublinhar o processo de determinação da realidade no meio de máxima igualdade, flexibilidade e acessibilidade. Todos podemos falar. Ele viu, mais nitidamente do que a maioria, o declínio e o eclipse da vida pública, o surgimento de uma nova geração de profissionais especialistas e os modelos de comunicação que estavam se materializando nas novas mídias de massa. Com o barulho de um mundo ainda mais raivoso e feio em nossas mentes, mal podemos acompanhá-lo, muito menos acreditar nele.

Somos todos democratas, na comunicação como em tudo o mais, mas também somos um tanto ou quanto apaixonados pelo poder. Em *A ilha dos pinguins*, Anatole France observou que "em toda sociedade, a riqueza é uma coisa sagrada; em uma democracia, é a única coisa sagrada". Ele está errado, é claro. Vamos substituir riqueza por poder. O pensamento moderno sobre a comunicação – o que afirma e o que critica – revela a mesma cobiça. Uma teoria crítica da comunicação deve confirmar o que está diante dos olhos e transcendê-lo, imaginando, no mínimo, um mundo mais desejável.

ESPAÇO, TEMPO E COMUNICAÇÃO: UM TRIBUTO A HAROLD INNIS

Durante o terceiro quarto do século XX, a teoria da comunicação – ou, pelo menos, a parte mais interessante dela – poderia ser descrita por um arco que cruza de Harold Innis a Marshall McLuhan. Mas, como disse Oscar Wilde, olhando para as Cataratas do Niágara: "seria mais impressionante se corresse no sentido contrário". O trabalho de Innis, apesar de seu caráter um tanto obscuro, opaco e elíptico, é a grande realização no campo da comunicação nos Estados Unidos. Em *The Bias of Communication, Empire and Communication, Changing Concepts of Time* e nos ensaios sobre as commodities que dominaram a economia canadense, Innis demonstrou um excesso, uma complexidade e uma profundidade naturais, um sentido de paradoxo e reversão que fornece enigmas permanentes em vez de fórmulas fáceis. Seus textos continuam a render, porque combinam, junto à obscuridade estudada, um dom para aforismos vigorosos, para justaposição inesperada e para iluminação súbita. Abrir seus livros é como retomar uma longa conversa: não são somente coisas para ler, mas coisas com as quais se pensar.

Mas, além dessas qualidades intelectuais, Innis tinha um dom moral admirável e indispensável expresso ao longo de sua vida com mais vigor, talvez, em sua oposição à Guerra Fria e à participação do Canadá nela, além de sua defesa da tradição universitária contra aqueles que a usavam apenas como mais uma expressão do poder do Estado ou do mercado.

A própria opacidade e qualidade aforística da sua escrita, quando combinadas com sua postura moral crítica, deixaram seu trabalho disponível para ser assimilado por e contrastado com desenvolvimentos mais recentes de pesquisas que ocorreram desde sua morte: na geografia cultural, no marxismo e na teoria crítica, na antropologia cultural e na hermenêutica. Mas, o significado que quero sublinhar emana do lugar de Innis na teoria da comunicação norte-americana e, particularmente, em relação a trabalhos nos Estados Unidos.

I

A pesquisa e o conhecimento na comunicação começaram como uma tradição cumulativa nos Estados Unidos no final dos anos 1880, quando cinco pessoas se reuniram em Ann Arbor, no Michigan. Na época, dois eram jovens professores – John Dewey e Herbert Mead – e dois eram alunos – Robert Park e Charles Cooley. O elemento final do quinteto era um jornalista americano itinerante chamado Franklin Ford, que compartilhava com Dewey – de fato, cultivava nele – a crença de que "um verdadeiro jornal diário seria a única ciência social possível".[1]

Como a maioria dos intelectuais do período, esse grupo estava sob o feitiço da concepção orgânica de sociedade de Herbert Spencer, embora não fascinado pelo darwinismo social. A relação entre comunicação e transporte que o organicismo sugere – os nervos e artérias da sociedade – tinha sido concretizada no crescimento paralelo do telégrafo e da ferrovia: um sistema nervoso social meticulosamente articulado, com o mecanismo de controle da comunicação divorciado do movimento físico de pessoas e coisas.

Observavam no desenvolvimento da tecnologia da comunicação a capacidade de transformar, nos termos de Dewey, a grande sociedade criada pela indústria em uma grande comunidade: uma nação unificada

---

[1] A frase vem de anotações que Charles Cooley fez em uma palestra de Dewey em Ann Arbor, como citado em Matthews (1977).

em uma cultura; um grande público de compreensão e conhecimento comuns. Essa crença na comunicação como a força coesiva na sociedade era, é claro, parte da fé progressista. A tecnologia da comunicação era a chave para aprimorar a qualidade da política e da cultura, o meio para transformar os Estados Unidos em uma aldeia continental, em uma democracia grega enérgica do discurso em uma escala de 3 mil milhas. Isso era pouco mais do que romantismo inofensivo; era parte de uma tradição de pensamento sobre a tecnologia da comunicação ininterrupta, que continua até hoje e que Leo Marx (1964) nomeou – e aqui me aproprio da nomenclatura dele – de "retórica do sublime tecnológico".

Outros três aspectos do trabalho da Escola de Chicago, como era chamada, valem ser destacados. Primeiro, metodologicamente, estes pensadores estavam em uma rebelião contra o formalismo, na frase feliz de Morton White (1957): tentaram retornar os estudos sociais a um ramo da história e enfatizar a natureza interdisciplinar do conhecimento social. Segundo, estavam sob o feitiço da hipótese da fronteira ou, pelo menos, de uma certa versão dela. O significado que encontravam na fronteira não era o indivíduo heroico abrindo caminho na imensidão selvagem; em vez disso, enfatizavam o processo pelo qual desconhecidos criaram instituições da vida comunitária do zero em pequenas cidades do Oeste. Esse processo de criação de comunidade, de construção de instituições, foi, segundo argumentavam, o processo formativo no crescimento da democracia americana. Novamente, embora haja mais do que um pequeno flerte com o pastoral nessa visão, ela também levou a uma realização positiva. Na ausência de uma tradição herdada, o processo ativo de comunicação teria de servir como fonte de ordem e coesão social. Além disso, os pensadores da Escola de Chicago concebiam a comunicação como algo mais do que a transmissão de informações. De fato, caracterizavam a comunicação como todo o processo pelo qual uma cultura é trazida à existência, mantida no tempo e sedimentada em instituições. Portanto, viam a comunicação no pacote das artes, de arquitetura, dos costumes, dos rituais e, sobretudo, da política. E isso trouxe o terceiro aspecto distintivo de seu pensamento: uma preocupação intensa com a natureza da vida pública. Como Alvin Gouldner (1977) relembrou, a ideia do público é uma noção central no pensamento deles, e, embora concordassem com Gabriel Tarde que o público é algo que passa a existir com o advento da imprensa, iam além dele ao tentar compreender as condições sob as quais a esfera pública dava origem a discursos e ações. Nos anos 1920, essas preocupações coroaram e renderam uma torrente de publicações sobre a comunicação, que tinha como característica central a atenção ao desaparecimento do público ou o "eclipse do público" (Dewey, 1927). Apesar de seu otimismo juvenil, muitos da Escola de Chicago passaram a entender que, embora as mídias de massa tivessem criado o público, mais tarde ameaçaram a possibilidade da vida pública e, com ela, a possibilidade do discurso racional e da opinião pública iluminada.

Harold Innis estudou na Universidade de Chicago quando Park e Mead faziam parte do corpo docente e essa tradição estava em plena formação. Além disso, essas mesmas preocupações intensas com a comunicação estavam amadurecidas em geral nessa cidade: na Hull House de Jane Addams, nos escritórios de arquitetura de Frank Lloyd Wright, nos escritos de Louis Sullivan e, sobretudo, na arquitetura da Universidade de Chicago. Havia uma continuidade e uma conexão entre Innis e a Escola de Chicago, embora a alegação de Marshall McLuhan (1964: xvi) de que Innis "deveria ser considerado o membro mais celebrado do grupo de Chicago liderado por Robert Park" seja absurda. Park não teve influência direta sobre Innis, que era um pensador muito singular para ser descrito como membro de qualquer escola. O histórico escolar de Innis na Universidade de Chicago revela que a variedade de disciplinas que cursou foi bem limitada a tópicos tradicionais em economia política. Seu único trabalho externo foi um curso em ciência política sobre governo municipal oferecido pelo maior cientista político da época, Charles Merriam.[2] Minha única defesa é essa: a importância de Innis está na maneira como focou nas questões da Escola de Chicago, corrigindo-as e

---

2 A secretaria da Universidade de Chicago gentilmente me enviou uma cópia do histórico escolar de Innis com as notas, apropriada e delicadamente, omitidas.

complementando-as com o olhar incisivo de quem perscruta até o outro lado do Paralelo 49 N, como ampliou maravilhosamente sua variedade e sua precisão e como criou uma concepção e uma teoria da comunicação historicamente fundamentadas, purgadas do romantismo herdado da Escola de Chicago e que levaram a uma visão bem mais adequada do papel da comunicação e das tecnologias da comunicação.[3]

Quando Innis começou a escrever sobre comunicação, a sociologia de Chicago havia basicamente se colocado em um beco sem saída. Ao longo dos anos 1930, adotou o interacionismo simbólico, uma psicologia social do *self* e outros caminhos oriundos do trabalho de Mead. Por mais elegante que pudesse ser, esse trabalho ficou seguramente afastado das questões de política, racionalidade, poder e mudança social que os sociólogos de Chicago haviam abordado anteriormente.

Os estudos de comunicação ficaram então sujeitos a duas influências. A primeira emergiu do trabalho do behaviorismo psicológico, iniciado por John B. Watson imediatamente antes da Primeira Guerra Mundial. Watson, professor de Columbia e vice-presidente da agência de publicidade J. Walter Thompson, baseou-se em um crescente corpo de estudos, principalmente, de E. L. Thorndike, em psicologia animal, e estabeleceu um modelo de ação humana no qual a mente não desempenhava nenhum papel no arranjo de comportamento. Transportado para o estudo da comunicação, esse modelo forneceu a base para um programa de estudos em que a comunicação se tornou um ramo da teoria da aprendizagem, no qual a aprendizagem era definida como a aquisição de comportamentos e no qual comportamentos eram governados, por sua vez, através de condicionamento e reforço. Ao remover a mente do comportamento, a possibilidade da ação racional também foi removida, mas esse foi o preço a ser pago, preciso e voluntário, para a construção de um modelo de ação social humana com base nos postulados da ciência física. Poderosamente

---

3 NT: O autor se refere ao filme de guerra britânico *49th Parallel* (*Invasão de bárbaros*) de 1941, dirigido por Michael Powell. O paralelo no 49° grau ao norte do Equador define grande parte da fronteira entre Estados Unidos e Canadá.

auxiliado pelas demandas da pesquisa prática da Segunda Guerra Mundial, o behaviorismo deu origem a um modelo de poder ou dominação da comunicação em que o foco de estudo foi limitado a entender o meio pelo qual poder e controle se tornam efetivos através de linguagem, símbolos e mídias.

A segunda influência foi mais indireta, mas veio inicialmente do poderoso efeito de demonstração dos experimentos Hawthorne. Conduzidos na usina da Western Electric, no subúrbio de Chicago, esses estudos originaram o conhecido efeito Hawthorne: a produtividade do trabalhador aumentou ao longo do ciclo dos experimentos por causa dos próprios experimentos – Hawthorne nos dá Heisenberg. O que não costuma ser observado é que os experimentos eram, presumivelmente, um teste de um modelo proveniente de Durkheim: a fábrica deveria ser vista como um sistema social integrado ao qual o trabalhador tinha de se ajustar. Os achados dos experimentos, então, deram origem a um novo papel social, um bando de conselheiros ambulatoriais cuja tarefa era ressocializar os trabalhadores com suas queixas. Isto é, a principal lição dos experimentos Hawthorne foi a descoberta do poder da comunicação para servir como um meio de terapia a serviço do controle social do trabalhador.

Esses movimentos no pensamento que se fundiram sob Paul Lazarsfeld e seus alunos, e os estudos de comunicação nos anos imediatamente após a guerra, impulsionados pelos esforços de guerra e por desenvolvimentos coordenados na cibernética, foram organizados estritamente como uma subdisciplina da psicologia social. Adicionalmente, os modelos que guiavam essas pesquisas renderam duas formulações alternativas da comunicação: em um modelo, a comunicação era vista como um modo de dominação; em outro, como uma forma de terapia. Em um modelo, pessoas eram motivadas a buscar o poder e, no outro, a escapar da ansiedade. Caracterizo esses modelos dessa forma para enfatizar um ponto simples: eles não eram apenas modelos da comunicação, representações do processo da comunicação. Eram também modelos para a execução do processo da comunicação, modelos poderosos de uma prática social real. Finalmente, o crescimento desses modelos dentro da comunidade intelectual e o casamento dessa ciência social com imitações das ciências físicas sinalizaram uma mudança na natureza dos cientistas sociais americanos, em geral, e de estudantes de comunicação, em particular. Refiro-me aqui à transformação dos cientistas sociais de uma classe profética para uma sacerdotal. Sinalizaram a incorporação da ciência social ao aparato do governo e a rendição da função crítica dos intelectuais independentes.

Essas transformações no estudo da comunicação se conectavam, por sua vez, com um padrão cultural profundamente recorrente na América do Norte, no qual o crescimento da tecnologia em geral – a imprensa, o letramento, as tecnologias da comunicação, em particular – é visto como parte de uma narrativa mais ampla do progresso. A história da tecnologia da comunicação se torna a narrativa da expansão de poderes do conhecimento humano, da democratização constante da cultura, da ampliação da liberdade, da erosão de monopólios do conhecimento e do fortalecimento de estruturas da política democrática. Desde o início do letramento até os mais recentes dispositivos computacionais, é a narrativa de libertação progressiva do espírito humano. Mais informação está disponível e se move mais rapidamente: a ignorância acaba, conflitos civis são controlados e um futuro benéfico, moral e politicamente, bem como economicamente, é aberto pelas tendências irresistíveis da tecnologia.

Essa era a situação, aqui reduzida a um esboço, que se colocava quando Harold Innis morreu, no começo dos anos 1950. É contra esse pano de fundo que a realização de Innis deve ser apreciada. Innis produziu um *corpus* de especulação histórica e teórica que delineia as principais dimensões da história da comunicação e as proposições críticas e problemas da teoria da comunicação. Fez isso com a máxima pertinência às circunstâncias da América do Norte. Esse é o ponto crítico. Todo conhecimento acadêmico deve ser, e inevitavelmente é, adaptado ao tempo e ao lugar de sua criação. Essa relação é inconsciente, disfarçada e indireta ou reflexiva, explícita e declarada. Marx estava entre aqueles que entendiam que o conhecimento acadêmico deve ser entendido em termos das condições materiais de sua produção como o pré-requisito para a transcendência crítica dessas condições. Em um comentário prolongado sobre a América do Norte (e o único economista norte-americano que considerava importante, Henry Charles Carey), Marx descreveu a distinção da formação social deste continente, ainda que residisse dentro da estrutura do capitalismo ocidental:

> Carey é o único economista original dentre os norte-americanos. Pertence a um país em que a sociedade burguesa não se desenvolveu sobre a base do feudalismo, mas começou a partir de si mesma; em que a sociedade burguesa não aparece como o resultado remanescente de um movimento secular, mas como o ponto de partida de um novo movimento; em que o Estado, em contraste com todas as formações nacionais anteriores, desde o início esteve subordinado à sociedade burguesa e à sua produção e jamais pôde ter a pretensão de ser um fim em si mesmo; enfim, em um país em que a própria sociedade burguesa, combinando as forças produtivas de um velho mundo com o imenso terreno natural de um novo, desenvolveu-se em dimensões e liberdade de movimento até então desconhecidas e suplantou em muito todo trabalho anterior no domínio das forças naturais; e onde, enfim, os antagonismos da própria sociedade burguesa aparecem unicamente como momentos evanescentes (Marx, 2011 [1939]: 36).

Innis aceitava bem o viés inevitavelmente etnocêntrico da ciência social como um ponto de partida. Apesar da enorme variedade de seus estudos, estava ligado às particularidades da história e da cultura norte-americanas e ao papel peculiar, se não inédito, que a comunicação desempenhava no continente. Reconhecia que estudos não eram produzidos em um vácuo histórico e cultural, mas refletiam as esperanças, aspirações e heresias de culturas nacionais. Para Innis, as pesquisas americanas e britânicas eram baseadas em uma presunção: aparentavam descobrir a Verdade Universal, proclamar Leis Universais e descrever o Ser Humano Universal. Uma inspeção atenta, porém, revelava que seu Ser Humano Universal se assemelhava a um tipo encontrado em Cambridge, Massachusetts, ou em Cambridge, Inglaterra; que suas Leis Universais se assemelhavam àquelas que seriam úteis para Congresso e Parlamento; e que sua Verdade Universal tinha um sotaque inglês e americano. Poderes imperiais, assim parece, buscam criar não apenas clientes econômicos e políticos, mas intelectuais também. E Estados clientes adotam, frequentemente por razões de status e poder, perspectivas sobre economia, política, comunicação, até mesmo sobre a natureza humana, promulgada pelo poder dominante.

Esse compromisso com o histórico e o particular levou Innis a investigar a comunicação de uma forma genuinamente interdisciplinar. Foi simultaneamente geógrafo, historiador, economista e cientista político, situando o estudo da comunicação no ponto de interseção desses campos. Como a Escola de Chicago, compartilhava da revolta contra o formalismo e revirou a experiência sem se importar com disciplina. Mais decisivamente, resgatou a comunicação de um ramo da psicologia social e a libertou da dependência em modelos da ciência natural. Estava comprometido com a noção de centros de estudos pluralistas como essenciais à estabilidade cultural. Para esse fim, tentou restaurar um modelo histórico de análise para a economia e a comunicação. Os termos centrais que trouxe para os estudos da comunicação – as limitações da tecnologia, o viés espacial e o temporal inerentes à tecnologia, os monopólios do conhecimento para os quais ela tende e que a sustentam, a análise da mudança social, vantagem seletiva, estabilidade e colapso cultural – não eram termos de um modelo de verificação. De maneira distinta, eram um grupo de conceitos feitos especificamente para examinar o registro histórico real. Variações na história e na geografia demandavam dos estudos acadêmicos uma variação concomitante na teoria social e nos significados culturais. Como Patrick Geddes, o biólogo escocês com quem se parecia e de quem fazia empréstimos, Innis acreditava que a busca por intelectuais universais poderia proceder apenas através da análise de particularidades radicais da história e da geografia. Essa relação entre poderes imperiais e Estados clientes, seja na esfera econômica, política ou da comunicação, foi expressa em seu trabalho por uma série de polaridades com que descrevia relações política e culturais: entre metrópole e interior, centro e margem, capital e periferia ou, nos termos mais abstratos que preferia, tempo e espaço.

Em resumo, Innis forneceu aos estudos de comunicação um modelo de investigação, em um momento quando praticamente mais ninguém nos Estados Unidos o fazia, que era histórico, empírico, interpretativo e crítico. Seu trabalho era histórico, como disse, no sentido preciso de que queria testar os limites do trabalho teórico, mostrar as variações reais no tempo e no espaço que tornavam a perigosa defesa da teoria universal transparente. A imaginação histórica eliminava o viés da teórica. Seu trabalho era empírico no sentido de que tentava exumar o registro histórico real e não aquelas leis rígidas do desenvolvimento que nos atormentam desde Hegel. Seu trabalho era interpretativo, pois buscava as definições – definições variantes – que pessoas conferiam à experiência em relação à tecnologia, à lei, à religião e à política. Finalmente, seu trabalho era crítico no sentido contemporâneo, pois não estava propondo um estudo natural e livre de valor, mas um ponto de vista a partir do qual pudesse criticar a sociedade e suas teorias à luz de valores humanos e civilizados.

Innis também reformulou as ideias da Escola de Chicago de forma bem explícita e atacou, embora indiretamente, noções da comunicação que haviam ganho popularidade em estudos históricos e científicos americanos. Em particular, desde seus trabalhos iniciais, argumentou contra as principais versões da hipótese da fronteira "tão agradavelmente isolacionista [que] a fonte de inspiração e ação não estava no centro, mas na periferia da cultura ocidental". Toda fronteira ou vanguarda, em suma, tem uma "retaguarda". O interesse da "retaguarda" era determinado pela extensão com que produtos da fronteira fortaleciam sua economia, suplementavam em vez de competir com seus produtos e melhoravam sua posição estratégica (Heaton, 1966). A primeira "retaguarda" foi a Europa e, nesse sentido, o desenvolvimento econômico e da comunicação norte-americano era parte da trajetória da história europeia. O desenvolvimento da América do Norte era decisivamente determinado pelas políticas e pelos embates de capitais europeias. As consequências dessas políticas e embates foram traçadas em seus estudos sobre commodities: pele, peixe, madeira e assim por diante. Com o declínio gradual da influência da Europa, a "retaguarda" se deslocou para os centros metropolitanos norte-americanos – tanto canadenses quanto estadunidenses –, mas o controle efetivo se mudou para Nova York e Washington com relação às fronteiras do Canadá e dos Estados Unidos. Os estudos sobre papel e polpa tornaram isso muito claro e também levaram à constatação de que novos tipos de império e relações retaguarda/vanguarda foram elaborados com formas mecanizadas de comunicação.

> Os Estados Unidos, com sistemas de comunicação mecanizada e força organizada, patrocinaram um novo tipo de imperialismo imposto sobre o direito comum em que a soberania é preservada *de jure* e usada para expandir o imperialismo *de facto* (Innis, 1950: 215).

Nessa observação, fundou os estudos modernos que agora existem sob a bandeira do imperialismo da mídia, mas sua percepção da complexidade dessa relação era consideravelmente mais sutil do que aquela da maioria dos acadêmicos contemporâneos. Em particular, Innis conhecia algo das tensões, contradições e adequações que existiam entre parceiros do comércio e da comunicação. Isso permitiu que, desde o início, perfurasse as metáforas orgânicas que frequentemente desencaminharam os acadêmicos de Chicago e mascararam os fatos da história, da geografia e do poder com um véu de metafísica. Mesmo que a sociedade fosse como um organismo, haveria algum elemento controlador, um cérebro centralizado no corpo, uma região e um grupo, que acumularia a energia necessária para dirigir os nervos da comunicação e as artérias do transporte. Não haveria transformação da grande sociedade em uma grande comunidade por meio de tecnologia desinteressada, mas apenas nos termos das formas pelas quais o conhecimento e a cultura eram monopolizados por grupos particulares.

Innis via um processo contínuo de descentralização e centralização no crescimento da comunicação no final do século XVIII e ao longo do XIX, que avançou de forma dialética enquanto pequenas comunidades do interior tentavam escapar da influência metropolitana, apenas para serem reabsorvidas por ela mais tarde. O padrão de comunicação que predominava antes da Revolução Americana era classicamente imperial. As mensagens se deslocavam em um eixo Leste-Oeste entre Londres e as colônias. A comunicação entre colônias era lenta e errática e, em geral, as colônias entravam em contato umas com as outras via Londres. Após a Revolução, esse mesmo padrão prevaleceu por um tempo. As notícias nos primeiros jornais americanos eram quase exclusivamente de origem europeia e a comunicação era mais forte entre cidades portuárias e a Inglaterra do que entre cidades e o interior do próprio Estados Unidos. A comunicação interna era lenta e problemática, boa apenas no corredor marítimo do Atlântico e somente quando não prejudicada pelo clima. As vilas e cidades americanas eram relativamente isoladas umas das outras e conectadas apenas por cidades portuárias comuns ou por capitais europeias.

Após a Guerra Anglo-Americana de 1812, o país embarcou em uma campanha vigorosa por aquilo que era benignamente chamado de "melhorias internas", cujo objeto também era benignamente expresso como uma tentativa de unir a nação ou conectar o Leste com o Oeste. Na realidade, o que se desenvolveu foi o mesmo padrão de comunicação do período colonial, mas agora com Nova York no lugar de Londres como o elemento central no sistema. Como Arthur Schlesinger Sr. (1933) enfatizou, o que cresceu ao longo da primeira metade do século XVIII foi um padrão de imperialismo de cidade-Estado. As principais cidades do Leste vigorosamente competiam umas com as outras para substituir Londres como o centro geográfico do comércio e da comunicação.

No início do século XIX, Nova York estava solidamente estabelecida como o centro da comunicação americana e controlava as rotas de comércio e comunicação com o interior, uma posição de que nunca abdicou. Manteve os primeiros contatos com a Europa através de remessas e, portanto, as informações passavam para as cidades americanas via Nova York. Mas toda grande cidade na Costa Leste fez sua tentativa pelo controle do interior. A hegemonia de Nova York foi garantida por causa do rio Hudson, do canal de Erie e, consequentemente, pelo acesso a Chicago através dos Grandes Lagos, o que permitiu a Nova York servir e drenar o vale do Mississipi. A Filadélfia também tentou controlar o Oeste através de uma elaborada série de canais, cujo fracasso levou a Pensilvânia à beira da falência. Baltimore tentou, por meio da primeira estrada nacional, que partia de Cumberland, em Maryland, para se conectar com o rio Ohio e terminar na cabeceira do Missouri. Mais tarde, Baltimore tentou com a ferrovia de Baltimore a Ohio, a primeira ferrovia nacional, tornar essa conexão mais certa e rápida. Até Boston, embora com seu acesso para o Oeste bloqueado por Nova York, tentou se tornar um centro ferroviário e criar um acesso independente do canal de Erie. Como documentado de forma mais completa pelos estudos de Alan Pred (1973), o efeito da hegemonia de Nova York foi atrair as cidades do interior para dentro do seu campo de informação e isolar as demais cidades da Costa Leste.

A hegemonia de Nova York foi, por sua vez, fortalecida pela construção da Illinois Central Railroad (Ferrovia Central de Illinois) de Chicago a Nova Orleans. Na época de sua construção, era popularmente chamada de "o grande corte de St. Louis", porque foi projetada para isolar St. Louis de seu parceiro comercial natural, Baltimore. Quando a primeira ferrovia transcontinental foi disposta ao longo da rota norte, isso novamente fortaleceu a centralidade de Nova York. Portanto, seus comerciantes, firmas e elites controlavam um sistema de informação cada vez mais centralizado que unia a fileira do Norte e até servia como uma fonte de abastecimento para muitas cidades canadenses. Também isolou o Sul de maneira igualmente eficaz. Segundo qualquer medida de comunicação, o Sul, com a exceção de Nova Orleans, ficou isolado do resto do país. Havia interconexões ruins entre cidades do Sul e estas lidavam umas com as outras e com o restante do Norte apenas direcionando a comunicação através de Nova York.[4]

Embora esse padrão do movimento das informações tenha sido significativamente alterado nos anos 1840, sua persistência, pelo menos no contorno, é ainda mais impressionante. Certamente, as rotas comerciais da cultura estabelecidas pelo canal e pela ferrovia foram alteradas pelo telégrafo, por agências de notícias, revistas, filmes, telefone, radiodifusão e aviões a jato. Mas, a centralidade de Nova York no fluxo da comunicação e da cultura, a importância do corredor Nova York-Washington e as conexões metrópole-interior que fluem de Leste a Oeste ainda estão aí para serem observadas. Em outras palavras, apesar do tamanho enorme dos Estados Unidos, um padrão particular de concentração geográfica se desenvolveu e conferiu um poder desproporcional a certos centros urbanos. Esse desenvolvimento enfraqueceu a cultura local e regional. Embora tenha ajudado na formação de uma cultura nacional, disfarçou o quão local – mesmo provinciana – essa cultura nacional era: uma cultura nacional e até internacional era definida cada vez mais pela maneira como alguns lugares distintivamente locais viam o mundo. O ponto é que, desde 1800, vivemos, essencialmente, com um corredor Leste dominante na comunicação americana que criou um monopólio efetivo do conhecimento nas notícias e no entretenimento. Concretamente, hoje isso significa que poucas figuras e temas nacionais estão quase exclusivamente focados em política e entretenimento, que questões locais são de interesse apenas quando podem ser transmudadas em questões nacionais de interesse de alguns poucos centros urbanos e que o drama das notícias e do entretenimento deve se tornar cada vez mais superficial e abstrato para atrair públicos em níveis nacional e internacional. Innis também era sensível aos meios pelos quais o interior estava em uma luta

---

4 Essa análise se baseia em Pred (1973; 1980), mas os contornos do argumento estão presentes em Innis (1930), particularmente, no capítulo de conclusão.

contínua para escapar e aceitar o domínio metropolitano. Havia uma relevante verdade na noção da Escola de Chicago sobre a importância da construção da comunidade local como uma experiência democrática formativa. Em seu ensaio "Tecnologia e opinião pública nos Estados Unidos", Innis (2011 [1951]) tentou mostrar como localidades e regiões resistiam à difusão da comunicação, como o relacionamento era decidido por uma série prolongada de conflitos sobre a propagação do padrão de fuso horário, a casa de vendas por catálogo, a remessa postal e entrega grátis rural, a loja de departamentos e corporação regionalizada. Além disso, preocupou-se em mostrar como o jornal ocidental era um instrumento para resistir ao domínio metropolitano, como o telégrafo inicialmente fortaleceu a imprensa local e regional até que isso também foi minado pelo poder das agências de notícias e por cadeias de jornais. Isto é, a difusão de um sistema tendencioso de comunicação não foi equilibrada e uniforme, mas resultou em um jogo complicado de resistência e aceitação que ainda não explicamos adequadamente e em detalhe.

Adicionalmente, o padrão da organização espacial nacional era reproduzido na organização em cidades e municípios. *Boss Tweed's New York,* de Seymour Mandelbaum (1965), é um estudo maravilhoso, embora muitas vezes complacente, da reorganização da cidade de Nova York essencialmente sobre um modelo metrópole-interior. Meus próprios estudos sugerem que esse mesmo modelo de desenvolvimento é válido nos níveis regional e municipal.

Nesse sentido, os Estados Unidos, em todos os níveis da estrutura social, buscavam o que chamo de alta diretriz de comunicação. Foi isso o que Innis quis dizer ao explorar o viés espacial da comunicação moderna. Em outras palavras, a comunicação era vista unicamente na roupagem do espaço e do poder. Que a comunicação possa ser vista como outra coisa, como um recipiente da interação humana que possibilita a persistência e o crescimento da cultura, é uma visão que nunca entrou nas diretrizes. A distinção entre poder e tecnologia recipiente equivale à distinção de Innis entre espaço e tempo. Mas, Innis percebeu, com muito mais clareza, que a maioria das instituições modernas havia sido completamente infectada pela ideia de espaço. As universidades não estavam livres disso. Economia, ciência política, planejamento urbano, sociologia e ciências físicas mapeavam os problemas e os desafios da sociedade no espaço. Até o tempo foi convertido em espaço enquanto as ciências sociais, enamoradas com a previsão, caracterizavam o futuro como uma fronteira a ser conquistada. Até historiadores caíram nessa armadilha e usaram o tempo apenas como um recipiente para contar a narrativa do progresso: política, poder, império e governo.

Em resumo, enquanto os Estados Unidos perseguiam uma diretriz quase exclusiva de melhoria da comunicação a distância, ao ver a comunicação como uma forma de poder e transmissão, as unidades efetivas da cultura e da organização social sofreram uma transformação radical. Houve uma mudança progressiva de unidades locais e regionais para nacionais e internacionais, embora não sem lutas e conflitos consideráveis. Indivíduos eram ligados a unidades maiores de organização social sem a necessidade de apelar a elas através de estruturas locais e próximas. A comunicação nessas unidades locais se tornou menos crítica para o funcionamento da sociedade e menos relevante para a solução de problemas pessoais. Finalmente, o crescimento da comunicação a distância cultivou novas estruturas nas quais o pensamento ocorria – classes e profissões nacionais; novas coisas para pensar sobre – velocidade, espaço, movimento, mobilidade; e novas coisas para pensar com – símbolos cada vez mais abstratos, analíticos e manipulativos.

II

O primeiro grande trabalho de Innis foi sua tese de doutorado, uma história da Canadian Pacific Railway. Enquanto estudava o caminho da ferrovia, descobriu que esta se sobrepunha, em grande parte, às rotas do antigo comércio de pele e isso o levou a se interessar pela economia de commodities (peixe, peles, madeira, polpa) que haviam sido a base da economia canadense. A descoberta do caminho do comércio da pele o levou a examinar a competição entre Nova França e Nova Inglaterra pelo controle do continente norte-americano. Subsequentemente, em seu maior trabalho, *The Fur Trade in Canada,* Innis (1930) argumentou contra o olhar para a história nos termos de paradigmas predominantes à época: os estágios formais da história alemã ou a "hipótese da fronteira" americana. Defendeu, em oposição, particularmente, à "Escola de Turner", que a ocupação e o desenvolvimento do Canadá e dos Estados Unidos constituíram, em larga medida, uma extensão do poder e da política da Europa, especialmente, da Espanha, da Inglaterra e da França, no Novo Mundo. Descreveu a América do Norte em três grandes faixas: o Norte canadense, definido pelo escudo canadiano e pelas rotas mercantis de pele conectando a Nova França e a Europa pela moeda de comércio; o Sul dos Estados Unidos, amarrado à Inglaterra por commodities como o tabaco e o algodão; e, entre as duas, a economia mista do Norte dos Estados Unidos. O continente como um todo representou a adaptação da cultura europeia a uma nova geografia. Os padrões de comércio não eram uma resposta pura aos fatores nativos, mas controlados, ainda no século XIX, pelas diretrizes de Londres, de Madri e de Paris. Além disso, os fatores centrais ao desenvolvimento norte-americano não eram questões tão etéreas quanto o individualismo de fronteira, mas fatos mais duros da biologia de castores, o papel de commodities no comércio internacional e no povoamento de comunidades e a persistência de capacidade não utilizada em rotas comerciais, que funcionava como um estímulo constante para a imigração. Innis também prestou bastante atenção aos diferentes motivos sociais e econômicos das potências imperiais – motivos que levaram os franceses para as Montanhas Rochosas quando os ingleses ainda estavam no platô do Piedmont – e da fatalidade do contato das culturas tribais e orais ameríndias com a cultura escrita da Europa, um contato que devastou as culturas indígenas enquanto estas se tornaram dependentes dos bens europeus e foram integradas ao sistema de preços europeu (Axtell, 1985). *The Fur Trade in*

Canada é, portanto, menos um retrato do particularismo norte-americano do que da europeização da América do Norte como uma base para os primeiros impérios modernos.

A partir dos seus estudos sobre o comércio de pele, veio o germe de duas ideias que posteriormente controlariam seus estudos da comunicação e sua análise das relações de espaço e tempo. A primeira ideia pode ser formulada como uma pergunta: o que facilitou a grande migração do poder, do povo e da cultura da Europa além do perímetro daquele continente para um "novo mundo"? A segunda ideia era uma consequência da teoria das commodities delineada naquele livro, mas desenvolvida depois: a comunicação, quando considerada em termos do meio que a facilitou, pode ser vista como a commodity básica no crescimento do império.

Primeiro, a questão da migração europeia. A expansão da Europa para a América do Norte era baseada em um conjunto de invenções na construção naval, na navegação e na guerra. Essas invenções afetaram nações individuais de maneiras bem diferentes. No entanto, o impulso central em cada país eram as melhorias na comunicação: embarcações a vela de alta velocidade, instrumentos de navegação confiáveis e, o mais importante, a impressão.

Assim como os primeiros usos da escrita foram em questões imperiais, de guerra e Estado – avaliar e coletar impostos, manter registros, despachar mensageiros militares, contar escravos, contabilidade do gado capturado, vítimas e confisco –, também os primeiros usos da impressão foram na administração de nação e império. Hoje pensamos na escrita e na impressão como formas elevadas de arte identificadas com livros sagrados e artes literárias, mas suas utilidades imediatas foram no domínio prático (Clanchy, 1979).

Na ausência da impressão, incursões esporádicas utilizando a nova tecnologia teriam sido tentadas. No entanto, a impressão incentivava a expansão coordenada e sistemática dos impérios europeus. Em primeiro lugar, incentivava a *centralização* da autoridade nacional através de um código de lei uniforme, de um vernáculo padronizado, de um sistema educacional uniforme e de uma administração centralizada capaz de integrar províncias, regiões e principados separados. Em segundo, permitia a *descentralização* da administração nacional através da portabilidade e de reprodutibilidade de uma forma de comunicação leve, mas durável. Empresas de comércio, exploração e assentamento puderam ser criadas – como a Hudson's Bay Company, a Company of One Hundred Associates, a Jamestown Bay Company –, bem como dirigidas e, até certo ponto, monitoradas e controladas através do casamento da impressão com a navegação relativamente rápida. Foram a impressão e a navegação que permitiram às nações europeias romper com os vínculos da geografia e se espalhar pelo "Novo Mundo".

Embora permitisse e até incentivasse a expansão imperial, a impressão, como as potências coloniais logo descobriram, tinha suas limitações. O império francês se estendia das províncias marítimas do Canadá até Nova Orleans, era pouco povoado e mantido unido apenas por meio de força militar. A fragilidade da comunicação nas colônias americanas permitiu que um federalismo efetivo se desenvolvesse apesar dos esforços britânicos para combatê-lo. Apenas no século XIX, com a redução do tempo de travessia do Atlântico e com o crescimento de um serviço de correio eficaz, o controle das colônias americanas se tornou possível para Londres, mas, a essa altura, a história já havia dobrado a esquina.

Se Innis foi levado a estudar a comunicação, originalmente, pelo contato das culturas tribal e oral dos ameríndios com as culturas da escrita europeias e pelo papel da impressão na facilitação da expansão imperial, foi levado a deslocar a comunicação para o centro de seus estudos ao expandir sua análise das commodities canadenses para a polpa e a madeira. Aqui fez uma descoberta significativa, embora não fortuita, pois está claramente sugerida em seu trabalho anterior. Com a rápida expansão da indústria jornalística dos Estados Unidos, seguindo a invenção da chamada *"penny press"* ("imprensa de centavo"), a demanda americana pela polpa e pelo papel canadenses se intensificou. O rápido crescimento da economia americana pressionou os Estados Unidos cada vez mais para uma busca mundial por matéria-prima. O Canadá, por obra da geografia e da história do império europeu, foi classificado como uma economia de commodities, fornecendo matérias-primas para a Inglaterra e para os Estados Unidos. Consequentemente, muitas das decisões centrais para o desenvolvimento canadense foram feitas em Londres, Nova York e Washington, sendo que, no século XX, cada vez mais nos Estados Unidos.

Para sustentar suas importações, os Estados Unidos exportavam capital, commodities e, cada vez mais, cultura. Em seus estudos do papel, Innis descobriu o verdadeiro duplo vínculo canadense. Os Estados Unidos importavam do Canadá matéria-prima para a impressão com base na doutrina do livre-comércio – uma doutrina da economia de Manchester que os Estados Unidos seletivamente adaptaram aos seus interesses. Depois, exportavam de volta para o Canadá os produtos acabados, feitos a partir da matéria-prima canadense: jornais, livros, revistas e, sobretudo, publicidade, defendendo suas exportações com base na doutrina da liberdade de informação. Aqui estava o dilema canadense: sua existência independente na América do Norte era ameaçada pelo aprisionamento entre a demanda dos Estados Unidos por papel e a oferta de jornais, revistas e livros vindos de lá.

Foi essa constatação que fez Innis se voltar para os estudos das relações de tempo e espaço, das relações entre as rotas comerciais e aquelas da cultura. Inicialmente, caracterizou a história do Ocidente moderno como a história do viés da comunicação e um monopólio do conhecimento baseado no impresso. Em uma das suas declarações mais citadas, Innis indicou que a história ocidental moderna começaria com a organização temporal e terminaria com a organização espacial. É a história da evaporação de uma tradição oral e manuscrita e das questões da comunidade, moral e metafísica, e sua substituição pelo impresso e pelo eletrônico, sustentando um viés para o espaço.

Innis argumentou que as mudanças na tecnologia da comunicação afetaram a cultura, alterando a estrutura de interesses (as coisas sobre as quais se pensava), o caráter dos símbolos (as coisas com as quais se pensava) e a natureza da comunidade (a arena onde o pensamento se desenvolvia). Por cultura vinculante no espaço (*space-binding culture*), quis dizer, literalmente, uma cultura cujo interesse predominante estava no espaço – a terra como imóvel, viagem, descoberta, movimento, expansão, império, controle. No domínio dos símbolos, referia-se ao crescimento de símbolos e concepções que apoiavam esses interesses: a física do espaço, as artes da navegação e a engenharia civil, o sistema de preços, a matemática de burocracias e cobradores de impostos, todo o campo da ciência física e o sistema de símbolos sem afeto e racionais que facilitavam esses interesses. No domínio das comunidades, referia-se às comunidades do espaço: comunidades que não estavam no lugar, mas no espaço, móveis, conectadas através de grandes distâncias por símbolos, formas e interesses apropriados.

Às culturas de viés espacial opôs as culturas vinculantes no tempo (*time-binding cultures*): culturas com interesses no tempo – história, continuidade, permanência, contração; cujos símbolos eram fiduciários – orais, mitopoéticos, religiosos, ritualísticos; e cujas comunidades eram baseadas em lugar – laços íntimos e uma cultura histórica compartilhada. O gênio da política social, pensava Innis, era servir as demandas tanto do tempo quanto do espaço; usar uma para prevenir os excessos da outra: usar o historicismo como contrapeso aos sonhos da razão e usar a razão para controlar as paixões da memória. Mas, essas eram tendências reciprocamente relacionadas. Quando culturas se tornavam mais vinculantes no tempo, ficavam menos vinculantes no espaço e vice-versa. O problema novamente estava no meio de comunicação dominante. Mídias de viés espacial eram leves, portáteis e permitiam extensão no espaço; mídias de viés temporal eram pesadas e duráveis ou, como a tradição oral, persistentes e difíceis de destruir. De modo, portanto, que estruturas da consciência se desenvolviam em paralelo a estruturas de comunicação.

A imprensa criou novas formas de associação cultural que são mais bem expressas como a introdução de uma dimensão horizontal em Estados modernos e em relações internacionais, e como uma alteração no significado e em relações de classes sociais. Charles Beard selecionou 1896 como o ano crucial na história americana moderna, porque as convenções políticas daquele ano introduziram clivagens horizontais na sociedade que foram sobrepostas às verticais existentes.

> Um profundo e subjacente sentimento de classe encontrou expressão nas convenções dos dois partidos, particularmente naquela dos Democratas, e forçou a atenção do país de maneira dramática para um conflito entre grande riqueza e as classes média-baixa e trabalhadora que, até então, haviam sido reconhecidas apenas em círculos obscuros. A clivagem seccional ou vertical na política americana foi definitivamente cortada por novas linhas que atravessam horizontalmente a sociedade (Beard, 1914: 164).

Não é acidental que Beard tenha escolhido, para marcar essa nova fase histórica, o período em que emergia um sistema de comunicação nacional, através da agência dos serviços de notícias e de revistas nacionais, bem como da entrega grátis rural e das casas de venda por catálogo. Implicitamente, contrasta as formas horizontais de associação com comunidades locais e regionais. Essas comunidades naturalmente possuíam uma estrutura de classe, mas tal estrutura revelava variações de classe em uma cultura comum: divisões verticais dentro de comunidades, e não unidades horizontais através delas. Melhorias na comunicação a distância criaram uma série de classes nacionais, ou melhor, facções de classe, primeiro nos negócios, mas que logo se espalharam para todos os domínios da atividade humana. Essas unidades horizontais nacionais de organização criadas por formas de comunicação de viés espacial possuíam uma realidade maior em termos de cultura e poder do que as unidades locais de onde surgiam. A consequência do Movimento Progressista, do qual o próprio Beard fazia parte, não foi, na frase de John Dewey, a transformação de uma grande sociedade em uma grande comunidade, mas sim o que Robert Wiebe chamou de uma sociedade segmentada: inúmeras comunidades horizontais ligadas entre si através do espaço, atenuadas no tempo e existindo em relação umas às outras não como variações de uma cultura explicitamente compartilhada, mas, nas palavras aptas de David Riesman, como "grupos de veto". Além disso, havia pouca relação entre esses segmentos, exceto o exercício de poder e manipulação.

Assim, Beard estabeleceu a relação entre tempo e espaço e entre comunicação de curta e longa distância que Innis explorou posteriormente. Se a comunicação é fisicamente efetiva em distâncias curtas e fraca e atenuada em longas, é de se esperar que as unidades de cultura, política e interesse comum que emergissem seriam baseadas em lugar, região e comunidades locais. Essas comunidades seriam verticalmente estratificadas, mas ainda seria razoável falar de uma cultura e de uma política compartilhadas por elas. Pequenos desvios no espaço produziriam grandes diferenças na cultura e em interesses. Unidades maiores de organização social que emergissem não seriam nacionais, mas federais: combinações de estruturas locais em comunidades mais compreensivas. No entanto, com as melhorias na comunicação de longa distância, tanto as relações locais quanto as federais evaporam em uma comunidade nacional estratificada. Grandes números de pessoas, física e culturalmente separadas, se tornam comunidades nacionais efetivas de cultura e política. À medida que a comunicação de longa distância se aperfeiçoa e a de curta distância se deteriora, é de se esperar que as relações humanas mudem para uma dimensão horizontal: grandes números de pessoas fisicamente separadas no espaço, mas ligadas pela conexão com centros extralocais de cultura, política e poder.

III

Com seus trabalhos, Innis tinha a intenção de demonstrar a natureza paradoxal das mudanças nas tecnologias da comunicação. Esse sentido ficou bem claro em sua crítica à Constituição dos Estados Unidos e à Primeira Emenda que protege a liberdade de imprensa. Embora valores tradicionais liberais possam ser encontrados pulverizados por toda sua obra, guardou algo da sua linguagem mais ferina para ataques à interpretação da liberdade anglo-americana, que foi institucionalizada em visões da imprensa. Argumentou que a Primeira Emenda ofereceu mais proteção constitucional à tecnologia do que concedeu liberdade de fala e imprensa. Nesse sentido, restringiu ao invés de expandir a liberdade:

> A liberdade de imprensa recebeu garantias constitucionais assim como nos Estados Unidos [e] forneceu fortificações para monopólios que enfatizaram o controle do espaço. Sob essas condições, o problema da duração ou do monopólio ao longo do tempo foi negligenciado, de fato, obliterado. O tempo foi cortado em pedaços com o comprimento de um dia de jornal (Innis, 1954: 89-95).

A cláusula da imprensa livre serviu, em larga medida, para consolidar a posição do monopólio do conhecimento pelo jornal e, logo, por meio da dependência do jornal na publicidade e nas notícias, contribuiu para a redução do tempo a um mundo de um dia, para a difusão dos valores do comercialismo e do industrialismo e para a promoção do viés espacial do impresso. Ao conceder liberdade à imprensa, a Constituição sacrificou, apesar da qualificação, os direitos das pessoas de falarem umas com as outras e se informarem. Substituiu estes pelo direito mais abstrato de ser um receptor na comunicação e ser informado por outros, especialmente, por classes profissionais.

> O impacto total da impressão não foi possível até a adoção da Declaração de Direitos nos Estados Unidos com sua garantia da liberdade de imprensa. Uma garantia de liberdade de imprensa que pretendia santificar ainda mais a palavra impressa e fornecer um baluarte rígido para a proteção de interesses adquiridos (Innis, 1951: 138).

Innis se recusou a ceder à noção moderna de que o nível do processo democrático está correlacionado com a quantidade de capital investido na comunicação – capital que pode fazer nosso conhecimento por nós – e esperava fervorosamente que seu trabalho fosse quebrar monopólios modernos de conhecimento na comunicação e restaurar o poder político ao pé e à língua.

Certamente, havia algo de romântico na afeição de Innis pela tradição oral, mas também muito mais: uma preocupação com a própria possibilidade da vida pública. Identificou a tradição oral com os gregos e o ataque de Platão à escrita no *Fedro*:

> Se os homens aprenderem a escrita, esta irá implantar o esquecimento em suas almas; não mais exercitarão a memória, porque se apoiarão no que está escrito, chamando coisas à lembrança não mais de dentro de si, mas por meio de marcas exteriores; o que descobriram é uma receita não para a memória, mas para o lembrete. E não é sabedoria verdadeira que oferece aos seus discípulos, mas apenas sua aparência (Hackworth, 1972: 157).

As objeções à escrita aqui tinham duas partes: é inerentemente superficial em seus efeitos e os princípios essenciais da verdade só podem ser alcançados dialeticamente. A escrita é superficial em seus efeitos, pois ler livros pode dar uma sensação especiosa de um conhecimento que, na realidade, só pode ser obtido por perguntas e respostas orais; e tal conhecimento, de toda forma, apenas se aprofunda quando se inscreve na memória, "quando é escrito na alma do aprendiz" (Hackworth, 1972: 159).

Associamos a democracia com o letramento generalizado e com um mundo de conhecimento como se transcendesse unidades políticas. Mas, embora o letramento possa dar origem a uma forma de democracia, também faz demandas impossíveis. O letramento produz instabilidade e inconsistência, porque a participação na tradição escrita é desigual.

> Avanços na comunicação (...) geram dificuldades maiores de compreensão. O cabo levou à contração da linguagem e facilitou uma rápida expansão entre as línguas inglesa e americana. No vasto domínio da ficção no mundo anglo-saxão, a influência do cinema e do rádio é evidente no *best*

seller e na criação de classes especiais de leitores com pouca perspectiva de comunicação entre eles (...). A mecanização em larga escala do conhecimento é caracterizada pela competição imperfeita e pelas criações ativas de monopólios da linguagem que limitam o entendimento (Innis, 1951: 25-29).

Isto é, a tecnologia moderna, de fato, torna a comunicação muito mais difícil. O consenso racional e a coerência democrática se tornam problemáticos quando tão pouca bagagem é compartilhada. Como Bertha Phillpotts argumentou em 1931:

> É tão óbvio que a impressão torna o conhecimento acessível que tendemos a esquecer como também torna o conhecimento fácil de ser evitado. Um pastor em uma herdade islandesa (...) não podia deixar de passar suas noites escutando o tipo de literatura que interessava ao fazendeiro. O resultado era um grau de cultura realmente nacional que nenhuma nação de hoje foi capaz de alcançar.[5]

A cultura letrada é muito mais facilmente evitada do que a oral e, mesmo quando não evitada, seus efeitos reais podem ser relativamente superficiais. Na falta de uma cultura oral, pode-se cair facilmente na armadilha de especialistas em conhecimento, que fazem o nosso conhecimento por nós, que nos informam, mas cujos saberes não se conectam facilmente com a nossa experiência concreta e com as transações básicas da vida.

Em resumo, Innis acreditava que a pressuposição não declarada da vida democrática era a existência de uma esfera pública, de uma tradição oral, de uma tradição de discurso público como um contrapeso necessário ao impresso. Na prosa mais telegráfica de seus cadernos, Innis observou:

> O comercialismo tende a levar a uma competição imperfeita entre níveis de público leitor e a fixar vários grupos em um nível. O homem médio

---

5 Como citado em Goody (1968). Esta seção toma emprestado e parafraseia o trabalho de Goody e Watt nesse ponto.

apartado da literatura. Problemas de fazer da ficção um canal de comunicação entre públicos (...) público leitor desintegrado pela competição imperfeita na indústria editorial (Innis, 1956: 30).

A Primeira Emenda, portanto, não assegurou a permanência na vida pública. Na realidade, agiu contra ela, porque enfim colocou o peso da educação na tradição escrita. Os modernos meios de comunicação criaram, principalmente, para fins comerciais, um sistema de comunicação que era essencialmente privado. A leitura privada e a audiência de leitores substituíram o público leitor e o púbico de discussão e argumentação. O sistema de comunicação que, de fato, prosperou se baseava, portanto, não apenas em um viés espacial, mas também privatizado. Foi a privatização, mais do que a Declaração de Direitos, que levou ao declínio da censura: "o declínio na prática de ler em voz alta levou ao declínio da importância da censura. O indivíduo foi dominado pela indústria gráfica e seu interesse desenvolvido em material não adequado para conversas públicas" (Innis, 1952: 10). Sob tais condições, o público se torna um mero artefato estatístico, o gosto público uma medida da opinião privada que foi cultivada e objetificada, mas não concretizada no discurso. Com isso, a esfera pública é eclipsada.

A força da tradição oral, na visão de Innis, era que não poderia ser facilmente monopolizada. Uma vez que os hábitos de discurso fossem difundidos, o público poderia assumir uma existência autônoma e não se sujeitar ao controle fácil do Estado ou do comércio. Portanto, o principal projeto intelectual de Innis, no final de sua vida, um projeto de importância tanto para a política quanto para a universidade, foi a restauração da tradição oral – para ele, um conjunto de talentos da memória, da fala e da argumentação e uma esfera, um lugar ou casa instrucional onde tal tradição poderia florescer. "A produção em massa e a padronização são inimigas do Ocidente. As limitações da mecanização da palavra impressa e falada devem ser enfatizadas e certos esforços para recapturar a vitalidade da tradição oral devem ser feitos" (Innis, 1950: 215). Aqui, concordou com John Dewey. A fala é a agência do pensamento criativo; a impressão da disseminação. Foi precisamente o desequilíbrio entre os processos de criatividade e disseminação que Innis buscou corrigir. A comunicação mecânica transformou a público leitor e ouvinte em uma audiência leitora e ouvinte com consequências desastrosas para a democracia.

O apego de Innis à tradição oral, finalmente, tinha um objetivo moderno: demonstrar como era simplista e enganosa a crença de que o crescimento da comunicação mecânica necessariamente expandiu a liberdade e o conhecimento. Para que isso acontecesse, seria necessário um crescimento paralelo e dialético da esfera pública, fundamentada em uma tradição oral, onde o conhecimento pudesse ser "escrito na alma do aprendiz". A liberdade de imprensa poderia suprimir a liberdade de expressão.

Innis argumentou que toda forma de comunicação tinha um viés; por sua natureza, era mais hábil ou na redução do tempo de sinalização e controle do espaço ou no fortalecimento da memória e da consciência coletivas e no controle do tempo. Esse viés se solidificou em um monopólio quando grupos vieram a controlar a forma de comunicação e a identificar seus interesses, sacerdotais ou políticos, com sua capacidade.

Em termos econômicos, o monopólio significa, simplesmente, o controle da oferta por uma única fonte. Se o conhecimento é visto como uma mercadoria, como algo que pode ser possuído e distribuído, então também pode ser monopolizado: as fontes de conhecimento, habilidade ou proficiência podem ser reduzidas a uma. Obviamente, para que monopólios do conhecimento cresçam, algumas divisões de trabalho devem estar presentes, pois, como no caso de outras mercadorias, monopólios podem crescer apenas quando pessoas dependem de uma fonte externa de abastecimento. Quando são capazes, pelo controle do conhecimento e de recursos, de produzir bens para si próprias, monopólios são inibidos. Na visão de Innis, o comercialismo era um sistema que, em última análise, transferia todo o controle da pessoa e da comunidade para o sistema de preços: onde as pessoas são alimentadas com todos os produtos, inclusive conhecimento, por uma máquina que apenas administram.

A força da tradição oral, na visão de Innis, decorria do fato de que não pode ser facilmente monopolizada. A fala é uma capacidade natural e, quando o conhecimento cresce a partir dos recursos da fala e do diálogo, não é tanto possuído quanto ativo na vida comunitária. Mas, uma vez que formas avançadas de comunicação são criadas – escrita, matemática, impressão, fotografia –, uma divisão mais complicada do trabalho é criada, tornando-se apropriado falar de produtores e consumidores de conhecimento. Através da divisão do trabalho e de tecnologias de comunicação avançadas, o conhecimento é removido de contextos cotidianos, da mesa do banquete e da praça pública, do local de trabalho e do pátio, e situado em instituições e em classes especiais. De forma extrema, passamos a falar de uma indústria do conhecimento, e significados não são dignificados como conhecimento até que sejam processados por essa indústria ou certificados por ocupações, classes, organizações ou até por países designados ou autodesignados. Innis argumentou que o efeito de avanços modernos na comunicação foi ampliar o alcance de recepção ao mesmo tempo em que restringiu os pontos de distribuição. Fala-se com muitos, mas estes são impedidos de participar de uma discussão vigorosa e vital. De fato, audiências não são sequer compreendidas. Classes profissionais se apropriam do direito de fornecer versões oficiais do pensamento humano, de se pronunciar sobre o significado presente nas mentes e vidas de pessoas anônimas. Em *Changing Concepts of Time*, o autor comentou que "vastos monopólios da comunicação ocupando posições entrincheiradas envolviam uma destruição contínua, sistemática e implacável de elementos da permanência essenciais para a atividade cultural" (Innis, 1952: 15). Seu argumento vai além da observação, agora comum, de que os meios de comunicação se tornam cada vez mais centralizados e conglomerados ao longo do tempo. Não afirma apenas que, com o crescimento das mídias de massa e a profissionalização da comunicação, alguns poucos jornalistas, por exemplo, alcançam um vasto público leitor, enquanto outras pessoas são reduzidas à representação nas cartas ao editor. Argumenta que a mercadoria chamada "informação" e a mercadoria chamada "entretenimento", e o conhecimento necessário para produzir essas coisas do mundo, são cada vez mais centralizadas em certas elites e instituições. A paisagem cívica se torna progressivamente mais dividida entre elites conhecedoras e massas ignorantes. A própria existência de uma mercadoria como "informação" e uma instituição chamada "mídia" se tornam necessárias. Mais pessoas gastam mais tempo dependentes do jornalista, do editor e do diretor do programa.

A nova mídia centraliza e monopoliza o conhecimento cívico e, o que é igualmente importante, as técnicas do saber. Pessoas se tornam "consumidoras" da comunicação à medida que se tornam consumidoras de tudo o mais e, como consumidoras, são dependentes de fontes centralizadas de fornecimento.

Então, o desenvolvimento monopolístico – ou, se isso for muito forte, de oligopólios – de estruturas de conhecimento, de saber e das classes profissionais que as controlam, expropria o corpo mais difundido e descentralizado de impulsos, habilidades e conhecimentos humanos de que depende a sociedade. Dada uma rede desses monopólios apoiados por economias corporativas e poder político, alcançamos um estágio, sob o impulso da comunicação avançada, no qual coexistem o avanço no conhecimento e o declínio no saber. Estamos sempre esperando ser informados, educados, mas perdemos a capacidade de produzir conhecimento para nós mesmos em comunidades descentralizadas de compreensão. Tudo o que esse aparato gera é mudança contínua e obsolescência: o tempo é destruído, o direito à tradição é perdido.

IV

Satélites e televisão a cabo, videofones e utilidades de informação computacional, telex e radiodifusão direta, empresas multinacionais e mercados comuns recolocaram todas as questões levantadas por Innis. Infelizmente, a resposta a esses desenvolvimentos não tem nada do poder e da extensão da economia política e cultural que Innis elaborou. A era das máquinas elétricas foi ferozmente retratada em tratados distópicos do mesmo tipo daqueles que emergiram no início da industrialização. Outros tentaram analisar a nova tecnologia em termos de diferenças qualitativas entre a mecânica e a eletricidade, entre a tecnologia "paleotécnica" e a "neotécnica". Outros fincaram suas análises na diferença entre a comunicação organizada sobre princípios socialistas por oposição a capitalistas. Uma outra solução aos nossos dilemas é oferecida por um quadro de tecnocratas sem compromisso com nenhuma teoria política, que energicamente demonstram como a nova tecnologia solucionará todos os problemas da política, da economia, da saúde e até da solidão e do isolamento. Propõem resolver o "problema da comunicação", identificando-a com todo o habitat humano. Finalmente, utopistas modernos ressuscitaram a linguagem original do industrialismo e apresentaram um brilhante mundo novo que nasce pela ação automática de máquinas elétricas. Neles se encontra a noção agradável de que agora estamos superando o Estado-nação e que uma nova forma de ordem mundial está emergindo, uma aldeia global, uma irmandade universal ou um governo mundial em um planeta encolhido – a Terra.

A maior parte disso tudo é uma bobagem agradável, se não perigosa. O que estamos testemunhando é outro aumento na escala da organização social baseada na comunicação eletrônica. Mais uma vez, estamos testemunhando a luta imperial do começo do impresso, mas agora com sistemas de comunicação que transmitem mensagens nos extremos das leis da física. Estamos testemunhando federações de poder maiores se desenvolvendo a partir do Estado-nação: o Bloco Soviético, o Mercado Comum, a América do Norte. Estruturas institucionais já estão evoluindo para corporações multinacionais, federações regionais e cartéis modernos. Multinacionais não poderiam existir sem aviões a jato, computadores avançados e comunicação eletrônica. Essas organizações estão até criando, através da eletrônica, uma nova cultura. Nas viagens nômades de executivos de TI, os telefones se tornaram uma obsessão, como indica Anthony Sampson, não apenas porque a TI os faz, mas porque extinguem distâncias e fornecem uma ligação reconfortante com a base doméstica. Quanto mais desenraizado é o modo de vida, mais os gerentes de multinacionais ficam dependentes de sua companhia, que forma a carapaça dentro da qual viajam. Ouvi um gerente de TI em seu hotel, em Bruxelas, gracejar no telefone por vinte minutos com Nova York (...). Dentro desses organismos gigantes, diferenças de nacionalidade frequentemente parecem menos importantes do que diferenças de empresa (Sampson, 1974: 99).

Também ocorre um padrão de descentralização. Primeiro, através da comunicação por satélite, sucede uma expansão de culturas para novas regiões do espaço. Esse movimento é parte de um sistema de rivalidades nacionais e regionais, que encontram expressão na transmissão por satélite. Em poucos anos, quando as imagens televisivas puderem ser transmitidas além de fronteiras nacionais para receptores domésticos, os Estados Unidos e a União Soviética, como as duas maiores potências eletrônicas, poderão ampliar a região e a particularidade de sua influência.

Além do uso de satélites para transmissão direta e de nação para pessoa, há uma segunda dimensão à presente descentralização e a extensão no espaço da comunicação eletrônica. A segunda arena em que Estados Unidos e União Soviética competem é a arena do próprio espaço. O advento da exploração e da utilização do espaço está em sua infância e não se pode prever quais serão os usos dessas colônias sem vida, embora não seria uma surpresa se, mais uma vez, enviássemos pessoas "para transporte". Os atrasos na exploração espacial não decorreram de deficiências no empuxo de foguetes. O real atraso foi no desenvolvimento de um sistema de comunicação que permitisse controlar viagens espaciais da Terra. Assim como a impressão foi com a navegação marítima e o telégrafo acompanhou a ferrovia, a comunicação eletrônica e baseada em computadores foi com a nave espacial. Na ausência de uma comunicação que corresponda à velocidade da luz e exceda a velocidade do cérebro, algum pioneiro valente poderia ter tentado se lançar para a Lua, embora só os custos de capital, como na época das navegações, tornem isso improvável. A disponibilidade da comunicação eletrônica, com sua capacidade de aumentar o controle pela redução do tempo de sinalização, transformou o espaço na próxima área de expansão. O significado da comunicação eletrônica não está nas notícias que nos informam ou no entretenimento que nos distrai, mas na nova possibilidade de tornar o espaço um domínio geográfico e de competição política para as nações mais avançadas na eletrônica.

A eletrônica tem potencial para o aperfeiçoamento de uma atitude utilitária e para a expansão indefinida da mentalidade administrativa e da política imperial. A eletrônica, como a impressão em suas fases iniciais, tende a apoiar um tipo de civilização: uma sociedade empreendedora dedicada à riqueza, ao poder e à produtividade, ao perfeccionismo técnico e ao niilismo ético. Não há verniz retórico que possa reverter esse padrão; apenas o trabalho da política e a tentativa diária de manter outro padrão contraditório de vida, pensamento e estudos. Como apontou Innis, a morte da cultura só poderia ser dissipada por uma redução deliberada da influência das tecnologias modernas e pelo cultivo dos domínios da arte, da ética e da política. Este autor identificou a tradição oral, com sua ênfase no diálogo, na dialética, na ética e na metafísica, como a força de contrapeso às tecnologias modernas. Mas, o suporte a essas tradições ou mídias requer que elementos de estabilidade sejam mantidos, que a mobilidade seja controlada, que comunidades de associação e estilos de vida sejam liberados da obsolescência cega da mudança técnica. No entanto, as demandas de crescimento, império e tecnologia colocavam ênfase – na educação, na política e na vida social em geral – naquelas mídias que nutriam eficiência administrativa tal como a impressão e a eletrônica. Apenas pelo apoio ao poder de contrapeso da racionalidade substancial, da democracia e do tempo, o viés da tecnologia poderia ser controlado. Esta é a tarefa que Innis resumiu em um de seus melhores ensaios, "A Plea for Time".

3

COMUNICAÇÃO, TECNOLOGIA E HISTÓRIA

Com John J. Quirk

Nessa terceira parte, estão os textos de James Carey mais históricos e focados na realidade dos Estados Unidos. Em "O mito da revolução eletrônica" e "A história do futuro", ambos em diálogo com John Quirk, James Carey trabalha a noção de "sublime tecnológico", uma perspectiva ideológica que acaba por justificar, legitimar e enaltecer, muitas vezes de forma ingênua, os desenvolvimentos tecnológicos nas sociedades capitalistas modernas e contemporâneas, da eletricidade aos computadores.

O MITO DA
REVOLUÇÃO
ELETRÔNICA

I

No romance *O oitavo dia,* de Thornton Wilder, uma típica cidade de Illinois é cenário de uma celebração da virada do século que reflete as expectativas de americanos que identificavam a chegada do ano de 1900 com a mudança e a esperança. No final do século XIX, americanos que haviam testemunhado os efeitos destrutivos da industrialização estavam sujeitos a um desejo ingênuo pelo renascimento do otimismo nativo e pela ressuscitação das promessas brilhantes da ciência e da tecnologia. O título de Wilder é tirado do tema do discurso de um líder comunitário que expressa as preocupações e as expectativas daquele tempo nas palavras de uma religião evolutiva. O orador de Wilder imagina o século XX como o "oitavo dia" após o Gênesis e os humanos desse novo período como uma nova raça, livre do passado e herdeira do futuro.

Ao nos aproximarmos do final do século XX, testemunhamos outra profecia de um "oitavo dia", pontuada por projeções sofisticadas do ano 2000, da "humanidade 2000" e anúncios de uma "revolução eletrônica". No passado, mostras industriais e discursos de figuras proeminentes em exposições mundiais eram adotados para aumentar o prestígio de inovações tecnológicas e recrutar o apoio da opinião pública a favor da ciência. Hoje, a Commission on the Year 2000, a World Future Society e a Rand Corporation se tornaram agências da profecia; o público é convidado a participar em dispositivos tão elaborados quanto o "World Future Game" de R. Buckminster Fuller. Não obstante, a linguagem da futurologia contemporânea contém uma orientação de religiosidade secular que vem à tona sempre que o nome da tecnologia é invocado.

A mentalidade futurista tem muito em comum com o ponto de vista da Revolução Industrial, que foi proclamada pelos filósofos do Iluminismo e moralistas do século XIX como o veículo do progresso geral, moral e material. Imagens contemporâneas do futuro também ecoam a promessa de um "oitavo dia" e, portanto, preveem uma descontinuidade radical com a história e a presente condição humana. O amanhecer dessa nova época é alternativamente chamado de "sociedade pós-industrial", "pós-civilização", "a sociedade *tecnotrônica*" e "a aldeia global". A nova raça de humanos que habita o futuro é caracterizada como "homem pós-moderno", "a personalidade multifacetada" e "o homem pós-alfabetizado-eletrônico".

Uma espécie cada vez mais prevalente e popular de *éthos* futurista identifica eletricidade e poder elétrico, eletrônica e cibernética, computadores e informação com um novo nascimento da comunidade, com descentralização, equilíbrio ecológico e harmonia social. Esse conjunto de noções foi mais prontamente associado a Marshall McLuhan, mas sua posição pertence a uma escola de pensamento que foi articulada e reiterada ao longo de muitas décadas e tem muitos representantes em nosso tempo. A noção de uma revolução eletrônica é apoiada por um consenso diverso que inclui o designer R. Buckminster Fuller, o musicólogo John Cage, o futurólogo Alvin Toffler, o cientista político Zbigniew Brzezinski, membros da *New Left*, teólogos inspirados por Teilhard de Chardin e especialistas em computação como Edward Feigenbaum.

Fora de círculos intelectuais, a noção de uma revolução eletrônica foi repetida e adotada por clãs de publicitários e engenheiros, executivos de empresas e fundações, bem como por funcionários do governo. O que une esse grupo anômalo de pessoas sob a mesma bandeira da revolução eletrônica é o fato de que são, em sentido real, as crianças do "oitavo dia", do impulso milenário que reemerge em resposta à crise social e à mudança técnica. Colocaram-se no papel de teólogos seculares, compondo teodiceias para a eletricidade e sua prole tecnológica. Apesar da diversidade de suas origens e posições sobre outras questões, há um conjunto comum de ideias em suas descrições retóricas da revolução eletrônica. Todos transmitem uma impressão de que a tecnologia elétrica é a grande benfeitora da humanidade. Simultaneamente, saúdam técnicas elétricas como a força motriz da mudança social desejada, a chave para a recriação de uma comunidade humana, os meios para retornar a uma bem-aventurança naturalística adorada. Sua crença comum é que a eletricidade irá superar as forças históricas e os obstáculos políticos que impediram utopias anteriores. Zbigniew Brzezinski atrela sua visão do futuro à crença de que "a nossa era não é mais a revolucionária convencional; estamos entrando em uma nova fase metamórfica na história humana" que está "impondo aos americanos uma obrigação especial de aliviar as dores da confrontação resultante" entre nossa sociedade e o resto do mundo. Em sua nova versão do destino manifesto, Brzezinski sugere que a América *tecnotrônica* irá suplantar qualquer outro sistema social, porque todas as outras revoluções apenas "arranharam a superfície (...) alterações na distribuição do poder e riqueza", enquanto a revolução *tecnotrônica* irá "afetar a essência do indivíduo e da existência social". Com um otimismo tipicamente americano, Brzezinski enuncia a compatibilidade da democracia, do descentralismo e da tecnologia. "No entanto", ele continua, "seria enganoso construir uma imagem tendo por base apenas um lado, uma nova peça orwelliana. Muitas das mudanças que transformam a sociedade americana preveem o futuro de modo bem-sucedido". Entre essas tendências, Brzezinski identifica a "maior descentralização da autoridade" e "a difusão massiva de conhecimento científico e técnico como o foco principal do envolvimento americano em assuntos mundiais", dado que "a *tecnotrônica* está eliminando os gêmeos isolantes do tempo e do espaço". A situação resultante é que um grupo de cientistas sociais, acima de partido ou de facção, é capaz de "reduzir conflitos sociais a dimensões quantificáveis e mensuráveis, reforçar a tendência para uma abordagem mais pragmática de solução de problemas sobre questões sociais".

No cenário de McLuhan, é o artista que é herdeiro do futuro, não o cientista. Não obstante, McLuhan reveste a eletricidade em um manto de mistério como a nova mão invisível da providência: "A era eletrônica, se tiver a sua própria margem de manobra ignorada, vai derivar muito naturalmente para modos de humanismo cósmico." Muito mais metafísico do que Brzezinski, McLuhan percebe na eletricidade a capacidade de "abolir espaço e tempo" visto que confere "a dimensão mítica à vida industrial e social comum de hoje". Finalmente, a inclinação de McLuhan para metáforas leva a uma caracterização da eletricidade como Força Divina: "O computador, em resumo, promete, através da tecnologia, uma condição pentecostal de compreensão e unidade universal". Seja em forma sagrada ou secular, a retórica da revolução eletrônica atribui propriedades intrinsicamente benignas e progressivas à eletricidade e suas aplicações. Também exibe uma fé de que a eletricidade irá exorcizar a desordem social e a perturbação ambiental, eliminar o conflito político e a alienação pessoal e restaurar o equilíbrio ecológico e uma comunhão dos humanos com a natureza.

As novas e glamorosas empresas *high tech* da eletrônica, da computação, de comunicação, da robótica e da engenharia genética, que se tornaram abundantes, prometem, por toda parte, fornecer uma cornucópia de empregos, mercados e produtos para rejuvenescer economias em crise, recuperar universidades em declínio, reempregar os desempregados e redundantes, oferecer inúmeras e satisfatórias oportunidades para aqueles recém-incorporados à força de trabalho, produzir harmonia ambiental, enquanto a alta tecnologia remove as chaminés da baixa tecnologia até eliminar, através da facilidade de uso, a última alienação e o estranhamento entre pessoas e suas máquinas. Essa fé, no entanto, contrasta fortemente com os desenvolvimentos na eletricidade e na eletrônica de décadas recentes. As consequências manifestas da eletricidade estão claramente em oposição a uma ordem descentralizada, orgânica e harmônica. O uso da tecnologia eletrônica tendeu para a reconcentração do poder em centros e redes de energia, no Pentágono e na NASA, na General Electric e na Commonwealth Edison. Além disso, a "sociedade eletrônica" se caracterizou pela poluição térmica e atmosférica devido à geração de eletricidade, bem como pela erosão de culturas regionais pelas redes de televisão e rádio, cuja programação se concentra em um único sotaque nacional em tom e cobertura temática em detrimento do dialeto e interesse local.

A indústria eletrônica de alta tecnologia aparentemente requer um ambiente humano benigno, uma legislação social menos restritiva e sindicatos menos militantes. Mas, esses são menos requisitos do que demandas, e a competição frenética que desencadeia entre estados leva a uma insistência por lugares pastoris para a classe média alta trabalhar livre da intrusão do pobre e do desprivilegiado, à ausência até da mínima regulação governamental e à eliminação de sindicatos. As elites educadas, por sua vez, pegam o tema de que nosso fracasso competitivo resulta de um analfabetismo científico generalizado e propõem, como no caso da Sloan Foundation, uma nova definição das artes liberais, enfatizando a matemática, a ciência da computação e a *expertise* tecnológica. Pais de classe média ansiosos, desejosos por comprar um lugar para seus filhos na estrutura ocupacional, despacham-nos para acampamentos de informática ou os encaminham ainda mais cedo para Harvard através de treinamento infantil feito pelo computador pessoal em casa. A publicidade de empresas de informática ressuscita a mais antiga imagem do indivíduo letrado e o une com novos dispositivos computacionais: o sacerdócio de todos os crentes, cada padre com sua própria Bíblia, torna-se o sacerdócio de todos os computadores nessa nova interpretação, cada profeta com sua própria máquina que o mantém sob controle.

Isso leva a um dilema: ou "eletricistas" modernos têm uma visão do futuro que nos é inacessível, ou, a revolução anunciada em sua retórica é apenas um sonho, ou, pior, é uma nova legitimação do status quo. A última opção é particularmente perturbadora, pois significaria que estamos testemunhando a projeção para o século XXI de certas estratégias da política e da indústria dos Estados Unidos que no passado tiveram efeitos especialmente destrutivos. Também podemos ficar perplexos quanto à possibilidade dada a grande eloquência da nomenclatura elétrica. Mas, a eletricidade não é exatamente nova, e na história da tecnologia e seus usos sociais podemos achar os termos para avaliar as possibilidades e as potencialidades da revolução eletrônica.

Não há como interpretar de maneira sensata as alegações de utopistas elétricos, exceto contra o pano de fundo das atitudes tradicionais em relação à tecnologia.[1] Portanto, para efeito corretor, devemos nos lembrar da resposta típica ao começo da industrialização e ao desenvolvimento da tecnologia mecânica. Europeus sonhavam com a América antes de Colombo a descobrir. Atlântida, Utopia, a passagem para a Índia – esta terra era a redenção da história europeia antes de se tornar cena da sociedade americana. A metáfora predominante que invocava essa terra prometida era a Natureza, o poder de cura de uma imensidão selvagem, virgem e imaculada. Posteriormente, os americanos passaram a definir a "natureza da nação" nos termos de um dialeto pastoril herdado dos utopistas europeus. A tecnologia mecânica era bem-vinda aqui, mas iria passar por uma mudança caracterológica quando recebida no Jardim da América. Máquinas seriam implantadas em e humanizadas por uma paisagem rural idealizada. A sujeira, a desolação, a pobreza, a injustiça e a luta de classes típicas da cidade europeia não seriam reproduzidas aqui. A redenção da América da história europeia, sua singularidade, seria por meio de uma natureza imaculada, que nos permitiria ter a fábrica sem o sistema fabril, máquinas sem uma sociedade mecanizada.

---

1 NT: Como em outros ensaios deste livro, os autores escreveram, principalmente, para o público leitor dos Estados Unidos. Logo, referências à América e aos americanos seguem a terminologia nativa, e expressões como "este continente" ou "este território" também aludem àquele país. Em momentos oportunos, a tradutora optou por substituir América por Estados Unidos.

Uma tradição vital e relevante nos estudos americanos, inspirada por Perry Miller e Henry Nash Smith e continuada por Leo Marx e Alan Trachtenberg, seguiu o tema recorrente da "máquina no jardim". Essa era uma ideia singular de uma nova dimensão na existência social por meio da qual as pessoas podem retornar para um estado edênico através da mistura harmoniosa entre natureza e manufaturas. Cada nova invenção ou dispositivo eram aclamados como um meio de seguir para o objetivo de um novo ambiente possibilitado pelas opções geográfica e histórica dadas à jovem nação. Essa visão era a de uma *middle landscape*, uma paisagem pastoril intermediária, uma América suspensa entre arte e natureza, entre o rural e a cidade industrial, onde o poder tecnológico e o localismo democrático poderiam constituir um modo de vida ideal. Como sonhada por intelectuais, pregada por pastores, pintada por artistas, romantizada por políticos, dramatizada por romancistas, essa sociedade seria localizada, simbólica e literalmente, a meio caminho entre as nações superdesenvolvidas da Europa e as comunidades da fronteira Oeste. A terra virgem e os recursos abundantes da América produziriam uma solução nativa para a industrialização, uma solução que rejuvenesceria todos os europeus que partissem para o Novo Mundo e permitiria aos Estados Unidos passar sem as desvantagens do sistema europeu de industrialização. A América era, em síntese, isenta da história: da mecânica e da industrialização, obteria riqueza, poder e produtividade; da natureza, conseguiria paz, harmonia e autossuficiência.

Filósofos importantes do Iluminismo anteciparam essa retórica ao prever o futuro americano. Condorcet, por exemplo, estava convencido de que a América era livre da mão morta do passado, "duplicaria o progresso da raça" e "o faria duas vezes mais rápido". Acreditava que a América estava seguramente isolada da turbulência do Velho Mundo, possuía espaço suficiente para a preservação de virtudes rústicas e poderia traduzir progresso material em aperfeiçoamento moral e bem-aventurança social. Foi essa atitude que converteu Jefferson e seus seguidores agrários à aceitação do programa de manufaturas e indústria nascente de Hamilton. Jefferson suspendeu seu ceticismo sobre a economia de fábrica e passou a diferenciar entre "as grandes cidades nos velhos países [onde] o desejo por comida e vestuário [tinha] gerado uma depravação da moral, uma dependência e corrupção", e a América, onde "manufaturas são tão tranquilas, tão independentes e decentes quanto nossos habitantes agrícolas, e assim continuarão desde que tenham terras disponíveis às quais possam recorrer".

Uma importância especial era atrelada periodicamente a tecnologias específicas que desempenhavam serviços fundamentais. O próprio Jefferson, certa vez, observou que jornais eram mais necessários que o próprio governo e equiparou a tecnologia da impressão e a proteção dos direitos de uma imprensa livre ao letramento e à liberdade. Historiadores patrióticos até dataram o nascimento da consciência nacional a partir da publicação do primeiro jornal em Boston, em 1704. Finalmente, a Declaração de Direitos garantiu proteção constitucional para a tecnologia com sua cláusula sobre a liberdade de imprensa.

Mais tarde, motores a vapor ocuparam um lugar particular no panteão das tecnologias por sua capacidade de ligar o continente através de ferrovias e hidrovias e criar novos laços comerciais. Logo apareceram ensaios sobre e aclamações oratórias para "A influência moral do vapor" e "A influência indireta de ferrovias".[2] Uma passagem típica da época, retirada de um pronunciamento de Charles Fraser para a Mercantile Library Association de Charleston, na Carolina do Sul, atribui propriedades metafísicas às máquinas: "Um agente estava ao alcance para colocar tudo em cooperação harmoniosa (...) triunfando no espaço e no tempo (...) para vencer o preconceito e unir todas as partes da nossa terra em comunicação rápida e amigável; e esse grande agente motriz era o vapor."

Ao elevar as hipérboles da sublimidade tecnológica a um plano filosófico, Emerson associou vapor e eletromagnetismo ao transcendentalismo:

---

2 NT: *The Moral Influence of Steam* é um livro de Freeman Hunt de 1846.

"Máquinas e transcendentalismo combinam bem (...). A Diligência e a Ferrovia estão estourando a antiga legislação como galhos de salgueiro (...). Nossa civilização e essas ideias estão reduzindo a Terra a um cérebro. Veja como por telégrafo e vapor a Terra é antropologizada." No aforismo de Emerson, temos um exemplo explícito da admiração do intelectual pela tecnologia e da confusão do fato tecnológico com o simbolismo espiritual.

A retórica do sublime tecnológico, como Leo Marx muito bem chamou esses tributos à tecnologia do vapor e da mecânica, constituiu a falsa consciência das décadas anteriores à Guerra Civil. No entanto, nem imprensa nem motor a vapor previram esse conflito fatídico ou garantiram que a vitória de Lincoln e Grant não seria perdida no período da Reconstrução. Durante a Guerra Civil e nas décadas subsequentes, o sonho americano do sublime mecânico foi decisivamente revertido. Tornou-se cada vez mais evidente que a América não era isenta da história ou isolada da experiência europeia de industrialização. A própria guerra colocou em xeque o sonho de uma democracia continental. Entre suas consequências, cidades dos Estados Unidos se transformaram em favelas industriais, conflitos de classe e raça se tornaram aspectos cotidianos da vida, a estabilidade econômica era continuamente interrompida pela depressão e o campo costurado e devastado por ferrovias, pela mineração de carvão e ferro e pela devastação de florestas. Mas, a realidade não era capaz de reverter a retórica, e no último terço do século XIX, enquanto os sonhos de uma utopia mecânica deram lugar às realidades da industrialização, surgiu uma nova escola de pensamento dedicada à noção de que havia uma diferença qualitativa entre mecânica e eletrônica, entre máquinas e eletricidade, entre mecanização e eletrificação. Na eletricidade, de repente, se vislumbrou o poder de resgatar todos os sonhos traídos pela máquina.

Há muitos exemplos da virada do sublime mecânico para o elétrico, mas uma figura útil para começar é o principal economista americano do século XIX, Henry Charles Carey. Seu pai, Matthew Carey, um refugiado rebelde irlandês e membro fundador da Society for the Promotion of National Industry (Sociedade para a Promoção da Indústria Nacional), na Pensilvânia, tinha publicado uma série influente de escritos com os quais Henry Clay sustentou seu "plano americano" de proteção das indústrias nativas e amplas melhorias internas em canais e estradas. O próprio Henry Charles Carey rejeitava a economia de Manchester e defendeu um único ponto de vista na política industrial americana. Sugeriu que a introdução da fábrica e a inserção da indústria na cena nativa teriam resultados neste país bem diferentes daqueles na Europa. A tecnologia neste continente produziria riqueza e eficiência industrial, mas sem a escravidão assalariada e os desastres ambientais dos centros britânicos e europeus. Em 1848, Carey escreveu *The Past, the Present and the Future*, um livro que formulou uma declaração programática desses ideais em uma alternativa distinta, "associacionismo regional". Ele considerava que seu novo sistema seria concretizado quando padrões regionais de "associação" entre indústria e agricultura fossem estabelecidos e combinados em uma economia cooperativa. Pensava que seu plano garantiria permanentemente unidades descentralizadas e de pequena escala na política e na economia. Adicionalmente, Carey acreditava que uma união de agricultura, indústria e educação universal em habilidades mecânicas iria impedir divisões entre o campo e a cidade, assim como conflitos entre classes sociais.

Quando Henry Charles Carey nasceu, Washington era o presidente; no ano em que morreu, Henry Ford começou a trabalhar com automóveis em Michigan. Durante sua vida, a ideia de associacionismo regional não se concretizou como a centralização de indústria, dinheiro e influência, e a exploração da mão de obra imigrante se tornou a realidade esmagadora da vida nos Estados Unidos. Carey, porém, não desistiu do plano americano e o desenvolveu na linguagem da eletricidade. Em seu último livro, *The Unity of Law*, Carey substituiu a linguagem da mecânica pela da eletricidade, identificando as leis físicas da eletricidade e do magnetismo que estavam sendo descobertas na época com as leis da sociedade e concebendo a eletricidade como o novo elo entre natureza e sociedade. Uma passagem densa, mas importante ilustra esse deslocamento:

> A eletricidade apresenta uma semelhança muito mais notável com a capacidade cerebral, que é sua correspondente na vida societária. De fato, é tão notável que, quando precisamos expressar a ideia de ação rápida do pensamento e da vontade da sociedade, somos impelidos a buscar no mundo físico os termos a serem empregados, recorrendo àqueles da eletricidade e magnetismo (...).
>
> A real relação de todo e cada membro da comunidade como doador e receptor, professor e aprendiz, produtor e consumidor, é positiva e negativa alternadamente e relativamente a todas as diferenças de funções e forças em seus associados, a massa inteira constituindo uma grande bateria elétrica para a qual cada indivíduo contribui com seu par de placas. A perfeita circulação sendo estabelecida como uma consequência do perfeito desenvolvimento de todas as individualidades, a força econômica flui suavemente através de todos os membros do corpo político, a felicidade e a prosperidade geral, a ação mental e moral aprimorada seguindo seu curso (...) riqueza e poder (...) por toda parte na proporção em que cada par de placas é colocado em relação adequada um com o outro; o circuito vitalizado sendo, portanto, estabelecido em toda a massa e distribuído, com a energia concentrada do todo, sobre cada objeto de interesse geral (...). Quanto mais esse poder é exercido no sentido de promover a rápida circulação pelas placas que compõem a grande bateria, maior a tendência de desenvolvimento de uma inspiração e uma energia muito parecidas com o serviço de relampejar do paraíso submetido ao uso humano.

Nessa passagem, Carey sinaliza o advento de uma nova retórica, uma outra forma de Éden industrial, que podemos denominar, seguindo Leo Marx, de retórica do sublime elétrico. A própria passagem indica como Carey utilizava as categorias dialéticas positivo e negativo não como termos antitéticos, mas como se significassem uma unidade entre opostos. Logo, a desarmonia e o conflito são meras aparências que apontam para harmonias subjacentes.

De modo semelhante, como uma forma de cultura popular, a retórica do sublime elétrico tentava mesclar todos esses desejos contraditórios da imaginação americana. A eletricidade prometia, ao que parecia, a mesma liberdade, descentralização, harmonia ecológica e comunidade democrática que haviam sido até então garantidas, mas não entregues pela mecanização. Mas, a eletricidade prometia a mesma potência, produtividade e expansão econômica previamente garantidas e entregues pela industrialização mecânica. Outros eventos que ocorreram durante a década em que Carey escreveu as passagens acima pressagiavam quais desses desejos contraditórios determinariam a política social americana. Durante os anos 1870, Edison e Bell desenvolveram a tecnologia eletrônica que seria a base da nova civilização; Gould, Vanderbilt e outros continuaram a "guerra do telégrafo" e outras brigas de patente pelo direito de controlar a nova tecnologia; e a base para gigantes industriais, como a General Electric, que finalmente explorariam a nova tecnologia, foi aperfeiçoada. Edison, Bell e outros magos foram explorados como símbolos da nova civilização, usados para angariar apoio público e demonstrar a beneficência da nova tecnologia, enquanto novos impérios na comunicação e no transporte eram criados por trás da máscara de uma mística elétrica.

Nem todo mundo foi mistificado sobre o real significado da nova tecnologia. Os intelectuais, entretanto, na Europa e nos Estados Unidos, não puderam conceber nada mais efetivo que uma estratégia puramente literária para lidar com a situação. Jacob Burckhardt e Anatole France, na Europa, e Henry Adams e Samuel Clemens, nos Estados Unidos, elaboraram a estratégia de inverter o sublime tecnológico e retratar a nova tecnologia como uma ameaça de desastre.[3] Em seu romance *Um ianque na corte do rei Arthur*, Samuel Clemens publicou o que foi, provavelmente,

---

3 NT: O autor Samuel Clemens é mais conhecido pelo pseudônimo Mark Twain.

a primeira distopia ou ficção científica antiutópica dos Estados Unidos. A ideia americana completa o ciclo no romance quando Hank Morgan retrocede no espaço e no tempo apenas para perceber que a cerca elétrica erguida por ordem dele para sua proteção era, na realidade, uma prisão. Isso é um importante evento na literatura americana, precisamente, por causa do contraste nítido com o otimismo, ao estilo de Whitman, de trabalhos anteriores de Clemens como Mark Twain.

Da mesma forma, Henry Adams era obcecado com as leis da termodinâmica e o fantasma do desastre entrópico. *The Education of Henry Adams* é repleto de páginas de desilusão do tipo que levou Adams a localizar a mudança exata do "velho universo" da cultura gentil de Boston para a nova fase da história determinada por puro poder nos eventos do ano de 1844: "a abertura da Ferrovia Boston e Albany; o aparecimento do primeiro navio a vapor Cunard na baía; e as mensagens telegráficas que levaram de Baltimore a Washington notícias de que Henry Clay e James K. Polk foram nomeados para a presidência".

Apesar das visões mórbidas de intelectuais literários, a retórica do sublime elétrico foi apropriada por reformistas e regenerada por utopistas visionários. Os reformistas e idealistas culpavam a corporação por minar as possibilidades da revolução elétrica. As especulações de Edward Bellamy em *Looking Backward* e *Equality* e a ficção *A Traveller from Altruria*, de William Dean Howells, eram regressões para a aspiração sublime e retornos às atitudes otimistas frente à eletricidade. Bellamy, um propagandista socialista, e Howells, um reformista aristocrático e membro do Boston Bellamy Club, imaginaram os usos sociais do rádio, da televisão e do transporte rápido. Para eles, a energia elétrica para a comunicação e o transporte facilitaria a difusão da cultura, a dispersão da população e a descentralização do controle: na frase de Howells, iria "tirar o bom da cidade e colocar no campo e vice-versa".

Historicamente, o precedente para casar o pastoralismo com poder tecnológico foi a primeira profecia de uma revolução elétrica. Em 1770, um filósofo e dramaturgo pouco conhecido, Louis-Sébastien Mercier, escreveu um romance do futuro, *L'An 2440*, em que a eletricidade era retratada como um instrumento material e moral. Na utopia elétrica de Mercier, havia incontáveis lâmpadas e luzes imaginadas, filmes para cultivar e educar a população em virtudes públicas e maior desfrute de estimulação sensorial. Cem anos depois, a ideia de uma utopia elétrica tinha grande apelo para os europeus assim como para os americanos.

Em seus valiosos estudos, Lewis Mumford credita o anarquista e geógrafo russo, príncipe Piotr Kropotkin, com a primeira interpretação futurista de que técnicas elétricas poderiam resgatar a civilização das misérias e fardos do industrialismo e restaurar condições comunitárias. Em seu livro *Fields, Factories and Workshops,* Kropotkin (1899) recomendou que a energia elétrica poderia servir para criar "aldeias industriais" onde artesanatos, manufaturas, agricultura e investigação científica poderiam ser combinados em economias regionais de pequena escala. No esquema de Kropotkin, a "indústria doméstica" seria alternada com as "vantagens morais e físicas" da labuta agrária e uma situação igualitária de cooperação mútua promoveria solidariedade nos esforços comuns de experimentação e produção.

Ao mesmo tempo, o cientista alemão Werner von Siemens escreveu para seus colegas que uma aliança entre inventores e estadistas deveria ser promovida:

> agora é a hora de construir estações de energia elétrica pelo mundo (...). Assim, a pequena oficina e o indivíduo trabalhando sozinho em sua própria casa estarão em posição (...) para competir com as fábricas que geram sua energia de forma barata por motores a vapor e gás [e] irão, ao longo do tempo, produzir uma completa revolução em nossas condições, favorecer a indústria de pequena escala, acrescentar às conveniências e facilidades da vida – através de ventiladores, elevadores, bondes etc.

Na Inglaterra, Ebenezer Howard, autor de *Garden Cities of Tomorrow: the Peaceful Path to Real Reform*, produziu uma versão anglicizada do bellamysmo em que garantia a seus leitores que "o demônio da fumaça fica bem quando restrito à Cidade Jardim", onde "todas as máquinas são movidas por energia elétrica". Essas linhas de pensamento convergiram em um importante grupo, a International Association for the Advancement of Science, Art and Education (Associação Internacional para o Avanço da Ciência, Arte e Educação), uma liga intelectual do início do século XX. Entre seus membros, estava o pensador social britânico, Graham Wallas, que hoje é lembrado apenas por ter cunhado a expressão "A Grande Sociedade", e o homem esquecido do estudo da ecologia, o biólogo e urbanista escocês Patrick Geddes. Às vésperas da Primeira Guerra Mundial, Graham Wallas, desencantado com o fabianismo e sua fórmula burocrática, escreveu *The Great Society*. Em uma série de passagens, Wallas previu a desilusão com a sociedade tecnológica, o fracasso do estado de bem-estar em questões qualitativas e "a busca por um novo ambiente, cuja estimulação da nossa disposição existente deve tender para a vida boa". Ironicamente, a consciência de Wallas dos problemas colocados pela tecnologia avançada não seria amplamente reconhecida até a era em que Lyndon Johnson, inadvertidamente, incorporou a frase de Wallas como uma marca registrada de sua administração. Wallas observou que:

> aqueles que primeiro desenvolveram essas invenções [vapor e eletricidade] esperavam que seus resultados fossem inteiramente bons (...).
> E, agora, duvidamos, não quanto ao futuro da felicidade dos indivíduos na Grande Sociedade, mas quanto à permanência da própria Grande Sociedade.
> (...) Quando se olha, por exemplo, para os belos desenhos que recentemente foram preparados por um corpo de cidadãos para uma nova Chicago, percebe-se que são adequados para gigantes, não para homens.

Como uma estratégia terapêutica, Wallas defendeu uma revitalização do diálogo e da discussão para contrabalançar as forças opressivas da organização impessoal e da comunicação de massa. Em valores e vocabulário, Wallas enfatizava a colocação da tecnologia em espaços abertos e invocava a imagem idílica de um ambiente rural descentralizado:

> Se tento fazer por conta própria uma figura visual de um sistema social que deveria desejar para a Inglaterra e a América, surge diante de mim uma lembrança daquelas pequenas cidades e vilas norueguesas onde todos (...) pareciam se respeitar, ser capazes de felicidade, bem como de prazer e entusiasmo (...) no emprego de todas as suas faculdades. Posso imaginar essas pessoas aprendendo a explorar a energia elétrica de suas cachoeiras e os minerais de suas montanhas sem se dividirem em empregadores e oficiais desumanizados e mãos igualmente desumanizadas.

Um pensador agora negligenciado, Patrick Geddes foi o primeiro escritor sistemático a enxergar além da ficção científica, da crítica social e do agrarianismo romântico para construir uma utopia visionária de acordo com condições urbanas. No primeiro quarto do século XX, a influência seminal e a persuasão pessoal de Geddes o fizeram ganhar seguidores entre planejadores regionais, grupo civis e movimentos sociais. O objetivo estabelecido por Geddes e seus apoiadores era nada menos que uma "utopia concretizável" aqui e agora. Geddes foi o primeiro a sistematicamente oferecer uma utopia completa dentro de uma teoria da tecnologia elétrica que tentava desenvolver uma diferença qualitativa entre as tecnologias mecânica e elétrica. Previu uma "grande transição de uma economia da máquina e do dinheiro para uma da vida, da personalidade e da cidadania". Entendia a fase moderna como algo intermediário, entre os mecanismos "*paleotécnicos* antigos" e inovações "*neotécnicas*". Aqui, Geddes observou que "existem duas Idades Industriais muito distintas, caracterizadas, respectivamente, pelo vapor e pela eletricidade".

As próprias origens de Geddes tinham um papel central em seu utopismo. Um escocês patriótico, republicano e regionalista, que por anos recusou uma oferta para o título de cavaleiro, Geddes se identificava com o renascimento céltico na cultura e apoiava o governo local para a Irlanda Gaélica e a Escócia. Também se identificava com o experimento de Zangwill, na Palestina, e com a tentativa de Ghandi de reanimar a indústria doméstica na Índia. Geddes via a centralização do poder financeiro e industrial em capitais como Londres e Berlim e alguns poucos satélites como antitética às tradições culturais e à integridade do intelecto. Frequentemente, denunciou a "colonização, a conquista e o império" por sua exploração, seu militarismo e sua destruição de economias e culturas viáveis em nações subjugadas. E rejeitou a estratégia fabiana da Federação Social-Democrata e o extremismo da esquerda por contemporizarem com o autoritarismo e a burocracia, além de serem condescendentes com instituições locais.

Quando era um jovem estudante, Geddes havia evitado Ruskin e Morris por causa de seus "anúncios do estabelecimento, pela centésima vez, de uma nova utopia". Mas, a evidência da decadência cultural, combinada com a dissipação dos recursos humanos e naturais, inquietou Geddes com um senso de urgência e a necessidade imperativa de uma solução. Durante uma turnê pela Grã-Bretanha, Kropotkin proferiu palestras e distribuiu panfletos sobre o potencial para uma era da plenitude. Geddes e outros foram impactados pela alternativa de Kropotkin, porque, como Geddes disse, "explodiu sobre nós em meio a uma grande crise industrial".

Em uma série de trabalhos, Geddes e seu colega Victor Branford trataram de questões candentes nos títulos *Cities in Evolution*, *The Coming Polity* e *The Making of the Future*. O evangelho de Geddes teve grande aceitação, especialmente, nos Estados Unidos. Durante palestras em viagens e uma estadia na New School for Social Research, Geddes atraiu atenção e discípulos. Por sua vez, os Estados Unidos causaram uma profunda impressão em Geddes. Mais tarde, ele escreveu:

> Aqui, a América é de grande interesse, com suas invenções que economizam trabalho, seus eletricistas, seus engenheiros da eficiência (...). Essa or-

dem social incipiente está emergindo Neotécnica (...) mais eficiente, com menos desperdício da natureza. Pinchot, com suas florestas renováveis, é como Plunkett na Irlanda com suas fazendas renováveis (...). Estamos, portanto, ultrapassando a simples Neotécnica, em que a oposição entre trabalho e capital continua na cidade, sem pensar o campo, e abrindo-se plenamente para uma nova fase Geotécnica (...) além do sonho de utopias históricas (...) a criação, cidade por cidade, região por região, da Utopia; cada qual um lugar de saúde e bem-estar, mesmo de beleza gloriosa e, ao seu modo, sem precedentes.

Internacionalmente, Geddes recebeu o título informal de "o apóstolo do pitoresco sanitário" e "o grande irmão da reforma". Nos Estados Unidos, dialogava com associados como John Dewey, Jane Addams e Thorstein Veblen. Lewis Mumford se tornou o principal discípulo de Geddes, cujos programas foram incorporados na recém-formada Regional Planning Association of America (Associação de Planejamento Regional da América), que tinha entre seus membros fundadores Gifford Pinchot, Henry Wright e Stuart Chase. Nesses círculos, Geddes despertou um movimento em torno dos objetivos de energia elétrica pública e planejamento comunitário. A Associação de Planejamento Regional da América lançou uma cruzada pela "energia gigante" para integrar a nova tecnologia com o conservacionismo e o localismo democráticos. Nas palavras de Gifford Pinchot, então governador da Pensilvânia, a tônica para a cruzada energética soou:

> O vapor ocasionou a centralização da indústria, um declínio da vida no campo, a decadência de muitas pequenas comunidades, o enfraquecimento de laços familiares. A "energia gigante" pode ocasionar a descentralização da indústria, a restauração da vida no campo e a construção de pequenas comunidades e da família (...). Se controlarmos em vez de permitirmos que sejamos controlados, a chegada do desenvolvimento elétrico irá formar a base da civilização mais feliz, livre e cheia de oportunidades que o mundo já conheceu.

Mas, os verdadeiros beneficiários da retórica do sublime elétrico foram empresas de iluminação e energia elétrica que presidiam sobre as novas tecnologias. As técnicas de relações públicas iniciadas por Samuel Insull e por outros executivos foram tão efetivas em sua invocação da nova civilização que estavam construindo sob a égide da "energia gigante" que mesmo o *New Republic* relutou em criticá-los até que a Depressão e os escândalos relacionados os levaram a cair em desgraça.

Durante a Depressão, os "eletricistas" americanos argumentavam que as promessas da eletricidade tinham sido subvertidas pelos "interesses adquiridos", mas que a energia hidroelétrica e um novo tipo de organização política recuperariam a mensagem original de Geddes. Durante os anos 1930, a cruzada pela "energia gigante" foi renovada, mas agora sob os auspícios do governo em vez da indústria. Um representante da League for Industrial Democracy (Liga pela Democracia Industrial), Stuart Chase, publicou "A Vision in Kilowatts", na revista *Fortune,* em 1933:

> [A energia elétrica] não apenas marcha para uma produção quantitativa cada vez maior, mas também transforma toda a estrutura econômica no processo. Em seu pleno desenvolvimento, a eletricidade pode ligar uma economia continental inteira em algo como uma única máquina unificada, uma totalidade orgânica. As partes podem ser pequenas, flexíveis, localizadas onde se queira, mas com suas conexões para a estação central. A eletricidade pode nos dar padrões de vida universalmente elevados, novos e divertidos tipos de empregos, lazer, liberdade e o fim das tarefas maçantes, do congestionamento, do barulho, da fumaça e da sujeira. Pode superar as objeções e problemas da civilização do vapor. Pode trazer de volta muitas das virtudes perdidas da idade do artesanato sem a labuta humana e a maldição da escassez iminente que marcou a época.

O New Deal se apropriou do tema da "Nova Era da Energia" para criar a Tennessee Valley Authority (Autoridade do Vale do Tennessee

– TVA) e a Rural Electrification Administration (Administração da Eletrificação Rural – REA). O presidente Franklin Delano Roosevelt e seus conselheiros investiram na TVA e na REA como os modelos para uma nova América, um símbolo inspirador para reunir pessoas e renovar a confiança delas nos Estados Unidos e em sua capacidade de reabilitação. Em discurso na World Power Conference, em 1936, Roosevelt proclamou o ideal do New Deal de uma utopia pragmática:

> Agora temos a energia elétrica, que pode ser e muitas vezes é produzida em lugares distantes de onde é feita a fabricação de bens utilizáveis. Mas, por hábito, continuamos a levar essa energia flexível em grandes blocos para as mesmas fábricas e continuamos a produzir nelas. Pura inércia nos fez negligenciar a formulação de uma política pública que promoveria oportunidade para as pessoas se beneficiarem da flexibilidade da energia elétrica; que a transmitiria para qualquer lugar e sempre que fosse requisitada pelo menor custo possível. Continuamos as formas de excessiva centralização da indústria causadas pelas características do motor a vapor, muito depois de já termos tecnicamente disponível uma forma de energia que deveria promover a descentralização da indústria.

Roosevelt concluiu que nosso comando sobre a energia elétrica poderia levar a uma revolução industrial e social, que "pode já estar ocorrendo sem percebermos". A TVA deveria servir como uma vitrine para a ligação positiva entre eletricidade, descentralização e participação cidadã na recuperação da paisagem. A TVA não pretendia apenas gerar energia e produzir fertilizantes. Nas palavras do presidente, também ofereceria ao Centro-Sul um modo de vida exemplar: "um experimento social, que é o primeiro do gênero no mundo, uma corporação vestida com o poder do governo, mas possuidora da flexibilidade e da iniciativa de uma empresa privada", "um retorno ao espírito e à visão do pioneiro", que "toca e dá vida a todas as formas de apreensão humana". "Se formos bem-sucedidos aqui," concluiu Roosevelt, "poderemos continuar a caminhada, passo a passo, em um desenvolvimento semelhante ao de outras grandes unidades naturais e territoriais (...) e na distribuição e diversificação da indústria".

Um discurso de David Lilienthal dedicado à TVA resume e recapitula a retórica do sublime elétrico:

> Esse vale será o primeiro a desfrutar ao máximo os frutos dessa nova era, a era da eletricidade. Aqueles que têm suas bênçãos em abundância entrarão em um novo tipo de civilização. Novos padrões de vida, novos e interessantes tipos de trabalho, processos industriais totalmente novos, o fim das tarefas maçantes, congestionamento, desperdício (...) essas coisas são reservadas para nós. Pois, nesse vale em outra década, a eletricidade dificilmente será contabilizada no custo de tão barato que será seu fornecimento pelas comunidades.

A ideia da TVA atraiu vários admiradores estrangeiros. Provavelmente, a mais fervorosa foi madame Keun, uma visitante francesa, cujo livro *A Foreigner Looks at TVA* captou os temas salientes da imaginação americana que sublinhavam a abordagem do New Deal. Em seu livro, a TVA apareceu como um "equilíbrio feliz entre o sonho jeffersoniano da comunidade agrícola autossuficiente e as vantagens mecânicas da era da energia". A experiência da TVA, segundo Keun, mostrava que, "em uma democracia capitalista (...) aquela busca permanente do homem pelo milênio pode ser realizada por adaptação evolucionária".

Em casa e no exterior, o ideal da TVA era considerado o modelo original a partir do qual outras regiões e países poderiam adaptar um veículo central da social-democracia. Em 1944, Henry A. Wallace defendeu muitas TVAs ao redor do mundo sob a rubrica retórica da "Eletrificação Universal". Wallace sugeriu que uma expansão pós-guerra da TVA constituiria uma força poderosa para a paz, ligaria interesses econômicos de forma não controversa e impediria tensões internacionais do Danúbio ao Ganges. Pois, como disse Wallace, "vales são basicamente iguais em todos os lugares". Depois da Segunda Guerra Mundial, Arthur Schlesinger Jr. entendeu a TVA como uma arma na Guerra Fria que, se adequadamente empregada, "poderia superar toda a crueldade social dos comunistas pelo apoio do povo da Ásia".

Não vamos revisar o destino da TVA aqui; na melhor das hipóteses, é um legado ambíguo. Certamente, não provou ser um experimento social amplo e catalítico. Em vez de ser uma força progressista na economia, identificou-se com as indústrias de bens elétricos que se juntaram ao seu redor. Além disso, a TVA foi acusada de práticas corrosivas de mineração a céu aberto e de fixação de tarifas durante a controvérsia Dixon-Yates. Em vez de ser um expoente da democracia econômica e política para o vale, burocratizou seus interesses e sua retórica e se identificou com o status quo. Em vez de levar a uma nova era social, apenas usou a eletricidade para elevar os padrões restritos e socialmente dispendiosos de eficiência. De fato, todo o romance americano com construção de barragem, fertilizante e energia elétrica – nas políticas doméstica e externa – cada vez mais parece uma profunda desventura. Exportada em forma de programas de desenvolvimento para outras nações, envolveu os Estados Unidos em desventuras políticas que equiparam a democracia e a tecnologia americanas e resultou em propostas como a Mekong Delta Authority (Autoridade do delta do Mekong) e o projeto McNamara para eletrificar a Zona Desmilitarizada do Vietnã. Aplicada a zonas climáticas diferentes daquelas dos Estados Unidos e da Europa, a mania de construção de barragens produziu desastres econômicos e ecológicos.

A experiência da TVA demonstra a insensatez de identificar projetos técnicos com a criação de comunidades democráticas. Semelhantemente ao que a retórica contemporânea está fazendo com a eletrônica, a retórica da TVA casava ideias sobre sublimidade elétrica com atitudes relacionadas ao contato com a natureza, e via na mistura a produção automática da democracia. Como resultado, a TVA mesmerizou liberais e impediu uma avaliação séria de suas falhas; apenas Rexford Tugwell parece ter mantido o grau de distanciamento necessário para entender que a "TVA se tornou mais um exemplo da democracia em recuo do que da democracia em marcha".

Foi Lewis Mumford que ampliou a perspectiva sobre a TVA e empreendimentos similares. Em *Technics and Civilization*, de 1934, e em outros trabalhos publicados durante os anos 1920 e começo de 1930, culpou "o meio metropolitano" e "o culto do papel-moeda" pelo adiamento da nova ordem profetizada por Patrick Geddes, Kropotkin e pelos planejadores de "cidades jardim". Em meados do século XX, um desiludido Mumford achou novos culpados entre os liberais pragmáticos do tipo dos que estabeleceram a TVA:

> A falta de senso histórico do liberal acarreta uma desvantagem especial: faz com que ele identifique todos os seus valores com o presente (...). Como suas contrapartes, na União Soviética e na China, nossos próprios líderes agora vivem em um mundo unidimensional do presente imediato, incapazes de lembrar as lições do passado ou antecipar as probabilidades do futuro (...). Similarmente, a TVA é uma característica da economia americana como a DuPont ou General Motors.

Mas, Mumford não tinha uma estratégia para lidar com a reversão de suas expectativas originais. Sua articulação da retórica do sublime elétrico tinha, de fato, contribuído para a situação que considerava tão repugnante. Coube ao acadêmico canadense Harold Innis produzir a primeira crítica sistemática do novo gigante tecnológico.

É uma das ironias mais notáveis de toda essa narrativa que Marshall McLuhan tenha sido influenciado por Harold Innis, seu colega na Universidade de Toronto. Innis revelou o ponto mais vulnerável da retórica do sublime elétrico e refutou todas os argumentos a favor da eletricidade que McLuhan celebrava. Principalmente, Innis contestou a noção de que a eletricidade iria substituir a centralização na economia e na política por descentralização, democracia e renascimento cultural. Situou a "tragédia da cultura moderna" dos Estados Unidos e da Europa nas tendências intrínsecas à imprensa e à mídia eletrônica de compressão do espaço e do tempo a serviço de um cálculo de comercialismo e expansionismo. A análise perspicaz de Innis se fundava em uma longa tradição de estudos acadêmicos e de extensas pesquisas. Na Universidade de Chicago, Innis foi influenciado por pesquisas em sociologia urbana e também pelo trabalho de Thorstein Veblen. Em seus próprios estudos do comércio de commodities canadense e das amplas relações entre a Europa e América do Norte, Innis desenvolveu a perspectiva sobre a qual baseou sua crítica histórica e social. Refutou a hipótese da fronteira de Turner, "tão agradavelmente isolacionista [que] a fonte de inspiração e ação não estava no centro, mas na periferia da cultura ocidental".

Innis avaliou a importância de fatores históricos e geográficos e a relação desses com os meios de comunicação e transporte. Desenvolveu, a partir dessas avaliações, a teoria de que os modos pelos quais sistemas de comunicação e transporte estruturam (ou "enviesam") as relações de tempo e espaço estão na base de instituições sociais. Innis dividiu a comunicação e o controle social em dois tipos principais. Mídias de viés espacial, como a imprensa e a eletricidade, estão conectadas à expansão e controle sobre o território e favorecem o estabelecimento do comercialismo, ao império e, enfim, da tecnocracia. Por outro lado, mídias de viés temporal, como manuscritos e a fala humana, favorecem comunidades relativamente próximas, a especulação metafísica e a autoridade tradicional.

Innis argumentou que o "viés" da tecnologia moderna era minar espaço e tempo, história e geografia:

> O industrialismo pressupõe tecnologia e a divisão do tempo em fragmentos adequados às necessidades do engenheiro e do contador. A tragédia da cultura moderna surgiu como invenções [que] destruíram um senso de tempo (...). A obsessão com o espírito presente impede a especulação em termos de duração e tempo (...). A inquietação geral inerente a uma obsessão com o tempo levou a várias tentativas de restaurar os conceitos de comunidade.

Ao abordar os trabalhos de Geddes, Innis avaliou os efeitos de longo prazo da energia elétrica. Em um ensaio intitulado "The Penetrative Powers of the Price System", Innis argumentou que quaisquer manifestações temporárias de descentralização e democratização que pudessem parecer associadas à energia elétrica eram apenas sobreposições em uma tendência maior rumo à expansão territorial, ao controle espacial, ao comercialismo e ao imperialismo.

Para Innis, essa capacidade da nova tecnologia elétrica aumentou a capacidade de potências imperiais de reunir áreas satélites dentro da órbita de seu controle. Não havia retórica capaz de envernizar ou reverter o padrão de controle tecnológico, segundo Innis; apenas a obra da política e do conhecimento acadêmico, a tentativa consistente de manter outra contracultura, oferecia alguma viabilidade.

Innis entendia que a morte da cultura no mundo moderno poderia ser prevenida somente por uma restrição deliberada da influência das tecnologias e das instituições em que estavam encerradas e por um cultivo persistente dos domínios da arte, da ética e da política. Como Patrick Geddes e Graham Wallas, identificou na tradição oral, com sua ênfase no diálogo e na dialética, valores e especulação filosófica, como a cultura de contrapeso à cultura tecnológica da sensação e da mobilidade.

Mas, a sustentação dessa tradição oral, e sua materialização em enclaves culturais, exige que elementos de estabilidade sejam preservados e estendidos, que comunidades de associação e estilos de vida sejam liberados da obsolescência ofuscante da mudança tecnológica. No entanto, como observou Innis, as demandas de crescimento, império e da própria tecnologia focavam, principalmente, no desenvolvimento global da energia elétrica e da mídia eletrônica enquanto fomentavam a expansão e a administração a distância.

A crescente facilidade com que a mídia eletrônica penetrava fronteiras nacionais preocupava Innis, porque aumentava os poderes do imperialismo e da invasão cultural. Innis considerava que "monopólios", seja da tecnologia elétrica ou mesmo da ortodoxia rígida, são ameaças à liberdade humana e à sobrevivência cultural. Percebia, exatamente, esse ímpeto ameaçador sob a superfície da Guerra Fria e dos estudos guiados por missões de "aventureiros do pós-guerra nas universidades" e "pseudossacerdotes da ciência".

Apesar da declaração de Marshall McLuhan sobre o efeito da televisão nos sentidos, o impacto desse meio de comunicação decorre de um simples fato tecnológico: cada uma das mídias modernas aumentou sua capacidade de controle do espaço. Fazem isso reduzindo o tempo de sinalização (o intervalo entre a hora em que uma mensagem é enviada e a hora em que é recebida) entre pessoas e lugares. A impressão resolveu o problema de produzir comunicação padronizada rapidamente e em unidades suficientes para administrar grandes áreas. Embora possibilite eficiência de produção, a impressão não possui um sistema de distribuição eficiente, dependendo de transportes marítimo, ferroviário e aéreo para alcançar circulação rápida e ampla. O desenvolvimento da comunicação eletrônica, que começou com o telégrafo e foi aperfeiçoada com o rádio e a televisão, resolveu, simultaneamente, os problemas de rápida produção e de distribuição.

Os meios modernos de comunicação têm, entretanto, um efeito comum: ampliam a extensão da recepção enquanto restringem a variedade da distribuição. Grandes audiências recebem, mas não conseguem responder diretamente ou participar de vigorosa discussão. Consequentemente, as mídias modernas criam o potencial para a administração e o controle simultâneos de espaços e populações extraordinários. Não há retórica que possa exorcizar esse efeito. O viés da tecnologia pode ser controlado apenas pela política, limitando as tendências expansionistas de sociedades tecnológicas e criando avenidas de discussão e participação democrática além do controle da tecnologia moderna.

Em seus últimos anos, Innis estava pessimista quanto às perspectivas futuras. O desenvolvimento do rádio e da televisão, a enorme influência dos interesses da comunicação dos Estados Unidos na alocação de padrões de frequência internacionais e a expansão de indústrias da comunicação no exterior caminhavam para uma forma mais intensa de imperialismo cultural. Em *Changing Concepts of Time*, de 1952, Innis comentou que os "vastos monopólios da comunicação ocupando posições entrincheiradas envolviam uma destruição contínua, sistemática e implacável de elementos da permanência essenciais para a atividade cultural".

O que Innis percebeu com mais clareza foi que o principal significado da eletrônica não estava no fornecimento de entretenimento e informação através do rádio e da televisão. Reconheceu que a velocidade e a distância da comunicação eletrônica ampliavam a possível escala da organização social e aumentavam consideravelmente as possibilidades de centralização e imperialismo em questões de cultura e política. Talvez o significado final da eletrônica esteja no uso da telefonia e dos computadores para ampliar enormemente o viés espacial dos humanos modernos: em resumo, para nos levar à Lua e tornar possível a colonização e o controle político do espaço sideral pelas culturas mais eletronicamente avançadas – os Estados Unidos e a União Soviética.

O pessimismo de Innis com relação ao futuro era aprofundado pela percepção de que aqueles que entendiam o curso da história e os perigos da tecnologia moderna – nomeadamente, acadêmicos e cientistas – haviam também internalizado a psicose técnica e se transformado em "ardentes evangelizadores da verdade", produzindo, em nome da ciência, "novos monopólios para explorar a fé e a credibilidade".

A análise e o conselho de Harold Innis foram em larga medida inúteis. Desde os anos 1960, vivemos com uma série de vozes proféticas proclamando uma revolução tecnológica a ser concretizada através do casamento do computador com a televisão, da comunicação com o processamento da informação. Estamos percorrendo terreno arenoso, riscos na imaginação social de longa data. Os atuais profetas e prognosticadores veem, em mais uma geração de máquinas elétricas, soluções tecnológicas para o que são, na verdade, problemas políticos persistentes. Alvin Toffler, primeiro, nos colocou em "choque futuro", uma doença que não sabíamos que tínhamos, para nos preparar para "A terceira onda". "Megatendências" diferem de tendências comuns, porque não podem ser resistidas ou redirecionadas e são vistas como benignas em suas consequências de todo modo. Figuras como Toffler e John Naisbitt são manifestações na cultura popular de uma visão de um futuro desejável e compartilhado, de modo instável, por uma variedade de grupos: as grandes sociedades de engenharia, corporações líderes com participações globais em alta tecnologia, universidades à procura de substitutos para o apoio federal em declínio, militares pretendendo aumentar sua parcela do produto interno bruto e o Departamento de Estado dos Estados Unidos em busca de novos meios tecnológicos para manter a hegemonia americana.

Qual é, então, a responsabilidade dos intelectuais com relação à revolução eletrônica?

Propomos que não é a convocação de uma *Vision '80*, um projeto "humanidade 2000" ou um congresso de futurólogos. A história da teoria da "utopia neotécnica" revela que o envolvimento intelectual na elaboração de planos para a aplicação da tecnologia foi uma abordagem inadequada. Essas tentativas falharam, porque o viés da energia e da comunicação eletrônicas é antitético ao uso disperso e ao controle em pequena escala.

A promoção da ilusão de uma "revolução eletrônica" beira a cumplicidade de intelectuais na mitificação do próprio complexo elétrico. A celebração da revolução eletrônica é um processo pelo qual o mundo da pesquisa acadêmica contribui para os cultos da engenharia, da mobilidade e da moda à custa de nossas raízes, tradição e organização política. Como Harold Innis apontou, o fim da cultura poderia ser contrabalançado apenas pela redução deliberada da influência de técnicas modernas e pelo cultivo dos domínios da arte, da ética e da política. Isso requer ação para anular e direcionar em vez de disfarçar o viés da revolução eletrônica; significa adotar critérios culturais e qualitativos em vez de definições mais quantitativas da qualidade de vida; requer descasar o humanístico do tecnológico em vez de oferecer uma imagem contraditória da tecnologia humanizada.

Obviamente, a revolução eletrônica não pode ser gerenciada através de estratégias puramente literárias, criando imagens do antissublime, ou alegorias de "humor negro", ou criando novas zonas de isolamento e inocência românticos. Mas, isso é precisamente a vocação da ficção científica orwelliana e das técnicas de protesto de confrontação. Essas são atividades neoluditas que indicam uma crença de que o apocalipse está sobre nós e que apenas uma cruzada simbólica, "ferindo o Pentágono" ou exorcizando carma ruim, pode nos salvar. Como os revolucionários eletrônicos, antitecnólogos sugerem que estamos vivendo em uma nova era ilimitada pela história, pela política e pela tecnologia anteriores. Apenas invertem a mitologia sobre as estações geradoras da eletrônica. Em uma resposta falha, procuram miragens ilusórias, uma sensibilidade reprogramada, uma pastoral química, uma política de estilo. Ao passar por cima do trabalho firme de pesquisa e política, esse envolvimento em intransigência, resistência e circos elétricos apenas americaniza o mito de Sísifo. A paranoia sobre as mídias de massa e uma sensação de impotência são o oposto simplista do mito da eletrônica.

Em *Player Piano*, Kurt Vonnegut anteviu a derrota definitiva de qualquer neoludismo em seu "American in the Electronic Age". Como proclamam seus aspirantes a contrarrevolucionários: "aqueles que vivem pela eletrônica, morrem pela eletrônica". "Iremos redescobrir as duas grandes maravilhas do mundo, a mente e a mão humanas (...) andar para onde estivermos indo (...). E ler livros em vez de assistir à televisão". Mas, o novo ludismo não oferece modos de vida alternativos. Consequentemente, o imperativo tecnológico expande para novos domínios apesar dos protestos.

Há um outro *Zeitgeist* de irrelevância que tenta estabelecer localizações especiais e isolamentos, literalmente, reservas humanas, em que a eletrônica pode ser dominada e domada por preces seculares e pela imaginação. Em *Walden II*, de B. F. Skinner, e *A ilha*, de Huxley, uma mescla de folclore e futurismo se desenvolve no plano artificial do utopismo. Nas palavras de Huxley, "a eletricidade, menos o controle de natalidade e mais a indústria pesada é igual ao totalitarismo, guerra e escassez", mas "a eletricidade, mais o controle de natalidade e menos a indústria pesada é igual à democracia, paz e abundância". Esse é o novo tipo de lugar-comum que renomeia manipulação como reabilitação, tecnocracismo como humanismo, e assim por diante.

Defendemos que intelectuais lidem com realidades e atendam às preocupações vivas da população em vez de escapar da política ou voltar ao folclore. Atualmente, é incumbência de todos nós ressuscitar o que resta de um universo de discurso, linguagem política e vocabulário democrático. Nossas capacidades conceituais e perceptuais já foram bombardeadas e nossas dimensões morais desnudadas pela mitologia da tecnologia e pelo folclore de um idílico passado.

A primeira tarefa é desmistificar a retórica do sublime eletrônico. A eletrônica não é a chegada do apocalipse nem a dispensação da graça. A tecnologia é tecnologia; é um meio de comunicação e de transporte no espaço, nada mais. Ao desmistificarmos, também poderíamos começar a desmantelar os fetiches da comunicação pela comunicação e descentralização e participação sem referência a conteúdo ou a contexto. Cidadãos agora sofrem em muitas áreas de sobrecargas de comunicação e overdoses de participação. Devemos nos dirigir diretamente aos problemas primordiais: o desenraizamento das pessoas de comunidades significativas e o fracasso da organização política em torno de questões autênticas. Sendo assim, a participação funcional e a descentralização geográfica não podem resolver problemas no governo, nas fábricas e nas escolas que sejam constitutivos e não meramente mecânicos. As questões políticas não são centralismo *versus* descentralismo, mas democratização; não livro *versus* computador na educação, mas um currículo adequado; não instituições representativas *versus* participativas, mas a reconciliação de imenso poder e riqueza com ideais de liberdade e igualdade. Pode ser que o verdadeiro controle sobre a mídia eletrônica irá necessitar de mais centralismo formal. O ponto é mesmo pragmático no sentido não filosófico da palavra. Para reduzir os delírios gêmeos da tecnologia e do mito, precisamos transmitir essas preocupações ao público. Intelectuais devem demonstrar a relevância da integridade e da racionalidade acadêmicas por meio de estudos críticos que possam atingir uma audiência em termos compreensivos. O foco não deve ser negativista, mas a favor dos valores das artes, da ética e da política, onde as pessoas encontram satisfação. Como Perry Miller formulou a questão em seu eloquente ensaio, "The Duty of Mind in a Machine Civilization", "podemos dizer, sem recurso ao isolacionismo romântico, que somos capazes de resistir aos efeitos paralisantes sobre o intelecto do niilismo iminente do que foi anteriormente a promessa científica da bem-aventurança (...) milhões de americanos, mais do que o suficiente para vencer uma eleição, têm apenas noções vagas, preocupações pouco inquietas, quanto à existência de uma tal animosidade (...). Em todos nós, quem quer que sejamos, reside a responsabilidade de assegurar a escuta do público".

Essa escuta deve ser assegurada em uma linguagem da democracia que seja desmistificada e em que palavras políticas sejam novamente associadas a objetos e processos políticos. Ao menos isso parece ser uma responsabilidade para a formação de um "partido da mente".

A HISTÓRIA
DO FUTURO
―――――――――――――――――――――

Em *The Image of the Future*, F. L. Polak (1961) traçou a preocupação humana com o futuro até suas raízes antigas no oráculo de Delfos e nos sacerdotes astrológicos. No entanto, a história moderna do futuro tem origem com a emergência da ciência e o início da era da exploração. Armado com as técnicas da ciência moderna, especialmente, os novos aparelhos de medição de relógios e telescópios precisos, um sacerdócio secular se apossou da ideia de um futuro perfeito, uma zona de experiência além da história e da geografia comuns, uma nova região de tempo abençoada com uma paisagem perfeita e um aperfeiçoamento do humano e da sociedade. Ainda assim, há uma continuidade dos antigos astrólogos do templo, da tribo e da cidade com os cientistas modernos, pois ambos são uma casta elevada que professa conhecimento especial sobre o futuro – de fato, estabelece uma reivindicação de domínio eminente sobre os próximos estágios da história humana.

Oráculos modernos, como suas contrapartes antigas, constituem uma classe privilegiada que monopoliza novas formas de conhecimento e, alternativamente, assusta e cativa grandes audiências enquanto retrata novas versões do futuro. Além disso, as elites científicas modernas frequentemente ocupam o mesmo duplo papel de oráculos para as pessoas e servos da classe dominante, assim como os astrólogos da antiga civilização. E dependem de um apelo semelhante à autoridade. Os antigos astrólogos usavam suas habilidades para prever o comportamento de planetas com o intuito de ordenar a vida social através do calendário e regular a agricultura. O conhecimento da ordem astronômica, por sua vez, apoiou sua autoridade como videntes para todos os propósitos capaz de domar o futuro. Similarmente, os cientistas modernos usam sua capacidade para prever o comportamento de sistemas estreitos e fechados e para reivindicar o direito de prever e organizar todos os futuros humanos.

E, embora o futuro como uma forma profética tenha uma longa história, o futuro como uma região previsível da experiência nunca aparece. Pois o futuro está sempre nos bastidores e nunca consegue fazer sua entrada na história; o futuro é um tempo que nunca chega, mas é sempre esperado. Para entender o dilema do futuro, podemos pegar a deixa de um acadêmico que, ao refletir sobre a perda de interesse na história, perguntou "O passado tem um futuro?", e questionarmos também "Que tipo de passado teve o futuro?" O futuro como uma ideia tem, de fato, uma história definida e serviu como uma arma política e cultural poderosa, particularmente, nos últimos dois séculos. Durante esse período, a ideia do futuro foi apresentada e operada na vida americana e britânica em três formas bem distintas.

Em primeiro lugar, o futuro é frequentemente visto como causa para a revitalização do otimismo, uma exortação ao público para manter a "fé", e é materializado em exposições comemorativas do progresso, em feiras mundiais, em invocações oratórias e na declaração de objetivos nacionais e internacionais. Em segundo, o futuro, na política da profecia literária, é representado de forma atraente como a realização de uma ideologia ou de um idealismo particular. O passado e o presente são reescritos para evidenciar uma mudança significativa dos tempos em que políticas e tecnologias específicas produzirão uma saída para os atuais dilemas e uma nova era da paz, democracia e harmonia ecológica reinará. Em terceiro, o futuro adquiriu uma nova expressão no desenvolvimento de tecnologias modernas de processamento de informação e tomada de decisão pelo computador e dispositivos cibernéticos. Aqui, o futuro é um ritual de participação de exorcismo tecnológico onde o ato de coletar dados e de permitir a participação do público em extrapolar tendências e fazer escolhas é considerado um método para limpar a confusão e nos aliviar de fragilidades humanas.

I

Ao longo da história dos Estados Unidos, uma exortação ao futuro tem sido a abertura padrão de comemorações de aniversários importantes e de declarações renovadas do propósito nacional. Em celebrações da ciência e da indústria e nos discursos de oficiais públicos, a invocação de um futuro tecnológico sublime eleva os lugares-comuns prosaicos e cotidianos da "fé americana", com suas promessas de progresso e prosperidade, a um apelo à confiança pública nas instituições estabelecidas e práticas industriais. Essa exortação ao futuro sublime é uma tentativa de defesa contra a dissensão e de embelezamento cosmético das manchas do corpo político com a imagem de um futuro melhor para todos.

A estratégia do futuro como exortação foi exemplificada pela Exposição Universal (Centennial Exhibition) montada na Filadélfia em 1876. A Exposição Universal foi observada através do símbolo preferencial do século XIX do progresso e do otimismo, a exposição industrial. O objetivo inicial da exposição era atestar a unidade dos Estados Unidos onze anos após a Guerra Civil. No entanto, a atração magnética da exposição foi o salão das máquinas com treze acres de máquinas conectadas por polias, eixos, rodas e correias a um gigante motor a vapor Corliss no transepto central. Simbolicamente, o presidente Grant abriu a Exposição Universal girando as alavancas que trouxeram o motor gigante à vida com a ajuda de dom Pedro II, imperador do Brasil. O motor Corliss, que dominou a Exposicão Universal, ilustrou o gigantismo da tecnologia mecânica, que arrebatou tanto o público quanto os políticos. As máquinas eram símbolos da grandeza e da força do povo dos Estados Unidos e um sinal esperançoso para o segundo século da vida americana. Até tipos literários como William Dean Howells foram impressionados pelo motor a vapor Corliss: "nessas coisas de ferro e aço (...) o gênio nacional fala livremente; em pouco tempo, os mármores inspirados, as telas vivas, a grande literatura; pois a América presente é loquaz nos metais fortes e seus usos infinitos" (Brown, 1966: 130).

Enquanto o hardware gigante da "era do vapor" dominou a exposição, as novas máquinas elétricas também triunfaram nos salões, onde a lâmpada elétrica e o telefone de Alexander Graham Bell foram exibidos.

Ao inaugurar a feira, o presidente Grant observou que, por necessidade, nosso progresso maior tinha sido nas tarefas práticas de subjugar a natureza e de construir a indústria, mas que logo rivalizaríamos com as nações mais antigas na teologia, nas ciências, nas belas artes, na literatura e no direito. Pois, embora aquela fosse uma celebração de 1876, tinha o olhar claramente fixado em 1976, o próximo centenário, em direção ao qual o progresso estava garantido pelos avanços nativos na mecânica e na indústria. No entanto, os Estados Unidos dos anos 1870 exibia diversos sintomas nem sempre em harmonia com o humor predominante da Exposição Universal. As duas décadas subsequentes a 1873 foram marcadas por uma depressão mundial. "Melhorias" anteriores na comunicação e no transporte haviam levado a um grau sem precedentes de integração internacional na economia. Falhas na economia se espalharam por essa rede internacional, de modo que a "revolução na comunicação" de 1830 gerou, como colocou um observador, três fenômenos históricos inéditos: "um mercado agrário internacional, uma depressão agrária internacional e, como clímax, um descontentamento agrário internacional" (Benson, 1951: 62). A discórdia amarga reverberou pela sociedade americana, espreitando até mesmo na sombra da Exposição Universal. Agitações de trabalhadores nos campos de carvão da Pensilvânia levaram a greves, à organização sindical e ao enforcamento de dez membros de Molly Maguires em

1877. Durante 1876, o presidente Grant teve de despachar tropas para o Sul para controlar a violência após a eleição contestada de Rutherford Hayes. A própria Exposição Universal foi tumultuada no 4 de julho pela apresentação de Susan Anthony da Declaração dos Direitos da Mulher. Frederick Douglass, liderança negra contemporânea, foi um convidado oficial na inauguração da exposição, embora a polícia tenha dificultado sua passagem até o estande da recepção. Entretanto, sua presença simbólica não retardou a disseminação das leis Jim Crow pelo Sul, desfazendo qualquer ganho acumulado para os negros após a Guerra Civil. Finalmente, nove dias antes da celebração ápice do 4 de julho, chegaram notícias da derrota de Custer em Little Big Horn (Brown, 1966, passim). Essas realidades da vida americana – os problemas de relações raciais e étnicas, a democracia política, o proletariado industrial e a depressão crônica – não permearam a retórica oficial da Exposição Universal com seus olhos fixados firmemente no amanhã.

Para outra celebração de centenário, dedicamo-nos a criar uma comissão sobre objetivos nacionais, um comitê bicentenário, agências e comissões para prever o ano 2000. Além disso, os mesmos problemas que assombravam 1876 prejudicaram a paisagem do bicentenário. Enfim, embora os símbolos privilegiados do progresso tecnológico tenham mudado – satélites, espaçonaves, computadores e dispositivos de informação substituíram os motores e dínamos a vapor –, o mesmo estilo de exortação ao futuro melhor através da tecnologia domina a vida contemporânea. Essa exortação que planeja o presente para o futuro é, portanto, um aspecto particular, embora não peculiar, da cultura popular dos Estados Unidos. Na frase incisiva de Horace Kallen (1950: 78), é "a doutrina e de disciplina do pioneirismo transformado em arte".

As razões por trás dessa orientação são fáceis de afirmar, embora difíceis de documentar brevemente, pois a própria criação dos Estados Unidos foi uma tentativa de superar a história e de escapar da experiência europeia, não apenas encontrar um novo lugar, mas fundar um "novo mundo". A ideia de uma "nova terra", um continente virgem, tinha sido parte da tradição utópica europeia. A chegada à América durante a era dos descobrimentos removeu a utopia da literatura e a instalou na vida.

Essa noção de liberação da experiência europeia, ser livres para alcançar o futuro sem a bagagem e as responsabilidades do passado, sempre foi central à crença dos Estados Unidos. Apareceu primeiro em um contexto religioso, na crença de que um cristianismo uniforme e não sectário seria possível na "Nova Inglaterra" por causa da ausência de instituições e tradições europeias. No século XIX, avanços dramáticos na tecnologia e na industrialização eram vistos como uma analogia para a disseminação da religião americana, de modo que o aperfeiçoamento espiritual forjado pelo cristianismo estava ligado àquelas "melhorias internas", particularmente, melhorias no transporte e na comunicação. Em meados do século, canais, ferrovias e o telégrafo se tornaram as mais importantes formas de atividade missionária.

O curso e o domínio do império espiritual se tornaram cada vez mais identificados com aquele empreendimento prático, destino manifesto, o curso do império americano. A liberação dos Estados Unidos da história conferia ao país um papel missionário no mundo: persuadir o mundo de uma verdade absoluta – inicialmente religiosa, depois técnica; criar um futuro radical "de uma peça com a entrada titânica no 'novo mundo' do vapor e da eletricidade" (Miller, 1965: 52).

Sempre que o futuro falhava, como ocorreu muitas vezes durante os séculos XIX e XX, apelava-se novamente para um novo futuro, remendando o fracasso de previsões anteriores. Em especial, missionários e políticos apelavam a americanos para reter a fé no futuro como tal; apelavam ao futuro como um solucionador e pediam ao público que acreditasse que a mais recente tecnologia ou o projeto social iria justificar completamente os sacrifícios do passado e a sobrevivência à turbulência presente.

Cinquenta anos após a Exposição Universal, os principais historiadores do período, Charles e Mary Beard, embora não alheios às dificuldades dos Estados Unidos pós-guerra, ficaram fascinados com a vastidão do inventário industrial apresentado na Exposição Internacional do

Sesquicentenário (Sesquicentennial Exposition) em contraste com o que havia sido exibido em 1876. Além disso, observaram o destino social dos Estados Unidos nas "rupturas radicais efetuadas na tecnologia pelos dispositivos elétricos, pelo motor de combustão interna, pela transmissão sem fio do rádio", mudanças que consideravam "mais importantes até mesmo do que aquelas forjadas pela invenção na era de Watt e Fulton". Argumentaram que a nova tecnologia removeu a melancolia e a depressão da era do vapor e forneceu uma nova força motriz para reorganizar os padrões sociais americanos. A eletricidade iria emancipar a humanidade e integrar a cidade com o campo enquanto o rádio traria cosmopolitismo "como se nas asas do vento". Concluíram, em prosa lírica, que a "influência dos novos motores e máquinas era tão sutil quanto a eletricidade que girava a roda, iluminava o filme e levava a música" (Beard e Beard, 1940: 746).

Anos depois, durante a Grande Depressão, Franklin Delano Roosevelt ritualmente animou o povo americano, lembrando-os de que:

> Dizemos que somos um povo do futuro (...) o comando da fé democrática sempre foi para a frente e para o alto; os homens livres nunca ficaram satisfeitos com a mera manutenção do status quo (....). Sempre mantivemos a esperança, a convicção, de que havia uma vida melhor, um mundo melhor, além do horizonte (Nevins, 1971: 400-401).

Da mesma forma, na Exposição Universal de 1933 (Century of Progress) em Chicago, onde Thomas Edison estava sendo homenageado e a exibição elétrica apresentava os temas da conquista do tempo e do espaço, Roosevelt tentou banir dúvidas e medos, referindo-se à "inauguração de um século de progresso ainda maior – NÃO apenas em termos materiais mas, um mundo em ascensão que culminará na maior felicidade da humanidade".

A função dessa retórica foi certa vez caracterizada por C. Wright Mills (1963: 302): "quanto mais os antagonismos do presente tiverem de ser sofridos, mais o futuro é usado como uma fonte de pseudounidade e moral sintética". O futuro em exortação se torna um solucionador; o próprio ato de seguir adiante no tempo constitui um movimento para longe de problemas passados e dificuldades presentes. O futuro se torna um fuso horário em que a condição humana é de alguma forma transcendida, a política evaporada e um estágio abençoado de paz e harmonia democrática é alcançado. O historiador Allan Nevins (1971: 398) expressou claramente essa ideologia nativa:

> A unidade na vida e no pensamento político americanos certamente não decorre de um consenso geral sobre qualquer corpo de doutrinas (...). O significado da democracia no Oregon é bem diferente do seu significado no Alabama. Frequentemente, dizem-nos que somos mantidos juntos como um povo não tanto por nossa lealdade comum ao passado (...) quanto pela fé e esperança comuns sobre o futuro. Não é o olhar para trás (...), mas o olhar para a frente que nos dá coesão. Embora partilhemos algumas memórias, o fato muito mais importante é que partilhamos muitas expectativas (...). O grande sentimento unificador da América é a esperança do futuro (...). Para a unidade nacional, é importante manter no povo americano esse sentimento de confiança em um futuro comum.

Essas visões têm usos políticos potentes. A ideologia do futuro pode servir como uma forma de "falsa consciência", uma deflexão para longe dos problemas substanciais do presente, problemas baseados em conflitos por riqueza e status e o controle apropriado da tecnologia, rumo a um futuro no qual esses problemas, pela própria natureza do futuro, não podem existir. Assim como os justificadores do Império Britânico no século XIX clamavam não apenas pelo reconhecimento, mas também pela crença na Revolução Industrial, também Nevins, como outros apologistas, pede que nossos "grupos minoritários" tenham seu sentimento de privação aliviado pela participação na "fé na partilha, em termos iguais, em um futuro mais feliz". De maneira semelhante, um dos primeiros atos de Richard Nixon como presidente foi a criação de um National

Goals Research Staff (Equipe de Pesquisa de Objetivos Nacionais). Essa equipe era encarregada de orientar os americanos para o bicentenário e o ano 2000 para que pudéssemos "aproveitar o futuro como a dimensão-chave de nossas decisões" (Futures, 1969: 459).

Cultural e politicamente, portanto, a ideia do futuro funciona da mesma forma que a noção da "mão invisível da providência" operando nos sonhos de "cidades celestiais" nos séculos XVIII e XIX; fornece uma base para a fé na retidão essencial dos motivos e da política em meio à desordem do presente. A retórica do futuro no século XX ofereceu, nas palavras de Aldous Huxley (1972: 139), um "futuro motivador e compensatório" que consola pelas misérias sofridas no presente. Para a mente crítica de Huxley, a literatura do futuro ofereceu às gerações modernas o que o sermão metodista sobre tempos difíceis agora e recompensas celestiais depois proporcionou para a primeira classe trabalhadora inglesa no início da Revolução Industrial: a retórica de um futuro sublime como uma alternativa à revolução política e um estímulo à aquiescência. Na nova literatura do futuro, a salvação não é uma revolução sobrenatural, mas terrestre e suas correlatas em aprimoramento moral, social e material. Como Huxley (1972: 140) concluiu, "a ideia de (...) felicidade no século XXI consola os beneficiários desiludidos do progresso".

Do enorme *corpus* de escritos proféticos sobre o futuro, selecionamos alguns autores britânicos e americanos que ilustram aspectos essenciais dessa literatura. Embora os motivos e origens dos autores difiram, certos temas comuns distintos caracterizam a literatura futurista. Invariavelmente, as mais novas tecnologias de comunicação e transporte são vistas como meios para a solução duradoura de problemas existentes e uma ruptura radical com padrões históricos anteriores. Também o futuro é sugestivamente desenhado como uma paisagem onde um estado sublime de equilíbrio ambiental, harmonia social e paz é alcançado.

Na revista *Futures*, I. F. Clarke (1969) identificou a primeira grande previsão tecnológica escrita em língua inglesa como sendo o trabalho de um autor anônimo publicado em 1763 sob o título *O reino de George*

VI, 1900–25. Essa utopia inaugural, que teria iniciado a era da extrapolação, descreveu o futuro como um mero aperfeiçoamento do *éthos* do reino de George III. Projetou a consolidação e a expansão do império pelos continentes da Europa e pela América do Norte com uma Pax Britannica de hegemonia segura por meio de uma comunicação e de transporte infinitamente melhorados, apoiando o comércio, as relações exteriores e a força militar. Publicado no mesmo ano da Guerra Franco-Indígena e treze anos antes da revolta das trezes colônias, alegou avistar um tempo quando rivalidades perenes da Inglaterra aceitariam de bom grado as ordens de Londres. Coevo aos experimentos a vapor de Watt, o trabalho de Clarke sugeriu que o campo inglês seria embelezado pelas hidrovias e rotas da nova indústria, que as cidades poderiam continuar pitorescas e que a sociedade de conveniências aristocráticas seria perpetuada. Durante o predomínio do Império Britânico, uma literatura do futuro imperial buscou impressionar o público leitor com essas razões sublimes para gastos e sacrifícios contínuos em nome do destino anglo-saxão. Com o tempo, também se tornou uma base para argumentar contra a ideologia revolucionária quando o cartismo, o marxismo e o republicanismo desafiaram o sistema.

Uma apoteose de otimismo do século XIX se seguiu ao trem da Grande Exposição de 1851, quando o *éthos* prevalente da autossatisfação vitoriana imaginou que uma comunidade global de interesses seria o produto inevitável da comunicação e do transporte na causa do comércio e do império. Houve alguns dissidentes que furaram a mística do Palácio de Cristal e corretamente perceberam na industrialização suas tendências perniciosas de diminuir o humano e a natureza sob o avanço da máquina. A nota dominante permaneceu sendo aquela de consequências sociais benéficas a serem derivadas das conquistas pela tecnologia da Terra e das barreiras do tempo e do espaço. Ironicamente, estas incluíam dádivas que ainda estamos esperando, como liberação de tarefas enfadonhas, o casamento entre beleza e utilidade e o fim da guerra e da consciência cosmopolita.

Um documento crucial desse período ilustra como o futuro de hoje também é o futuro de ontem. Em *The Silent Revolution: or the Future Effects of Steam and Electricity upon the Condition of Mankind,* uma projeção feita a partir da perspectiva de 1852, Michael Angelo Garvey retratou o mundo como a Grande Exposição em uma escala maior, onde todos os problemas do industrialismo foram finalmente resolvidos. A favela repleta de fumaça e o espectro malthusiano seriam eliminados, pois o transporte redistribuiria a população para novas colônias e permitiria o acesso de uma nova e elevada classe trabalhadora a "ar puro e paisagem alegre". Compartilhando da noção equivocada da maioria dos futuristas de que conflitos sociais resultam de insuficiência na comunicação e no isolamento, Garvey personificou a tecnologia da viagem e da telegrafia. A ferrovia era "se não a grande niveladora", a "grande mestre de cerimônias", que "diariamente apresenta as várias classes" e as torna mais familiarizadas umas com as outras. Em um "futuro" mais distante, Garvey projetou um sistema de comunicação total, antecipando as noções de Marshall McLuhan: "uma rede perfeita de filamentos elétricos" para "consolidar e harmonizar a união social da humanidade, fornecendo um aparato sensível análogo ao sistema nervoso da forma viva" (Garvey, 1852: 103-104, 134, 170).

Esse futuro perfeito combinava com outras profecias vitorianas, apesar das realidades próximas da fome na Irlanda e da agitação trabalhista, da Guerra da Crimeia e de outras manifestações de discórdia e disputa. Mas, o motivo por trás da literatura futurista da era imperial era patentemente claro em *The Silent Revolution*. Garvey implorou aos seus leitores que mantivessem sua lealdade ao regime, o guardião apropriado do futuro, e evitassem motins barulhentos por reforma ou revoltas. A "revolução silenciosa" era substituta de uma revolução social, um método retórico para manter não apenas a maioria, mas as minorias em silêncio sobre questões de diretriz imperial.

A literatura do futuro do império continuou a espelhar e moldar a opinião dominante da elite britânica até o século XX. Suas atitudes regularmente ofuscaram as advertências críticas sobre o destino que aguardava prolongamento no exterior e a retenção de instituições obsoletas em casa. Embora as citações de versões do século XX da literatura dos futuristas imperiais já pareçam obscuras para nós, tendo em vista a diminuição do poder inglês, cabe observar o quanto o futurismo americano em seu presente contexto – por exemplo, em "Technetronic Society" de Zbigniew Brzezinski (1970) – deriva sua inspiração do imaginário americano da Pax Britannica amplificado por instrumentos eletrônicos de comunicação para a condução da política externa e de guerras, bem como a pacificação da população local.

Em *The World in 2030,* um olhar a partir do ano 1930, o conde de Birkenhead tentou misturar imperialismo e futurismo como defesa contra a erosão da confiança pública causada pela depressão e pela emergência de ditadores. Para oferecer um alívio dos mais de 230 anos de turbulência, Birkenhead previu um momento decisivo, idêntico àquele delineado por atuais escritores sobre o futuro: "hoje, estamos testemunhando a morte da sociedade e da tradição que existem desde a primeira Revolução Francesa e da Revolução Industrial" (Birkenhead, 1930: 116). Essa mudança, no entanto, não era para ser política ou social, mas tecnológica. A eletrificação do campo inglês e as fábricas descentralizadas e sem fumaça deveriam compreender uma bela paisagem de laboratórios que se assemelha a um "parque interminável" e emana a plenitude de uma "Arcádia industrial".

O descontentamento público com o governo remoto poderia ser tratado, obtendo-se participação formal através da comunicação eletrônica, de modo que "será viável mais uma vez reviver aquela forma de democracia que floresceu nas cidades-Estado da Grécia Antiga" (Birkenhead, 1930: 8-9). A transmissão de debates especiais poderia ser seguida de pesquisas de opinião imediatas através de dispositivos inseridos em trocas telefônicas. Mas, isso significava que não haveria uma transferência efetiva de poder para o povo, porque, na análise de Birkenhead, o governo provavelmente deveria ser passado para uma classe de especialistas, cuja consulta eletrônica seria uma mera formalidade, uma aparência de democracia para o Leviatã eletrônico. Além disso, Birkenhead vislumbrou o mundo futuro como a contínua administração de questões mundiais e a evolução da organização internacional em torno do núcleo da British Commonwealth, a Comunidade Britânica de Nações, com a Índia, a África do Sul e até mesmo Dublin novamente em sua órbita. O mundo futuro seria seguro para a Força Aérea Real (RAF) patrulhar os oleodutos no Iraque e para as conveniências da classe alta, como Rolls Royces silenciosos e cavalgadas para caçar com cães. Em conjunto, "o mundo em 2030" seria nada mais do que o sonho desejoso de uma mentalidade tóri, de 1830, mesclada com a expressão tecnocrática.

A tendência da *intelligentsia* britânica de conceber o futuro unicamente nos termos do império era tão manifesta que afetou até mesmo liberais, fabianos e modernizadores científicos, como J. B. S. Haldane. O mais inventivo dos futuristas da primeira parte do século XX, H. G. Wells, foi incialmente membro de um círculo que via o império como "o precursor pacífico de um Estado Mundial concreto" (Wells, 1929: 126) e a força militar real, equipada com as mais recentes tecnologias da comunicação e do transporte, como a antecessora de uma "polícia mundial" pronta para ser enviada rapidamente a qualquer ponto problemático para suprimir a atividade insurrecional.

Em contraste com os futuristas imperialistas, emergiu uma visão alternativa do futuro genuinamente dedicada à descentralização do poder e da indústria, uma reabilitação da paisagem natural e uma revitalização de culturas regionais. Suas principais figuras eram o anarquista e naturalista russo, Piotr Kropotkin, e o regionalista escocês, Patrick Geddes. A visão de Kropotkin de uma "aldeia industrial" do futuro anteviu a dispersão da produção e da população para níveis de comunas e oficinas (Kropotkin, 1913). A transmissão de eletricidade substituiria o imenso motor a vapor, as fábricas desumanizadas e a mão de obra alienada. Essa ideia atraente foi aprofundada por Geddes como uma teoria da reversão das adversidades da Revolução Industrial e a chegada de um modo de vida "utópico" em um futuro próximo.

Durante e depois da Primeira Guerra Mundial, Geddes e seu colega sociólogo Victor Branford editaram uma série de livros e panfletos coletivamente publicados sob os títulos *Interpretations and Forecasts*, *The Making of the Future* e *Papers for Present* (Geddes, 1917). Lewis Mumford, o mais notável discípulo americano de Geddes, atribui a este biólogo e planejador urbano a introdução do "futuro, por assim dizer, um terreno legalmente delimitado no pensamento social" (Barnes, 1966: 384). Geddes ganhou o título de "grande irmão da reforma" por meio de seus experimentos de campo ativistas de Chicago a Edimburgo até a Índia e a Palestina. Sua influência intelectual se estendeu a contemporâneos como Jane Addams e John Dewey e reemergiu em versões atualizadas nos trabalhos de figuras como Paul Goodman e Marshall McLuhan.

Ao representar o futuro, o próprio Geddes desenhou um contraste dialético entre formas velhas e novas de tecnologia. A eletricidade seria a chave para uma "grande transição" de formas de concentração para a descentralização, de poluidores para a ecologia, de congestionamento urbano de falso cosmopolitismo para o renascimento do regional e do folclórico: "podemos dividir a era da máquina em idade paleotécnica da fumaça e do motor a vapor e a idade neotécnica da eletricidade e do rádio, a derrota do barulho e a utilização do lixo" (Geddes, 1917, prefácio). A meta do futuro para Geddes era uma "Utopia" neotécnica sob uma "parceria entre homem e natureza" em um mundo redesenhado para se assemelhar a um jardim.

Há uma semelhança impressionante entre a concepção de futuro de Geddes e noções mantidas por futurólogos contemporâneos. Geddes esperava o fim da política, de partidos e de ideologias. No lugar de ativismo político, ele e Brandford defenderam uma terceira alternativa além da direita e da esquerda a ser conduzida por "exércitos da paz" de "militantes universitários" indo aos povos do mundo em projetos de reconstrução ambiental, conservação, reforma educacional e modelo cívico. O imperialismo seria superado por federações regionais autônomas. Esse descuido com fatores e fatos políticos nas ideias de Geddes foi avaliado por Mumford como o lapso crítico de sua visão do mundo futuro.

O futuro de Geddes se baseava em vários outros erros. A nova tecnologia, como aplicada, acarretava o aumento da centralização e da concentração, bem como o domínio da paisagem por grandes potências. E estendia o alcance do controle por centros de poder imperialistas sobre culturas e regiões indígenas.

As ideias de Geddes e Kropotkin tiveram influência nos Estados Unidos entre os principais conservacionistas, planejadores regionais e críticos sociais. A transferência para a cena americana das formulações neotécnicas de Geddes deveu-se, especialmente, aos trabalhos de Lewis Mumford.

Em *Technics and Civilization*, de 1934, Mumford atribuiu uma série de "mudanças revolucionárias" a efeitos "qualitativos" da própria eletricidade, particularmente, turbinas hidroelétricas e maquinário automático incipiente na fábrica. Supôs que esses efeitos incluíam uma "limpeza da paisagem" pela "Geotécnica" na "construção de reservatórios e barragens de energia" e suspensão da "nuvem de fumaça", pois, "com a eletricidade, o céu claro e a água limpa (...) retornam de novo".

A paisagem sublime do futuro radiante seria um casamento misto entre cidade e campo, agricultura e indústria e até mesmo a distribuição de população excedente e de riqueza (Mumford, 1963: 255-256).

Da comunicação por rádio e "de pessoa para pessoa", Mumford esperava uma democracia universal por meio da tecnologia: "existem agora os elementos para o mais próximo de uma unidade política quanto já foi possível nas menores cidades de Ática" (Mumford, 1963: 241).

Mas, a americanização do evangelho de Geddes por Mumford ficou sujeita à mesma ironia da história que havia derrotado projeções anteriores do futuro. O projeto e o reservatório hidroelétricos extirparam e erodiram ainda mais o meio ambiente. O ar, a água e a terra não foram nem clareados nem limpos, como nós que habitamos essa paisagem futura bem sabemos. A megalópole continuou a crescer. A automação total ainda é mais uma previsão do que uma realização, enquanto o impulso de organização do Congress of Industrial Organizations (Congresso de Organizações Industriais – CIO) começou intensamente no momento em que Mumford escrevia sobre o fim da classe trabalhadora. Politicamente, foi uma era de ditadores e de poder centralizado.

O próprio Mumford foi obrigado a admitir que havia ocorrido uma "falha da máquina", visto que a civilização continuava presa em um estágio "pseudomórfico": "as novas máquinas seguiam o padrão disposto pelos padrões econômicos e técnicos anteriores". Em uma reavaliação subsequente, Mumford havia entendido que a crença na eletricidade como uma força revolucionária foi, de fato, equivocada; mesmo "nesses planos que foram realizados, a concretização, retrospectivamente, desfigurou a antecipação" (Mumford, 1959: 534).

Não obstante, os temas de Mumford reapareceram na literatura do futuro. Há 36 anos, compôs uma seção sobre "amortecedores", cuja essência ressurgiu em *Future Shock* de Alvin Toffler (1971). Toffler revitalizou os temas da sublime revolução tecnológica de quarenta anos antes como um meio de investigar o ano 2000. O trabalho recente de Toffler é embelezado pelo mesmo simbolismo recorrente do gênero futurista. Existem muitas rupturas "finais e qualitativas" guardadas para o novo milênio. De acordo com Toffler, a nova sociedade "rompeu irreversivelmente com o passado", transcendendo a geografia e a história.

O que encontramos em Toffler é um retrato do futuro como um novo domínio livre das consequências da Revolução Industrial. A era da automação é imaginada como uma mudança "mais importante do que a Revolução Industrial". As novas indústrias de tecnologias eletrônicas e espaciais são caracterizadas por "silêncio relativo e ambientes limpos" em contraste com as imagens de "usinas de aço esfumaçadas ou máquinas tilintantes". O fim da linha de montagem dispensa o clássico conflito de classes, colocando um "novo homem organizacional" no papel principal como protagonista histórico. A democracia antecipatória será instituída na "Câmara Municipal do Futuro", onde críticos das tecnologias serão derrotados por um movimento futurista. Minorias dissidentes e americanos médios recalcitrantes serão cooptados para uma participação programada em jogos de planejamento do futuro. Grupos serão dissuadidos de fazerem oposição ao programa especial e terão sua discordância canalizada para o apoio da tecnologia aprimorada. Quadros de especialistas serão vinculados a vários grupos sociais para que a proficiência se case com a solicitação de consentimento.

Outra comparação ilustrativa pode ser tirada da literatura dos anos 1930 e 1970. A retórica contemporânea de um futuro nacional sublime apenas coloca o computador e o transistor onde geradores de energia outrora dominaram como a tecnologia predominante. Uma semelhança impressionante pode ser vista no confronto entre a celebração da Tennessee Valley Authority (Autoridade do Vale do Tennessee – TVA) como uma vitrine do New Deal e a recente projeção da contracultura eletrônica em *The Greening of America* (Reich, 1970).

Ao contrário das intepretações predominantes, o New Deal teve seus impulsos futuristas em esforços para sancionar projetos de construção de novas comunidades, de descentralização do poder, da recuperação da paisagem e da eletrificação do campo dos Estados Unidos. Esse aspecto do pensamento do New Deal refletia as ideias de antigos conservacionistas progressistas, como Gifford Pinchot, que foram influenciados por Geddes e o movimento de planejamento regional.

A TVA foi assunto de uma vasta manifestação oratória e jornalística focada em sua imagem como um modelo do futuro. Por exemplo, foi considerada uma "revolução da eletricidade" por Paul Hutchinson (1937), editor da *The Christian Century*, que tirou seu dialeto de Lewis Mumford. Em suas palavras, a TVA iria "moldar o futuro de uma nova América". O "verdadeiro revolucionário" era a nova máquina "que poderia finalmente se tornar uma agência tão libertadora e regenerativa quanto os sonhadores do início da Revolução Industrial declararam que seria". A TVA seria marcada por uma completa ausência de política e descentralização em "vilas de fábrica e fazenda" (1937: 83-95). Negaria as leis de ferro do gerencialismo e da revolução burocrática.

No entanto, o histórico da TVA foi uma reversão final dessas promessas. Internamente, desenvolveu estruturas tecnocráticas e suas novas cidades apresentam uma psicologia de cidade empresarial. Deteriorou a paisagem com a mineração a céu aberto e outras práticas. Assim como sua irmã tecnológica mais velha, a Comissão de Energia Atômica dos Estados Unidos (Atomic Energy Commission), alinhou-se econômica e politicamente com partes do complexo militar-industrial. Novamente, a máquina se tornou o verdadeiro contrarrevolucionário.

Em *The Greening of America,* Charles Reich prevê uma "transformação" além de uma "mera revolução como a francesa ou a russa". Essa nova forma de revolução oferece respostas para questões de identidade e comunidade, história e política. Na era do computador e da contracultura, a retórica de Reich se assemelha à de Hutchinson de quatro décadas atrás. Por exemplo, "a própria máquina começou a fazer o trabalho da revolução". E "profetas e filósofos propuseram esses modos de vida antes, mas apenas a tecnologia de hoje os tornou possíveis" (Reich, 1970: 350-352).

Reich atribui à eletrônica e à cibernética os correlatos sociais de uma consciência superior, a participação em uma comunidade compartilhada e contatos renovados com a terra. O problema com a formulação de Reich de um maquinário revolucionário e de um novo advento cultural é que suas manifestações são ilusórias ou efêmeras.

No fundo, a contracultura é, principalmente, uma extensão das indústrias do entretenimento e lazer existentes em vez de uma regeneração da dimensão humana. Reich cita os devotos de Woodstock e se silencia sobre a tragédia de Altamont. A indústria fonográfica deixa a contracultura ter letras proféticas e arrecada os lucros e o verdadeiro poder cultural.

Há uma tendência manifesta, porém, de profetas e movimentos recorrerem a encantamentos para se reconfortarem sobre suas queridas ilusões. Há uma geração, os entusiastas da Autoridade do Vale do Tennessee, como Harold Ickes observou sardonicamente em 1944, começaram a acreditar que poderiam dar vida a uma nova democracia simplesmente entoando "TVA, TVA, TVA". Da mesma forma, o "verdejar da América" e cenários de contracultura com ideias semelhantes impressionam como nada mais do que um exercício de canto para uma nova geração de americanos enviada ao seu encontro com outro destino elétrico.

Atualmente, a modelação do futuro permanece roteada por linhas passadas. Vemos padrões tecnológicos e formas organizacionais continuarem a tendência em direção à concentração e à centralização de poder e controle em instituições estabelecidas.

II

Os escritos de Reich e Toffler são apenas a borda externa de um corpo de literatura maior prevendo outra revolução tecnológica e um novo futuro. Essa revolução ocorre, predominantemente, na comunicação, pois, como Norbert Wiener observou há alguns anos, "o tempo presente é a era da comunicação e do controle". A engenharia moderna é a engenharia de comunicação, visto que sua maior preocupação não é a economia de energia, "mas a reprodução precisa de um sinal" (Wiener, 1948: 39).

A primeira revolução da comunicação foi uma inovação da impressão, que mecanizou a produção de informação, ampliou a alfabetização e aumentou o domínio do império. A segunda revolução ocorreu ao longo de um século com o casamento, por meio da eletricidade, da capacidade de produzir e transmitir simultaneamente mensagens – um processo que vai do telefone ao telégrafo até a televisão. Agora, essa terceira revolução da comunicação envolve a ligação de máquinas para o armazenamento e a recuperação de informações com o telefone, a televisão e o computador, produzindo novos sistemas de comunicação de "banda larga" ou "serviços de informação".

O potencial revolucionário dessas "melhorias" na comunicação não decorre dos fatos prosaicos relacionados às mesmas – mais informações, enviadas mais rápido e para mais longe com maior fidelidade. De fato, a atração delas reside na suposta capacidade de transformar o lugar-comum em extraordinário: de criar novas formas de comunidade humana, novos padrões de eficiência e progresso, novas e mais democráticas formas de política e, finalmente, introduzir um "novo humano" à história. A imprensa não apenas ensinou pessoas a ler ao expandir a alfabetização, mas havia uma expectativa de que fosse erradicar a ignorância, o preconceito e o provincialismo. De modo semelhante, o telégrafo e o rádio eram vistos como forças magnéticas unindo pessoas em redes internacionais de paz e compreensão. Recentemente, a "revolução cibernética", ao aumentar a disponibilidade de informações em um salto quântico, promete tornar "opções de diretrizes políticas (...) claramente definidas, os resultados prováveis de medidas alternativas precisamente previstos e o mecanismo de *feedback* da sociedade (...) tão efetivo que o homem pode enfim usar toda a sua inteligência para resolver os problemas centrais da sociedade" (Westin, 1971: 1).

A base dessa terceira revolução da comunicação, o casamento de computadores com sistemas operacionais de tempo compartilhado para análise de dados e para armazenamento e recuperação de informações com o telefone e a televisão, é retratada como a máquina de comunicação definitiva; combina a velocidade e a intimidade do diálogo, a memória da história, a produção variável de visão e som, a individualidade da informação total combinada à escolha inteiramente livre, a consciência e o controle políticos de um eleitorado plenamente informado e participante, e a habilidade analítica da matemática avançada.

Apesar do fracasso patente da tecnologia em resolver questões sociais imperativas nos últimos cem anos, intelectuais contemporâneos continuam a ver potencial revolucionário nos mais recentes dispositivos tecnológicos, imaginados como uma força fora da história e da política. Como previsto, o futuro é um domínio em que máquinas cibernéticas mantêm a dinâmica da mudança progressiva. Em especial, embora certos grupos – industrialistas, tecnocratas e cientistas – sejam retratados como os guardiões designados da nova tecnologia, não são normalmente vistos como uma elite usurpando o poder para fazer história e definir a realidade. São vistos como servos abnegados do poder, simplesmente se acomodando à verdade e ao futuro tais como determinados pelo avanço inexorável da ciência e da tecnologia. No futurismo moderno, *são as máquinas que possuem perspectiva teleológica*.

Além disso, a nova tecnologia da comunicação é estendida a quase todos os domínios da vida social, invadindo até mesmo a família através dos consoles de computadores domésticos que proporcionam informação, entretenimento, educação e edificação. E o público é convidado a participar de um ritual técnico de planejamento do futuro através de Jogos Mundiais e de técnicas délficas eletrônicas como um ensaio para a nova etapa da democracia participativa a ser inaugurada por tecnologias da comunicação.

Infelizmente, a visão da democracia pela eletricidade está conosco pelo menos desde o telégrafo e o telefone e foi apresentada pela maioria dos escritores sobre o futuro ao longo do último século. James Russell Lowell, avaliando as consequências da Guerra Civil dos Estados Unidos nos anos 1860, sentiu que "o sonho da Fraternidade Humana parece finalmente estar se tornando verdade". Fixou essa crença na nova forma de reunião municipal que a tecnologia poderia trazer à existência:

> Já foi dito que nosso sistema de reuniões municipais tornou nossa revolução possível, educando o povo no autogoverno. Mas, isso foi, no máximo, de eficácia parcial, enquanto os jornais e o telégrafo reúnem toda a nação em uma vasta reunião municipal onde todos ouvem os assuntos do país discutidos e onde o melhor juízo seguramente deve se fazer valer finalmente. Não há menção à descoberta feita sem que não chegue, mais cedo ou mais tarde, aos ouvidos de uma maioria dos americanos. É esse estímulo mental e moral constante que lhes dá a atenção e vivacidade,

a vigilância de temperamento, característica dos moradores em grandes cidades (Lowell, 1871, vol. 5: 239).

Apesar do fracasso das reuniões municipais, do jornal, do telégrafo, da rede sem fio e da televisão de criar as condições de uma nova Atenas, defensores contemporâneos da libertação tecnológica regularmente descrevem uma nova era pós-moderna de democracia plebiscitária diária e instantânea através de um sistema computadorizado de votos eletrônicos e de pesquisas de opinião.

> Formule um meio mecânico para a votação, diária e secreta, por todo o país, de cada cidadão adulto da família do Tio Sam: aí garanto que a democracia será salva (...). Isto é um simples problema mecânico envolvendo nada mais que uma fração do esforço envolvido na distribuição de correspondências diárias à nação (...). O voto eletrificado (...) promete uma eficiência doméstica superior à de qualquer governo de registro, porque incorpora não apenas a velocidade de decisão do ditador (...) mas vantagens adicionais que jamais poderão ser dele (Fuller, 1963: 13-14).

Mas, também é óbvio que as exigências extraordinárias feitas ao cidadão por tal sistema apenas o cooptariam para o aparato técnico somente com a ilusão de controle.

Para participar de tal sistema, o cidadão do futuro terá de ser submetido a uma educação vitalícia e continuada em tempo real, a aquisição de novo conhecimento, quando este é necessário, a tempo de enfrentar os problemas enquanto surgem. Reconhecendo a implausibilidade de tudo isso, Donald Michael recomendou uma forma de republicanismo em vez da democracia direta. Argumenta que especialistas terão de mediar entre a tecnologia, o cidadão e o governo. Esses especialistas serão mantidos por grupos para representá-los perante o governo. Mas, dada a "complexidade" projetada dos novos sistemas de informação, o envolvimento do público se torna um mero ritual de participação, ou de participação excessiva, para legitimar o governo de uma nova elite científica. Se qualquer um desses modos de participação cidadã for seriamente considerado como o caminho para superar a presente crise na política, então só podemos ter certeza de uma coisa: não importa sob que forma de governo viveremos no futuro, este será chamado de democracia. Nos escritos sobre o futuro, a natureza da organização política não é considerada, porque, de fato, a comunidade política hoje está muito próxima de um colapso total devido ao avanço, precisamente, dos valores que os novos futuristas representam: racionalização, centralização e uniformidade. Outros escritores, particularmente, C. Wright Mills, pelo menos reconheciam que o problema básico era o do elitismo. Embora alguns escritores futuristas reconheçam que estamos em uma situação em que elites meritocráticas substituem a velha plutocracia, não dão o próximo passo – o crescimento de elites tecnocráticas pressupõe a atomização da sociedade; a condição do seu governo é a erosão da comunidade política e social e a criação de um novo monopólio do conhecimento.

Muitos dos novos futuristas reconhecem que conhecimento é poder – falam isso com tanta frequência que talvez nunca lhes tenha ocorrido que antes o conhecimento precisa ser significativo e relevante – e pode ser monopolizado como qualquer outra mercadoria. No entanto, raramente reconhecem que a frase "monopólio do conhecimento" tem duas interpretações. Na primeira, monopólio do conhecimento simplesmente significa o controle de informação factual ou dados. Comunicação é crucial aqui, porque o desenvolvimento de códigos mais elaborados e recursos de armazenamento permite que grupos controlem a informação e neguem acesso aos inexperientes e desconectados. Além disso, a competição por inovação na velocidade da comunicação é estimulada pelo fato de que, se a informação flui a taxas desiguais, o que ainda é futuro para um grupo já é passado para outro. Ithiel de Sola Pool ilustrou esse significado de monopólio do conhecimento e, simultaneamente, pintou um retrato generoso dos novos sistemas de informação na quebra desse monopólio.

Os recursos de informação fornecidos pelo computador podem (...) servir como um instrumento descentralizador. Podem tornar disponíveis a todas as partes de uma organização os tipos de informações imediatas e completas que hoje estão disponíveis apenas no centro. O poder da liderança no topo hoje é, em larga medida, o poder do seu monopólio da informação (...). Uma sociedade com recursos de informação computadorizados pode fazer sua escolha entre centralização e descentralização, porque terá a capacidade mecânica de mover a informação em qualquer dos dois sentidos (Westin, 1971: 248).

Há, entretanto, um sentido mais estrito do significado de um monopólio do conhecimento. Quando falamos de, digamos, monopólio do conhecimento religioso, da Igreja institucional, não estamos nos referindo ao controle de partículas de informação. Em vez disso, estamos nos referindo ao controle de todo o sistema de pensamento, ou paradigma, que determina o que pode ser religiosamente factual, que determina quais são os padrões para avaliar a verdade de qualquer elucidação desses fatos e que define o que pode ser considerado conhecimento. Os entusiastas da computação moderna podem estar dispostos a compartilhar seus dados com qualquer pessoa. Aquilo a que não estão dispostos a renunciar tão prontamente é toda a visão de mundo tecnocrática que determina o que se qualifica como um fato aceitável ou valioso. O que monopolizam não é o corpo de dados em si, mas o modo de pensamento oficial, aprovado, certificado e sancionado – de fato, a definição do que significa ser razoável. E isso é possível por causa de uma confusão persistente entre informação e conhecimento.

Na escrita sobre a nova tecnologia da comunicação, o relacionamento entre informação e conhecimento raramente é explicado de forma adequada, porque não é reconhecido como um problema. Informação e conhecimento são geralmente tomados como idênticos e sinônimos. Supõe-se que a realidade consiste de dados ou bits de informação e que essa informação é, teoricamente, registrável e armazenável.

Portanto, também é possível, teoricamente, para um receptor saber tudo ou pelo menos ter acesso a todo o conhecimento. Mas, essa epistemologia não fará o trabalho intelectual ou carregará o peso argumentativo sobre ela. Afinal, o conhecimento é paradigmático. Não se apresenta na experiência como dado. Não existe "informação" sobre o mundo desprovida de sistemas conceituais que criem e definam o mundo no ato de descobri-lo. Tais paradigmas estão presentes em sistemas de informação; são metainformacionais, contidos em programas de computador, em dispositivos estatísticos, em armazenamento de informação e na recuperação de códigos, teorias técnicas que predefinem a informação e, talvez o mais importante em sistemas de oposição binária, aquela língua franca da ciência moderna.

Além disso, como se espera que a história e a sociologia da ciência tenham finalmente estabelecido, paradigmas não são independentes de propósitos e vieses exteriores; em vez disso, expressam uma fundamentação carregada de valor em linguagem técnica. Sistemas de informação computacionais não são apenas dispositivos objetivos de registro de informação. São emanações de atitudes e esperanças. A localização subjetiva dessas atitudes e esperanças permanece confiada aos servos do monopólio institucional da presciência – por exemplo, a Rand Corporation. A "ideia de informação" é outro caminho para desviar dos verdadeiros fatores políticos de classe, status e poder, mas essas realidades formidáveis não podem ser dissolvidas em um futuro em que se supõe que não existam, porque foram absorvidas ou transformadas por uma máquina computacional.

Em resumo, portanto, a "terceira revolução da comunicação" tem dentro de si as mesmas sementes do fracasso historicamente presentes em inovações na comunicação. Em vez de criar um "novo futuro", a tecnologia moderna convida o público a participar em um ritual de controle em que o fascínio com a tecnologia mascara os fatores subjacentes da política e do poder. Mas, isso apenas atualiza o que sempre valeu para a literatura do futuro. Essa literatura, com seu corpo de previsões, prescrições e profecia é uma estratégia cultural para mover, mobilizar ou incitar pessoas para fins predefinidos por meios prescritos. Legislaria e julgaria além do mandato de qualquer órgão parlamentar ou judicial anterior. Presume arbitrariamente decretar o que deve ser feito e apelar pela execução dos planos apresentados. No processo, partes do passado são seletivamente deletadas e aspectos do presente ignorados. Se tais fatores contradizem o fim desejado em mente, devem ser proclamados "obsoletos" ou exemplos de um atraso cultural.

Ao contrário do mero revisionista ou clarividente, o futurista tem a vantagem de que o futuro sempre pode ser reescrito, pois não há registro para comparação, nem verificação sistemática da profecia. O futurista pode continuar estendendo o dia da consumação ou contar com o esquecimento do público, quando o dia prometido, mas não cumprido, chegar.

Estamos tratando aqui do que deveria ser chamado de "miragem futuresca" – a ilusão de um futuro. A miragem futuresca é que o futuro já está disposto lá fora, convergindo com o último estágio da história, a grande ruptura com todas as estações de labuta anteriores para a "zona de estabilidade" final. Imagina o futuro como mais do que a próxima dimensão do tempo; em vez disso, o futuro é concebido como um agente ativo voltando ao presente e ao passado de seu ponto de vista superior, revisando o tempo e removendo inevitavelmente os obstáculos para o encontro anterior inalcançado com o destino. Porém, esse futuro sublime definitivamente não é um espaço livre no tempo ao qual se chega abertamente; ao contrário, é uma predestinação cuidadosamente preparada, determinada, não com base em necessidades humanas, mas em imperativos tecnológicos peculiares aos dispositivos nos quais se baseia a tomada de decisão da mística futurista.

A grande ironia é que, embora pareça que estamos vivendo a antecipatória "era do futuro", não há futuro real deixado em aberto para nós como um local viável. As projeções passadas do futuro, em sua influência como um gerador ideacional no curso da política e da história, excluíram os futuros anteriormente disponíveis repletos de escolhas variáveis e exauriram os outrora ricos recursos culturais e naturais que teriam fornecido a base no passado para um futuro humano em uma passagem habitável. A ênfase da conjectura futurista nas eficiências instantâneas e na velocidade no espaço da comunicação, por seu foco na vasta escala e no ritmo acelerado, eclipsou a visão pública de sua própria comunidade imediata e de longo prazo com seus interesses nativos. A mitologia das estações geradoras de energia, com sua promessa de economias descentralizadas e harmonias ecológicas, realmente forneceu uma imagem brilhosa do futuro sublime, cujos aspectos subliminares tendem, de fato, para impérios comerciais e paisagens cosmeticamente tratadas, projetadas para a exploração.

Elementos de permanência cultural e vitalidade política sobrevivem nas partes não tecnológicas de nossa herança nacional. Para aproveitar esses recursos, não estaria na hora de a concepção do futuro se reconectar ao passado real e às realidades do presente?

III

Uma reflexão tardia e um posfácio. Em anos recentes, o futuro se tornou um tema em si mesmo. Um estudo de 1979 da World Future Society encontrou 280 cursos e programas em escolas e faculdades dos Estados Unidos e mais tarde estimou que este número havia dobrado em meados dos anos 1980. Mas, o futuro se tornou um tema em um sentido psicanalítico também: um ator ou personagem, um participante no processo histórico, um participante que fala para o presente de um outro tempo. Isto é, o futuro foi saudado ou interpelado no discurso. O futuro é um tipo peculiar de orador que nos diz para onde estamos indo antes de nós mesmos sabermos disso. Evidentemente, o futuro, em algum sentido, sempre foi um personagem no discurso ocidental. No entanto, as primeiras imagens do futuro faziam parte explicitamente de uma tradição utópica. Utopias estavam, literalmente, em lugar nenhum, fora do espaço e, geralmente, fora do tempo também: passavam-se em um tempo e lugar nos limites da imaginação. Com o Iluminismo, lugar nenhum se tornou algum lugar. O Éden ou Atlântida se tornou o Novo Mundo. Tempo nenhum se tornou algum tempo, o horizonte imediato, o lugar logo à frente, dentro da história: o Futuro.

Hoje, o futuro perdeu sua forma imaginária e simultaneamente se tornou parte da tradição pastoral; brinca no mesmo jogo de linguagem que o passado, embora em forma invertida. A tradição pastoral, como encontrada, particularmente, em poemas de casas de campo inglesas, foi tema do ótimo livro de Raymond Williams (1973), *The Country and the City*. Ao analisar gerações sucessivas das pastorais, Williams observou que o passado era um horizonte continuamente em recuo. Cada geração situava o passado não em uma localização histórica fixa, mas sempre duas gerações atrás. O passado, para os anos 1920, eram os anos 1880; o passado, para os anos 1880, eram os anos 1830, e assim por diante. O passado como realidade nunca aparecia; era um passado fugidio e em recuo, que precisava ser continuamente perseguido e atualizado.

Podemos chegar a uma mesma conclusão sobre o futuro, que desempenha, entre intelectuais modernos, o mesmo papel que o passado entre os tradicionais. O futuro é um horizonte continuamente em recuo; nunca se realiza e está sempre um pouco além do alcance. É um futuro ao estilo das aventuras de Pauline: "estamos quase lá, está quase ao nosso alcance, está logo à frente, vamos conseguir desta vez; oh não, escapou de novo".[1]

Estamos agora imersos em nostalgia pelo futuro. Intelectuais modernos ficam regularmente alertas contra qualquer indício do impulso conservador e reacionário de privilegiar o passado e romantizar a pequena cidade e a vida idílica da pastoral. E são ferozes em seus

---

1 NT: O autor se refere aqui ao seriado *The Perils of Pauline* (EUA, 1914). Nele, a jovem protagonista decide embarcar em aventuras antes de se casar e poder ter acesso à herança deixada por seu guardião. Por sua vez, o secretário procurador da herança torna as aventuras de Pauline sempre mais perigosas para tentar ficar com o dinheiro.

esforços de descontruir qualquer imagem do passado usada como uma fonte de valor. Mas, o futuro apenas substitui o passado na retórica e na política sem alterar a importância social dessas imagens contrastantes. O futuro é agora o horizonte em recuo a ser perseguido, uma zona incessantemente revisada, corrigida e nunca materializada, fora da história, onde as impurezas da vida social são lavadas de uma paisagem perfeita.

Argumentamos acima que o futuro fala com ou enuncia o presente de três maneiras, embora cada uma seja uma mera transposição da outra. Primeiro, fala como uma exortação: "mantenha a fé, tire os olhos dos problemas de hoje, as coisas estão ruins, mas o bom e velho futuro está prestes a chegar e arrumar as coisas". As mídias da exortação são as grandes instituições catequizantes: feiras mundiais, exposições industriais, presidentes, comissões presidenciais, comissões sobre o ano 2000, ou praticamente qualquer outro ano, e novas formas como os festivais de informática orquestrados pela Apple Inc. A segunda enunciação é a compreensão do futuro como profecia. Em larga medida, esta é uma forma escrita contida em previsões, projeções, ficção científica e em outras imaginações do futuro. Serve menos para nos incentivar no sentido de algo que devemos capturar do que para expor e descrever em uma forma direta o que está inscrito no DNA da história e que, portanto, será concretizado sem esforço e automaticamente. A terceira enunciação do futuro é através de uma participação ritual. Nesse modo, o futuro não é algo para o qual devemos ser exortados sob pena de percebermos o desastre ao nosso redor, nem uma epifania que irá se materializar diante dos nossos olhos, mas alguma coisa que nos convida a atuar como participantes efetivos em sua constituição. Somos convidados a jogar o *Future Game*, no qual construímos o tipo de futuro que queremos através de técnicas délficas, de jogos de computador, de pesquisas de opinião e de comissões de planejamento. Infelizmente, tudo de significativo nesse futuro já foi decidido e a participação do público é ritualística no sentido corrompido desse termo.

A nostalgia pelo futuro não é exclusiva dos Estados Unidos, mas ressoa profundamente em nossa literatura. Denis Donoghue abordou a questão indo direto à fonte em Whitman:

> Whitman está pronto para se desprender totalmente do passado: por definição, em qualquer caso, o passado já não tem mais redenção, então deixe-o ir (...). Este é o primitivismo de Whitman: voltou ao "estilo inocente de Adão, quando os animais se enfileiravam à sua frente, um por um, e ele chamava cada um pelo nome". Tentou "o experimento imaginário de começar o mundo de novo": nenhum passado é reconhecido como se em qualquer grau fosse uma restrição. Whitman ignora "a antiguidade fatal da natureza humana". (...) Para ele, o passado era um lugar desconhecido e, em comparação com seu próprio mundo, declarou este último uma criação nova. O primeiro resultado foi que ele se confirmou em seu principal interesse, suas próprias sensações: nada mais estava realmente vivo. O mundo é só superfície, nenhuma profundidade: impressões passam diante dos sentidos de Whitman e ele se rende a cada uma (...). Assim, o vulgar lhe parece sublime (Donoghue, 1987: 84. Citações internas de McCormick, 1987: 84).

Donoghue capta no passado a forma pós-moderna de futurismo, uma forma que aparece entre intelectuais politicamente deslocados em resposta a uma nova geração de tecnologias da comunicação. A tecnologia do computador e do satélite tem efeitos reais, entre os quais a capacidade de simular ambientes complexos e de reduzir, como disse no início, o tempo a um picossegundo e o espaço a um ponto universal. Mas, o pós-modernismo, com muita frequência, apenas esvazia o presente em uma paisagem onde o mundo é só superfície, nenhuma profundidade, e onde o vulgar parece sublime.

Esta é outra forma do que Lewis Mumford chamou de "falácia dos sistemas": o desejo de reduzir formas de conduta e modos de vida valiosos a um único conjunto de princípios consistentes. Tal redução requer uma paisagem ideal fora da história, onde tudo surgiu e convergiu, onde as complexidades reais da atividade humana, os impulsos e os apetites variados e contraditórios da maioria dos humanos e o caráter diverso e tenaz das instituições são simplesmente dissolvidos no imaginário. Isso só é possível em uma paisagem completamente tecnológica, onde somente máquinas possuem perspectiva teleológica. E, com essa crença, a tecnologia e a política são removidas do controle democrático e uma atitude de resignação mórbida ou excitada se instala sobre a vida social.

O subtexto da literatura do futuro, em suas diversas formas, é a perda de uma esfera pública efetiva de participação real naquilo que John Dewey chamou de vida conjunta da organização política. O futuro, seja ao aparecer na retórica da esquerda ou da direita, seja como pós-modernismo ou pós-industrialismo, é mais um artifício para evadir o papel ativo e diretivo que nossas imaginações do passado e do futuro desempenham no controle do presente. Mas, de alguma forma, nesse momento de nossa história, a nostalgia pelo futuro, entre as pastorais à nossa disposição, parece a mais perniciosa, precisamente, porque é menos autoconsciente.

REFERÊNCIAS

ADAMS, Henry. *The Education of Henry Adams*. Nova York: Modern Library, 1931. Original de 1918.

ANDREWS, William P. *Memoirs on the Euphrates Valley Route to India*. Londres: William Allen, 1857.

ARNOLD, Matthew. "On the Modern Element in Literature". In: BRYSON, John (Org.). *The Poetry and Prose of Matthew Arnold*. Cambridge: Harvard University Press, 1954, p. 269-283.

AXTELL, James. *The Invasion Within: The Contest of Cultures in Colonial North America*. Nova York: Oxford University Press, 1985.

BAER, Julius B.; WOODRUFF, George. *Commodity Exchanges*. Nova York: Harper and Bros, 1935.

BAILYN, Bernard. *The Peopling of British North America: An Introduction*. Nova York: Alfred A. Knopf, 1986.

BARNES, Harry Elmer (Org.). *An Introduction to the History of Sociology*. Chicago: University of Chicago Press, 1966. Versão abreviada.

BARTKY, Ian R.; HARRISON, Elizabeth. "Standard and Daylight Saving Time". *Scientific American*, v. 240, n.5, p. 46-53, 1979.

BEARD, Charles A. *Contemporary American History*. Nova York: Macmillan, 1914.

_____; BEARD, Mary. *The Rise of American Civilization*. Nova York: Macmillan, 1940.

BENDIX, Reinhard; ROTH, Guenther. "Sociology and the Distrust of Reason". In: *Scholarship and Partisanship: Essays on Max Weber*. Berkeley, CA: University of California Press, 1971, p. 84-105.

BENJAMIN, Walter. *Illuminations*. Nova York: Harcourt, Brace and World, 1968.

BENSON, Lee. "The Historical Background of Turner's Frontier Essay". *Agricultural History*, 25, p. 59-82, 1951.

BERGER, Peter L. *The Sacred Canopy*. Garden City, NY: Doubleday, 1967.

_____; LUCKMANN, Thomas. *A construção social da realidade: tratado de sociologia do conhecimento*. Tradução de Floriano de Souza Fernandes. Petrópolis, RJ: Vozes, 2014. Título original: *The Social Construction of Reality*. Original publicado em 1966.

BIRKENHEAD, Earl of. *The World in 2030*. Nova York: Brewer and Warren, 1930.

BOORSTIN, Daniel J. *The Americans: The Democratic Experience*. Nova York: Random House, 1973.

_____. *Democracy and Its Discontents*. Nova York: Random House, 1974.

BOURDIEU, Pierre. *A distinção: crítica social do julgamento*. Tradução de Daniela Kern. Cambridge: Zouk, 2011. Título original: *La distinction: critique sociale du jugement*. Original publicado em 1979.

BRIGGS, Charles; MAVERICK, Augustus. *The Story of the Telegraph and a History of the Great Atlantic Cable*. Nova York: Rudd and Carleton, 1858.

BROWN, Dee. *The Year of the Century 1876*. Nova York: Scribner, 1966.

BRZEZINSKI, Zbigniew. *Between Two Ages*. Nova York: Viking, 1970.

BURKE, Kenneth. *The Philosophy of Literary Form*. Nova York: Vintage Books, 1957.

BUTTERFIELD, Herbert A. *The Whig Interpretation of History*. Harmondsworth, RU: Penguin Books, 1973.

CAREY, James T. "Changing Courtship Patterns in the Popular Song". In: DENISOFF, R. Serge; PETERSON, Richard A. (Orgs.). *The Sounds of Social Change*. Chicago: Rand-McNally, 1972, p. 198-212.

CAREY, James W. "Harold Adams Innis and Marshall McLuhan". *Antioch Review*, v. 27, n.2, p. 5-39, 1967.

_____. "Harold Adams Innis and Marshall McLuhan". In: ROSENTHAL, Raymond (Org.). *McLuhan: Pro and Con*. Baltimore: Penguin, 1969.

_____. "The Communications Revolution and the Professional Communicator". *The Sociological Review Monograph*, v. 13, p. 23-38, 1969.

_____. "The Origins of Radical Discourse on Communications in the United States". *Journal of Communication*, v. 33, n.3, p. 311-313, 1983.

_____. *Communication as Culture: Essays on Media and Society*. Boston: Unwin Hyman, 1989.

_____. "Technology as a Totem for Culture, and a Defense of the Oral Tradition". *American Journalism*, v. 7, n.4, p. 242-251, 1990.

_____. "Afterword". In: MUNSON, Eve.; WARREN, Catherine (Orgs.). *James Carey: A Critical Reader*. Minneapolis: University of Minnesota Press, 1997a, p. 308-340.

_____. "Speaking of Public Journalism". In: _____. *Speaking of Public Journalism: Talks from the Project on Public Life and the Press. Seminars at the American Press Institute, 1993–97*. Dayton, OH: Kettering Foundation, 1997b.

_____. "The Decline of Democratic Institutions". *Columbia Journalism Review*, março/abril, 1998.

_____. "The Sense of an Ending: On Nations, Communication, and Culture". In: WARREN, Catherine; VAVRUS, Mary D. (Orgs.). *American Cultural Studies*. Urbana, IL: University of Illinois Press, 2002, p. 196-238.

_____; KREILING, A. L. "Popular Culture and Uses and Gratifications Research: Notes toward an Accommodation". In: BLUMLER, J. G.; KATZ, E. (Orgs.). *The Uses of Mass Communication: Current Perspectives on Gratifications Research*. Beverly Hills: Sage Publications, 1974, p. 225-248.

_____; SIMS, Norman. *The Telegraph and the News Report*, artigo não publicado. University of Illinois, 1976.

_____; GROSSBERG, L. "From New England to Illinois: The Invention of American Cultural Studies. James Carey in Conversation with Lawrence Grossberg, Parte I". In: PACKER, Jeremy; ROBERTSON, Craig (Orgs.). *Thinking with James Carey: Essays on Communications, Transportation, History*. Nova York: Peter Lang, 2006.

CHANDLER, Alfred D. *The Visible Hand: The Managerial Revolution in American Business*. Cambridge: Harvard University Press, 1977.

CLANCHY, Michael. *From Memory to Written Record: England, 1066–1307*. Cambridge: Harvard University Press, 1979.

CLARKE, I. F. "The First Forecast of the Future". *Futures*, 4, p. 325-330, 1969.

COLE, Arthur H. *Wholesale Commodity Prices in the United States, 1700–1861*. Cambridge: Harvard University Press, 1938.

CORLISS, Carlton J. *The Day of Two Noons*, 6.ed. Washington, DC: Association of American Railroads, 1952.

CZITROM, Daniel Joseph. *Media and the American Mind: From Morse to McLuhan*. Chapel Hill: University of North Carolina Press, 1982.

DEWEY, John. *Democracy and Education*. Nova York: Macmillan, 1916.

_____. *The Public and Its Problems*. Nova York: Henry Holt and Co., 1927.

_____. *Art as Experience*. Nova York: Minton, Balch, 1934.

_____. *Intelligence in the Modern World* (collected works). Nova York: Modern Library, 1939.

DONOGHUE, Denis. *Reading America*. Nova York: Alfred A. Knopf, 1987.

DURKHEIM, Emile. *Sociologia e filosofia*. Tradução de Evelyn Tesche. São Paulo: Edipro, 2015. Título original: *Sociologie et philosophie*. Original publicado em 1924.

EMERY, Henry Crosby. *Speculation on the Stock and Produce Exchanges of the United States*. Studies in History, Economics and Public Law. Nova York: Columbia University Press, 1896.

FIELD, James A. "American Imperialism: The Worst Chapter in Almost Any Book". *American Historical Review*, v. 83, n.3, p. 644-683, 1978.

FORTNER, Robert. *Messiahs and Monopolists: A Cultural History of Canadian Communication Systems, 1846-1914*. Tese de Doutorado, Universidade de Illinois, 1978.

FOUCAULT, Michel. *Vigiar e punir: nascimento da prisão*. Tradução de Raquel Ramalhete. Petrópolis: Vozes, 2016. Título original: *Surveiller et punir: naissance de la prison*. Original publicado em 1975.

FULLER, R. Buckminster. *No More Secondhand God and Other Writings*. Carbondale: Southern Illinois University Press, 1963.

FUTURES. "Statement by President Nixon on Creating a National Goals Research Staff". v. 1, n.5, p. 458-459, 1969.

GARVEY, Michael Angelo. *The Silent Revolution: Or the Future Effects of Steam and Electricity upon the Condition of Mankind*. Londres: William and Frederich G. Cash, 1852.

GEDDES, Patrick. *Ideas at War*. Londres: Williams and Norgate, 1917.

GEERTZ, Clifford. *The Interpretation of Cultures*. Nova York: Basic Books, 1973.

_____. *Negara*. Princeton: Princeton University Press, 1981.

GIDDENS, Anthony. *Problemas centrais em teoria social: ação, estrutura e contradição na análise sociológica*. Petrópolis, RJ: Vozes, 2018. Título original: *Central Problems in Social Theory: Action, Structure and Contradiction in Social Analysis*. Original publicado em 1979.

GOODY, Jack, (Org.). *Literacy in Traditional Societies*. Cambridge: Cambridge University Press, 1968.

GOULDNER, Alvin W. *The Dialectic of Ideology and Technology*. Nova York: Seabury Press, 1977.

HABERMAS, Jürgen. *The Theory of Communicative Action*, vol. 1. Boston: Beacon Press, 1984.

HACKWORTH, R. (Org.). *Plato's Phaedrus*. Cambridge: Cambridge University Press, 1972.

HALL, Stuart. "The Hinterland of Science: Ideology and the Sociology of Knowledge". In: Centre for Contemporary Cultural Studies, *On Ideology*. Londres: Hutchinson, 1977.

_____. "The Rediscovery of 'Ideology': The Return of the Repressed in Media Studies". In: GUREVITCH, Michael; BENNETT, Tony; CURRAN, James; WOOLLACOTT, Janet (Orgs.). *Culture, Society and the Media*. Londres: Methuen, 1982.

HAYAKAWA, Samuel I. "Popular Songs vs. the Facts of Life". In: ROSENBERG, Bernard; WHITE, David (Orgs.). *Mass Culture*. Nova York: Free Press, 1957, p. 393-403.

HEATON, Herbert. *The Economics of Empire*. The James Ford Bell Lecture, n.3. Minneapolis: University of Minnesota, 1966.

HEIDEGGER, Martin. *Existence and Being*. Chicago: Henry Regnery, 1968.

HIRSCH, Fred. *Social Limits to Growth*. Cambridge: Harvard University Press, 1976.

HOGGART, Richard. *The Uses of Literacy*. Boston: Beacon Press, 1961.

HOVLAND, Carl; JANIS, Irving; KELLEY, Harold. *Communication and Persuasion*. New Haven: Yale University Press, 1953.

HUTCHINSON, Paul. "Revolution by Electricity". In: BOWER, Warren (Org.). *Directions*. Nova York: Lippincott, 1937, p. 83-100.

HUXLEY, Aldous. *Tomorrow and Tomorrow and Tomorrow and Other Essays*. Nova York: Perennial Library, 1972.

INNIS, Harold A. *The Fur Trade in Canada*. New Haven: Yale University Press, 1930.

_____. *Empire and Communication*. Oxford: Oxford University Press, 1950.

_____. *The Bias of Communication*. Toronto: University of Toronto Press, 1951.

_____. *Changing Concepts of Time*. Toronto: University of Toronto Press, 1952.

_____. "Concept of Monopoly and Civilization". *Explorations*, 3, 1954.

_____. *Essays in Canadian Economic History*. Organizado por Mary Q. Innis. Toronto: University of Toronto Press, 1956.

_____. *The Idea File in the collection of the Thomas Fisher Library*. University of Toronto, [19–].

_____. *O viés da comunicação*. Tradução de Luiz Martino. Petrópolis, RJ: Vozes, 2011. Título original: *The Bias of Communication*. Original publicado em 1951.

JAMESON, Fredric. "The Vanishing Mediator". In: *Working Papers in Cultural Studies*, vol. 5. Birmingham, RU: Centre for Contemporary Cultural Studies, 1974, p. 111-149.

JEFFERSON, Thomas. *The Writings of Thomas Jefferson*, vol. 8. Washington, DC: Daylor and Maury, 1854.

JOSEPHSON, Matthew. *Edison: A Biography*. Nova York: Oxford University Press, 1959.

KALLEN, Horace M. *Patterns of Progress*. Nova York: Columbia University Press, 1950.

KATZ, Elihu. "Mass Communication Research and the Study of Popular Culture: An Editorial Note on a Possible Future for this Journal". *Studies in Public Communication*, 2, 1959, p. 1-6.

KATZ, Elihu; LAZARSFELD, Paul. *Personal Influence*. Nova York: Free Press, 1955.

KORNHAUSER, William. *The Politics of Mass Society*. Nova York: Free Press, 1959.

KROPOTKIN, Piotr. *Fields, Factories and Workshops*. Nova York: Putnam, 1913.

KUHN, Thomas S. *A estrutura das revoluções científicas*. Tradução de Beatriz Vianna Boeira e Nelson Boeira. São Paulo: Perspectiva, 2017. Título original: *The Structure of Scientific Revolutions*. Original publicado em 1962.

_____. "Rationality and Theory Choice". *Journal of Philosophy*, v. 80, n.10, p. 563-570, 1983.

LAZARSFELD, Paul; BERELSON, Bernard; GAUDET, Hazel. *The People's Choice*. Nova York: Columbia University Press, 1948.

LEYMORE, Varda Langhold. *Hidden Myth: Structure and Symbolism in Advertising*. Londres: Heinemann, 1975.

LIPPMANN, Walter. *Opinião pública*. Petrópolis, RJ: Vozes, 2010. Título original: *Public Opinion*. Original publicado em 1922.

LOWELL, James Russell. *The Works of James Russell Lowell*. Standard Library Edition. Cambridge: Riverside Press, 1871.

MACDONALD, Dwight. *Against the American Grain*. Nova York: Random House, 1962.

MADISON, James; HAMILTON, Alexander; JAY, John. *Os artigos federalistas, 1787–1788*. Tradução de Maria Luiza X. de A. Borges. Rio de Janeiro: Nova Fronteira, 1993. Título original: *The Federalist Papers*. Original publicado em 1788.

McCORMICK, John. *George Santayana: A Biography*. Nova York: Alfred A. Knopf, 1987.

McLUHAN, Marshall. "Introduction". In: INNIS, Harold A. *The Bias of Communication*. Toronto: University of Toronto Press, 1964.

MALINOWSKI, Bronislaw. *Sex, Culture and Myth*. Nova York: Harcourt, Brace and World, 1962.

MANDELBAUM, Seymour J. *Boss Tweed's New York*. Nova York: John Wiley, 1965.

MANNHEIM, Karl. *Ideologia e utopia*. Tradução de Emilio Willems. Porto Alegre: Globo, 1952. Original publicado em 1929.

MARX, Karl. *Grundrisse: manuscritos econômicos de 1857–1858: esboços da crítica da economia política*. Tradução de Mario Duayer e Nélio

Schneider. São Paulo: Boitempo, 2011. Original publicado em 1939.

MARX, Leo. *The Machine in the Garden*. Nova York: Oxford University Press, 1964.

MATTHEWS, Fred H. *Quest for an American Sociology: Robert E. Park and the Chicago School*. Montreal: McGill-Queen's University Press, 1977.

MATZA, David. *Delinquency and Drift*. Nova York: John Wiley, 1964.

MELBIN, Murray. *Night as Frontier: Colonizing the World after Dark*. Nova York: Free Press, 1987.

MILLER, Perry. *The Life of the Mind in America*. Nova York: Harcourt, Brace and World, 1965.

MILLS, C. Wright. *A elite do poder*. Tradução de Waltensir Dutra. Rio de Janeiro: Zahar, 1975. Título original: *The Power Elite*. Original publicado em 1956.

_____. *Power, Politics and People*. Organizado por Irving Louis Horowitz. Nova York: Ballantine, 1963.

MORLEY, David. *The "Nationwide" Audience: Structure and Decoding*. Londres: British Film Institute, 1980.

_____. *Family Television: Cultural Power and Domestic Leisure*. Londres: Comedia Publishing Group, 1986.

MUMFORD, Lewis. *The Human Prospect*. Organizado por Harry T. Moore e Karl W. Deutsch. Boston: Beacon Press, 1955.

_____. "An Appraisal of Lewis Mumford's Technics and Civilization". *Daedalus*, 88, 1959.

_____. *Technics and Civilization*. Nova York: Harcourt Brace and World, 1963.

_____. *Technics and Human Development*. Nova York: Harcourt Brace Jovanovich, 1967.

_____. *The Pentagon of Power*. Nova York: Harcourt Brace Jovanovich, 1970.

NEVINS, Allan. "The Tradition of the Future". In: KAKONIS, Tom E.; WILCOX, James C. (Orgs.). *Now and Tomorrow*. Lexington, MA: D. C. Heath, 1971.

NOBLE, David F. *America by Design: Science, Technology and the Rise of Corporate Capitalism*. Nova York: Alfred A. Knopf, 1977.

PACKER, Jeremy; ROBERTSON, Craig. *Thinking with James Carey: Essays on Communications, Transportation, History*. Nova York: Peter Lang, 2006.

PARK, Robert E. "News as a Form of Knowledge: A Chapter in the Sociology of Knowledge". *American Journal of Sociology*, v. 45, n.5, p. 669-686, 1940.

PITKIN, Hanna F. *Wittgenstein and Justice*. Berkeley: University of California Press, 1972.

POCOCK, J. G. A. *The Machiavellian Moment*. Princeton: Princeton University Press, 1975.

POLAK, Fred L. *The Image of the Future*. Nova York: Oceana, 1961.

POLSKY, Ned. *Hustlers, Beats and Others*. Chicago: Aldine, 1967.

PRED, Alan. *Urban Growth and the Circulation of Information: The United States System of Cities, 1790–1840*. Cambridge: Harvard University Press, 1973.

_____. *Urban Growth and City-Systems in the United Systems, 1840–1860*. Cambridge: Harvard University Press, 1980.

PRIME, Samuel Irenaeus. *The Life of Samuel F. B. Morse, LL.D*. Nova York: Appleton, 1875.

QUANDT, Jean. *From the Small Town to the Great Community*. New Brunswick, NJ: Rutgers University Press, 1970.

REICH, Charles. *The Greening of America*. Nova York: Random House, 1970.

RORTY, Richard. *Consequences of Pragmatism*. Minneapolis: University of Minnesota Press, 1982.

_____. *A filosofia e o espelho da natureza*. Tradução de Antonio Transito. Rio de Janeiro: Relume Dumará, 1995. Título original: *Philosophy and the Mirror of Nature*. Original publicado em 1979.

RYLE, Gilbert. *The Concept of Mind*. Nova York: Barnes and Noble, 1971.

SAHLINS, Marshall. *Cultura e razão prática*. Rio de Janeiro: Zahar, 2003. Título original: *Culture and Practical Reason*. Original publicado em 1976.

SAMPSON, Anthony. *The Sovereign State of ITT*. Greenwich, CT: Fawcett Books, 1974.

SCHIVELBUSCH, Wolfgang. "Railroad Space and Railroad Time". *New German Critique*, 14, p. 31-40, 1978.

_____. *The Railway Journey*. Nova York: Urizen, 1979.

SCHLESINGER, Arthur Sr. *The Rise of the City, 1878–1898*. Nova York: Macmillan, 1933.

SCHUTZ, Alfred. *Collected Papers*, vol. 1. *The Problem of Social Reality*. The Hague: Martinus Nijhoff, 1967.

_____. *On Phenomenology and Social Relations*. Chicago: University of Chicago Press, 1970.

SHILS, Edward. "Mass Society and Its Culture". In: JACOBS, Norman (Org.). *Culture for the Millions?* Princeton: D. Van Nostrand, 1959, p. 1-27.

SHIRER, William I. *20th Century Journey: The Start: 1904–1930*. Nova York: Simon and Schuster, 1976.

SIMS, Norman. *The Chicago Style of Journalism*. Tese de Doutorado, University of Illinois, 1979.

SMITH, Bruce James. *Politics and Remembrance*. Princeton: Princeton University Press, 1985.

STEFFENS, Lincoln. *The Autobiography of Lincoln Steffens*. Nova York: Harcourt, Brace and World, 1958.

STEPHENSON, William. *The Play Theory of Mass Communication*. Chicago: University of Chicago Press, 1967.

TAYLOR, Charles. *Hegel*. Cambridge: Cambridge University Press, 1975.

THOMPSON, E. P. Tempo, disciplina de trabalho e capitalismo industrial. In: _____. *Costumes em comum*. São Paulo: Companhia das Letras, 1998. Título original: "Time, Work-Discipline, and Industrial Capitalism". Original publicado em 1967.

THOMPSON, Robert L. *Wiring a Continent*. Princeton: Princeton University Press, 1947.

THOREAU, Henry David. *Walden*. Boston: Houghton Mifflin, 1957.

TOFFLER, Alvin. *Future Shock*. Nova York: Bantam Books, 1971.

TRACHTENBERG, Alan. *Brooklyn Bridge: Fact and Symbol*. Nova York: Oxford University Press, 1965.

TRILLING, Lionel. *Beyond Culture*. Nova York: Viking, 1965.

TURNBULL, Colin. *The Mountain People*. Nova York: Simon and Schuster, 1972.

WARSHOW, Robert. *The Immediate Experience*. Garden City, NY: Anchor Books, 1964.

WEBER, Max. *From Max Weber: Essays in Sociology*. Organização e tradução de H. H Gerth e C. Wright Mills. Nova York: Oxford University Press, 1946.

_____. *The Theory of Social and Economic Organization*. Nova York: Oxford University Press, 1947.

WELLS, H. G. *The Way the World Is Going*. Nova York: Doubleday, 1929.

WESTIN, Alan F. (Org.). *Information Technology in a Democracy*. Cambridge: Harvard University Press, 1971.

WHITE, Morton. *Social Thought in America: The Revolt against Formalism*. Boston: Beacon Press, 1957.

WIEBE, Robert. *The Search for Order, 1873–1920*. Nova York: Hill and Wang, 1967.

WIENER, Norbert. *Cybernetics*. Cambridge: MIT Press, 1948.

WILLIAMS, Raymond. *The Long Revolution*. Nova York: Columbia University Press, 1961.

_____. *Communications*. Londres: Chatto and Windus, 1966.

_____. *The Country and the City*. Londres: Chatto and Windus, 1973.

_____. *Cultura e sociedade: de Coleridge a Orwell*. Petrópolis, RJ: Vozes, 2011. Título original: *Culture and Society, 1780–1950*. Original publicado em 1958.

WILLS, Garry. *Explaining America: The Federalist*. Garden City, NY: Doubleday, 1981.

WILSON, Geoffrey. *The Old Telegraphs*. Londres: Phillimore, 1976.

YOUNG, John Z. *Doubt and Certainty in Science*. Oxford, RU: Clarendon Press, 1951.

BIBLIOGRAFIA DE
JAMES W. CAREY

Preparada por Daniel Carey

O esforço de preparar uma bibliografia abrangente dos escritos de James Carey começou depois de sua morte, em maio de 2006, com o objetivo de estabelecer o volume de suas publicações e ajudar leitores a localizá-las. Em sua presente forma, a bibliografia também pretende dar um sentido mais completo à sua biografia intelectual, evidente na variedade de temas que abordou e nos lugares em que seus escritos apareceram. Tive a ajuda inestimável de Stuart Adam e Jean Wood, do Instituto Polynter de Estudos de Mídia em São Petersburgo, na Flórida, que agora guarda uma coleção completa da obra de James Carey.
Reimpressões foram indicadas minimamente na bibliografia. Se assinaladas, essas referências têm o intuito de facilitar o acesso aos trabalhos em questão, não de oferecer uma visão completa da disseminação de seus escritos impressos.

1960 "Advertising: An Institutional Approach". In: Sandage, C. H.; Fryburger, Vernon (Org.), *The Role of Advertising*. Homewood, Il: Richard D. Irwin, p. 3-17.

1961 Resenha sobre *The Classical Liberalism, Marxism, and the Twentieth Century* de Overton H. Taylor. *Journalism Quarterly*, v. 38, n.1, p. 104.

Resenha sobre *The Powerful Consumer* de George Katona. *Journalism Quarterly*, v. 38, n.2, p. 243-44.

Resenhas sobre *Tested Advertising Methods*, 3.ed., de John Caples e *460 Secrets of Advertising Experts* de Willard A. Pleuthner (Org.). *Journalism Quarterly*, v. 38, n.3 (verão), p. 397-98.

1962 Resenha sobre *Studies in Public Communication* de Edward C. Uliassi. *Journalism Quarterly*, v. 39, n.1, p. 104-105.

1963 Carta ao editor, *Evening Bulletin* (Providence), 24 de abril, 38. (Sobre as tentativas de proibir a exibição do filme grego *Nunca aos domingos*, de Jules Dassin, no campus da Universidade de Rhode Island, apoiadas pelo capelão católico romano da universidade, com uma resolução na Câmara Legislativa Estadual de investigação da questão.)

1964 "An Ethnic Backlash?", *The Commonweal*, v. 81, n.4 (16 de outubro), p. 91-93.

"Personality Correlates of Persuasibility". In: Greyser, Stephen A. (Org.), *Toward Scientific Marketing*, anais da conferência de inverno da American Marketing Association, 27-28 de dezembro de 1963 em Boston. Chicago: American Marketing Association.

1966 "Marshall McLuhan and the 'Age of Television'", *The Illinois Political*, v. 1, n.2-3, (maio-junho), p. 23-26.

"Variations in Negro/White Television Preferences", *Journal of Broadcasting*, v. 10, n.3 (verão), p. 199-212. (Originalmente apresentado no encontro anual da Association for Education in Journalism em 1964.)

(Com Rita James Simon) "The Phantom Racist", *Trans-Action*, v. 4, n.1 (novembro), p. 5-11. Reimpresso em: Becker, Howard S. (Org.), *Campus Power Struggle*. Chicago: Aldine, 1970, p. 101-119.

1967 "Harold Adams Innis and Marshall McLuhan", *Antioch Review*, v. 27, n.2, p. 5-37. Reimpresso em: Rosenthal, Raymond (Org.), *McLuhan: Pro and Con*. Nova York: Funk & Wagnalls, 1968, p. 270-308.

1968 "Generations and American Society". In: Kirk, John G. (Org.), *America Now*. Nova York: Atheneum, p. 293-305.

Resenha sobre *The Committee* de Walter Goodman, *Commonweal*, v. 88, n.9 (17 de maio), p. 275-276.

1969 "The Communications Revolution and the Professional Communicator", *The Sociological Review Monograph*, 13 (janeiro), p. 23-38. Citação alternativa: In: Halmos, Paul (Org.), *The Sociology of Mass-Media Communicators*. Keele: University of Keele, 1969. Reimpresso em: *James Carey: A Critical Reader*, 1997.

Resenha sobre *Thirty plays hath November* de Walter Kerr, *Journalism Quarterly*, v. 46, n.4, p. 844-845.

1970 Resenha sobre *Dwight MacDonald on movies*, *Journalism Quarterly*, v. 47, n.1, p. 181-182.

(Com John J. Quirk). "The Mythos of the Electronic Revolution [Parte 1]", *The American Scholar*, v. 39, n.2, p. 219-241. Reimpresso em: *Communication as Culture*, 1989, 2009.

(Com John J. Quirk). "The Mythos of the Electronic Revolution [Parte 2]", *The American Scholar*, v. 39, n.3 (verão), p. 395-424.

"Marshall McLuhan". In: *The World Book Encyclopedia*. Chicago: Field Enterprises Educational Corporation. Reimpresso em: Chicago: World Book, Inc., 2005, vol. 13, p. 343.

1971 Resenhas sobre *No Whippings, No Gold Watches* de Louis Kronenberger e *The Carolina Playmakers* de Walter Spearman, *Journalism Quarterly*, v. 48, n.1, p. 149-150.

Resenha sobre *The Movies as Medium* de Lewis Jacobs (Org.), *Journalism Quarterly*, v. 48, n.2 (verão), p. 373-374.

Resenha sobre *Mass Media and the National Experience: Essays in Communications History* de Ronald T. Farrar e John D. Stevens (Orgs.), *Journalism Quarterly*, v. 48, n.4, p. 774-775.

1972 *The Politics of the Electronic Revolution: Further Notes on Marshall McLuhan*. Urbana, IL: Institute of Communications Research.

Resenha sobre *From Cliché to Archetype* de Marshall McLuhan com Wilfred Watson. *Journalism Quarterly*, v. 49, n.1 (primavera), p. 180-181.

Resenha sobre *Big Screen, Little Screen* de Rex Reed, *Journalism Quarterly*, v. 49, n.1 (primavera), p. 191.

"Technology", *The Daily Illini*, 1º de março, p. 7-8.

1973 (Com John J. Quirk) "The History of the Future". In: Gerbner, George; Gross, Larry P.; Melody, William H. (Orgs.), *Communications Technology and Social Policy: Understanding the New "Cultural Revolution"*. Nova York: John Wiley, p. 485-503. Reimpresso em: *Communication as Culture* (1989, 2009).

Resenhas sobre *On Culture and Communication* de Richard Hoggart e *Beyond Babel: New Directions in Communications* de Brenda Maddox, *Commonweal*, v. 98, n.2 (16 de março), p. 42-43.

1974 "The Problem of Journalism History", *Journalism History*, v. 1, n.1, p. 3-27. Reimpresso em: *James Carey: A Critical Reader* (1997).

"Journalism and Criticism: The Case of an Undeveloped Profession", *The Review of Politics*, v. 36, n.2 (abril), p. 227-249. (Versão editada de "Criticism and the Press.")

"Criticism and the Press". In: *Proceedings: Education for Newspaper Journalists in the Seventies and Beyond*, ANPA Foundation Conference, Reston, VA, 1973. Washington, DC: American Newspaper Publishers Association Foundation, p. 257-279. (Contém algumas passagens não incluídas na versão publicada como "Journalism and Criticism".)

Resenhas sobre *The People's Films: A Political History of U.S. Government Motion Pictures* de Richard Dyer MacCann e *Nonfiction Film* de Richard Meran Barsam, *Journalism Quarterly*, v. 51, n.2 (verão), p. 355-356.

Resenha sobre *How the Golden Age of Television Turned My Hair to Silver* de Kenneth Whelan, *Journalism Quarterly*, v. 51, n.2 (verão), p. 356-357.

Resenha sobre *Speak for Yourself: The Life of John Mason Brown* de George Stevens, *Journalism Quarterly*, v. 51, n.4 (inverno), p. 736-737, 1975.

1975 "Communication and Culture", *Communication Research*, v. 2, n.2 (abril), p. 173-191. (Resenha sobre *The Interpretation of Cultures* de Clifford Geertz.)

"Canadian Communications Theory: Extensions and Interpretations of Harold Innis". In: Robinson, Gertrude J.; Theall, Donald F. (Orgs.), *Studies in Canadian Communications*. Montreal: Programme in Communications, McGill University, p. 27-59. Partes incorporadas em "Space, Time, and Communications: A Tribute to Harold Innis", *Communication as Culture* (1989, 2009).

(Com Albert Kreiling) "Popular Culture and Uses and Gratifications: Notes Toward an Accommodation". In: Blumler, Jay G.; Katz, Elihu (Orgs.), *The Uses of Mass Communication*. Sage Annual Reviews of Communication Research 3. Beverly Hills: Sage Publications, p. 225-248. Incorporado em *Communication as Culture* (1989, 2009), capítulo 2.

"A Cultural Approach to Communication", *Communication*, v. 2, n.1, p. 1-22. Publicado em *Communication as Culture* (1989, 2009), capítulo 1.

1976 "But Who Will Criticize the Critics?", *Journalism Studies Review*, v. 1, n.1 (verão), p. 7-11. (Versão reduzida de "Journalism and Criticism"). Reimpresso em: Dennis, Everette E.; Ismach, Arnold H.; Gillmor, Donald M. (Orgs.), *Enduring Issues in Mass Communication*. St. Paul: West Publishing, 1978, p. 362-368.

Resenha sobre *Secrecy in the Church* de Richard N. Ostling, *Commonweal*, v. 103, n.4 (13 de fevereiro), p. 121-122.

Gravação de áudio de seis minutos de Carey discutindo o conceito de Innis de "monopólio do conhecimento" com uma previsão sobre a internet. University of Toronto, 1976, http://www.collectionscanada.gc.ca/innis-mcluhan/002033-1040-e.html.

1977 "Mass Communication and Cultural Theory". In: Curran, James; Gurevitch, Michael; Woollacott, Janet (Orgs.), *Mass Communication and Society*. Londres: Edward Arnold em parceria com The Open University Press, p. 409-425. (Versão revisada e ampliada de "Communication and Culture".) Publicado em forma revisada em *Communication as Culture* (1989, 2009), capítulo 2.

Resenha sobre *Film: The Democratic Art* de Garth Jowett, *Journal of Communication*, v. 27, n.3 (verão), p. 223-225.

Resenha sobre *Existential Journalism* de John C. Merrill, *Journalism Quarterly*, v. 54, n.3 (outono), p. 627-629.

1978 "Concentration and Diversity in the News Media: An American View". In: Altschull, J. Herbert; Pearce, Paula C. (Orgs.), *The Mass Media in Germany and the United States*. Bloomington, IN: Institute for German Studies, p. 31-39.

Resenha sobre *The Communications Revolution: A History of Mass Media in the United States* de George N. Gordon, *Journalism History*, v. 5, n.1, p. 22-23.

(Organizado com Paul Hirsch). Número especial sobre "Communication and Culture: Humanistic Models in Research", *Communication Research*, v. 5, n.3 (julho).

"Social Theory and Communication Theory", *Communication Research*, v. 5, n.3 (julho), p. 357-368. (Revisão teórica sobre *The Use and Abuse of Biology* de Marshall Sahlins; *The Restructuring of Social and Political Theory* de Richard J. Bernstein; *The Critique of Domination: The Origins and Development of Critical Theory* de Trent Schroyer; *The Politics of Communication* de Claus Mueller; *New Rules of Sociological Method* de Anthony Giddens; *Culture and Practical Reason* de Marshall Sahlins; *Marxism and Literature* de Raymond Williams; *Culture and Its Creators: Essays in Honor of Edward Shils* de Joseph Ben-David e Terry Clark (Orgs.); *The Dialectic of Ideology and Technology* de Alvin Gouldner; *The Fall of Public Man* de Richard Sennett; *Political Language: Words that Succeed and Policies that Fail* de Murray Edelman; *Mass Communication and Society* de James Curran, Michael Gurevitch e Janet Woollacott (Orgs.)

"The Ambiguity of Policy Research", *Journal of Communication*, v. 28, n.2 (primavera), p. 114-119. Reimpresso em: Braman, Sandra (Org.), *Communication Researchers and Policy-Making*. Cambridge, MA: MIT Press, 2003, p. 437-444.

"A Plea for The University Tradition", *Journalism Quarterly*, v. 55, n.4 (inverno), p. 846-855.

1979 Resenha sobre *Big Story: How the American Press and Television Reported and Interpreted the Crisis of Tet 1968 in Vietnam and Washington* de Peter Braestrup, *The American Historical Review*, v. 84, n.2 (abril), p. 594-595.

"The Politics of Popular Culture: A Case Study", *Journal of Communication Inquiry*, v. 4, n.2 (inverno), p. 3-32.

Prefácio para Hanno Hardt, *Social Theories of the Press: Early German and American Perspectives*. Beverly Hills: Sage Publications, p. 9-14.

Revisão bibliográfica: *Mass Communication and Society*, Open University Course, DE 353, *Media, Culture and Society*, v. 1, n.3 (abril), p. 313-318.

"Graduate Education in Mass Communication", *Communication Education*, v. 28, n.4 (setembro), p. 282-293.

1980 "Comments on the Weaver–Gray Paper". In: Wilhoit, G. Cleveland; deBock, Harold (Orgs.), *Mass Communication Review Yearbook*, 1. Beverly Hills: Sage Publications, p. 152-155.

"Changing Communications Technology and the Nature of the Audience", *Journal of Advertising*, v. 9, n.2, p. 3-43.

"International Communications: The Impact of the Mass Media". In: *International Communication in a Multi-Faceted World*. Urbana, IL: Midwest Regional Conference for Senior Fulbright Scholars, p. 7-16. Reimpresso em: Peterson, Owen (Org.). *Representative American Speeches 1980–1981*. Nova York: H. W. Wilson Co., 1981, p. 95-110.

Resenha sobre *Teaching as a Conserving Activity* de Neil Postman, *Educational Communication and Technology*, v. 28, n.4 (inverno), p. 294-295.

"The Computer as Change Agent: An Essay", *Journalism Quarterly*, v. 57, n.4 (inverno), p. 678-680. (Resenha de *Goodbye Gutenberg: The Newspaper Revolution of the 1980s* de Anthony Smith.)

1981 (Com Clifford G. Christians). "The Logic of Qualitative Research". In: Stempel III, Guido; Westley, Bruce H. (Orgs.), *Research Methods in Mass Communications*. Nova York: Prentice-Hall, p. 342-362.

"McLuhan and Mumford: The Roots of Modern Media Analysis", *Journal of Communication*, v. 31, n.3, p. 162-178. Reimpresso em: *James Carey: A Critical Reader* (1997).

"Culture, Geography, and Communications: The Work of Harold Innis in an American Context". In: Melody, William H.; Salter, Liora; Heyer, Paul (Orgs.), *Culture, Communication and Dependency: The Tradition of H. A. Innis*. Norwood, NJ: Ablex Publishing, p. 73-91. Revisado como: "Space, Time, and Communications: A Tribute to Harold Innis", *Communication as Culture* (1989, 2009).

Introdução para John Soloski (Org.), *Foundations for Communication Studies*. Iowa City: Center for Communication Study, School of Journalism and Mass Communication, University of Iowa, p. 1-3.

1982 "The Discovery of Objectivity", *American Journal of Sociology*, v. 87, n.5 (março), p. 1182-1188. (Revisão teórica sobre *Discovering the News: A Social History of American Newspapers* de Michael Schudson.)

"The Mass Media and Critical Theory: An American View". In: *Communication Yearbook*, 6, p. 18-33. (Nota do autor informa que o texto é uma versão editada de uma palestra proferida no encontro da International Communication Association, em Minneapolis, em maio de 1981). Reimpresso em: *Communication as Culture* (1989, 2009), capítulo 3.

"Is Anybody Listening?", *Perspectives on the University of Illinois*, v. 1, n.1 (outono), p. 8-9 (entrevista).

1983 "Technology and Ideology: The Case of the Telegraph". In: *Prospects: An Annual of American Cultural Studies*, 8, p. 303-325. Reimpresso em: *Communication as Culture* (1989, 2009).

"The Origins of the Radical Discourse on Cultural Studies in the United States", *Journal of Communication*, v. 33, n.3 (verão), p. 311-313.

Introdução para Mary S. Mander (Org.), *Communication in Transition: Issues and Debates in Current Research*. Nova York: Praeger, p. 3-6.

"High-Speed Communication in an Unstable World". *The Chronicle of Higher Education* (27 de julho), 48. Reimpresso em: Barnes, Stephen H. (Org.), *Points of View on American Higher Education*. Lewiston, NY: Edwin Mellen Press, 1990. p. 243-247.

1984 "High Tech and High Ed", *Illinois Issues*, v. 10, n.3 (março), p. 22-29.

"The Paradox of the Book", *Library Trends*, v. 33, n.2 (outono), p. 103-113.

"Do We Need Journalism Schools?" *ASNE Bulletin*, novembro/dezembro, 18 (entrevista).

1985 "'Putting the World at Peril': A Conversation with James W. Carey", *Journalism History*, v. 12, n.2 (verão), p. 38-53. Reimpresso em: *James Carey: A Critical Reader* (1997).

1986 "The Dark Continent of American Journalism". In: Manoff, Robert Karl; Schudson, Michael (Orgs.), *Reading the News*. Nova York: Pantheon Book, p. 146-196. Reimpresso em: *James Carey: A Critical Reader* (1997).

"Overcoming Resistance to Cultural Studies", *Mass Communication Review Yearbook*, 5, p. 27-40. Reimpresso em: *Communication as Culture* (1989, 2009), capítulo 4.

"An Essay: Technology, Culture and Democracy: Lessons from the French", *Journalism Quarterly*, v. 63, n.4 (inverno), p. 855-858. (Resenha sobre *Technology, Culture and Communication: A Report to the French Minister of Research and Industry* de Armand Mattelart e Yves Stourdze.)

1987 "Journalists Just Leave: The Ethics of an Anomalous Profession". In: Sagen, Maile-Gene (Org.), *Ethics and the Media*. Iowa City: Iowa Humanities Board, p. 5-19. Reimpresso em: Baird, Robert M.; Loges, William E.; Rosenbaum, Stuart E. (Orgs.), *The Media and Morality*. Amherst, NY: Prometheus Books, 1999, p. 39-54.

"Walter Benjamin, Marshall McLuhan and the Emergence of Visual Society". In: *Prospects: An Annual of American Cultural Studies*, 11, p. 29-38.

"High Technology and Higher Education". In: Goldberg, Steven E.; Strain, Charles R. (Orgs.), *Technological Change and the Transformation of America*. Carbondale: Southern Illinois University Press, p. 183-198. Revisado como: "Salvation by Machines: Can Technology Save Education?" In: *James Carey: A Critical Reader* (1997).

(Com Marilyn Fritzler) "News as Social Narrative", *Communication*, v. 10, n.1, p. 1-3. Introdução ao número especial editado por Carey e Fritzler.

"The Press and the Public Discourse", *The Center Magazine*, v. 20, n.2 (março/abril), p. 4-32.

(Inclui um "diálogo" (p. 16-32) com Todd Gitlin, Arnold Ismach, Dean Mills, Donald McDonald, Robert Manoff, Richard Flacks, Daniel Hallin, Warren Bovee, Richard Carter e David Shaw.)

"'The Demagogue as Rabblesoother'", *Illinois Issues*, v. 13, n.7 (julho), p. 21-23. (Resenha sobre *Reagan's America: Innocents at Home* de Garry Wills.) Reimpresso como: "Reagan and the Mythology of the American Childhood", *These Times*, v. 11, n.32 (19 de agosto – 1 de setembro), p. 18-19.

Resenha sobre *Politics of Letters* de Richard Ohmann, *Los Angeles Times*, seção de crítica literária, 28 de junho, p. 10.

"Will the Center Hold?", *Mass Communication Review Yearbook*, 6, p. 26-30.

1988 (Organizador) *Media, Myths, and Narratives: Television and the Press*. Beverly Hills: Sage Publications.

"Editor's Introduction: Taking Culture Seriously". In: *Media, Myths, and Narratives: Television and the Press*, p. 8-18.

Prefácio para Michael K. Smeltzer (Org.), *C-U in Seven: A Week in the Life of Champaign-Urbana*. Champaign, IL: Illini Media.

Sem título, *IlliniWeek*, 8 de dezembro, 4. (Baseado em "Remarks at a University Town Meeting, 1988".)

1989 *Communication as Culture: Essays on Media and Society*. Boston: Unwin Hyman.

"Humanities are Central to Doctoral Studies", *Insights: The Journal of the Association of Schools of Journalism and Mass Communication*, fevereiro, p. 2-5.

"Presidential Election 1988: The Degradation of Democratic Discourse", *Illinois Issues*, janeiro, p. 16-18.

"Harold Innis (1894–1952)". In: Barnouw, Erik (Org.), *International Encyclopedia of Communications*, vol. 2. Nova York: Oxford University Press, p. 320-321.

Resenha sobre *ProfScam: Professors and the Demise of Higher Education* de Charles J. Sykes, *Journalism Educator*, v. 44, n.3 (outono), p. 48-53.

"Communications and the Progressives", *Critical Studies in Mass Communications*, v. 6, n.3 (setembro), p. 264-282. Reimpresso em: Avery, Robert K.; Eason, David (Orgs.), *Critical Perspectives on Media and Society*. Nova York: Guilford Press, 1991, p. 28-48.

1990 Prefácio para Jo A. Cates, *Journalism: A Guide to the Reference Literature*. Englewood, CO: Libraries Unlimited, p. ix-x.

(Com Julian L. Simon) "The Church's Responsibility to Teach the Value of Life: A Surprising Dialogue Between Catholic and Jew". In: Simon, Julian L. *Population Matters: People, Resources, Environment, and Immigration*. New Brunswick, NJ: Transaction Publishers, p. 239-252 (Escrito *c.*1974 de acordo com nota do autor.)

"The Language of Technology: Talk, Text, and Template as Metaphors for Communication". In: Medhurst, Martin J.; Gonzalez, Alberto; Peterson, Tarla Rai (Orgs.), *Communication and the Culture of Technology*. Pullman: Washington State University Press, p. 19-39.

"Technology as a Totem for Culture, and a Defense of the Oral Tradition", *American Journalism*, 7 (outono), p. 242-251.

1991 "The Academy and Its Discontents", *The Gannett Center Journal* (Spring–Summer), p. 163-180. (Revisão bibliográfica sobre *Illiberal Education: The Politics of Race and Sex on Campus* de Dinesh D'Souza; *Tenured Radicals: How Politics Has Corrupted Our Higher Education* de Roger Kimball; *Killing the Spirit: Higher Education in America* de Page Smith; *ProfScam: Professors and the Demise of Higher Education* de Charles J. Sykes; *The Hollow Men: Politics and Corruption in Higher Education* de Charles J. Sykes.)

"Re-thinking our First Amendment Mission", *Scripps Howard Editors [sic] Newsletter* (maio), p. 1-10 (entrevista).

"Colleges' True Ills Are Not the Trendy Ones", *Newsday* (21 de julho), p. 32-33.

"'A Republic, If You Can Keep It': Liberty and Public Life in the Age of Glasnost". In: Arsenault, Raymond (Org.), *Crucible of Liberty: 200 Years of the Bill of Rights*. Nova York: Free Press, p. 108-128. Reimpresso em: *James Carey: A Critical Reader* (1997).

Resenha sobre *Media Theory: An Introduction* de Fred Inglis, *Journalism Quarterly*, v. 68, n.4 (inverno), p. 894-895.

Prefácio para Bruce E. Gronbeck, Thomas J. Farrell e Paul A. Soukup (Orgs.), *Media, Consciousness, and Culture: Explorations of Walter Ong's Thought*. Newbury Park: Sage Publications, p. vii–x.

Prefácio para Richard Campbell, *60 Minutes and the News: A Mythology for Middle America*. Urbana, IL: University of Illinois Press, p. xi–xii.

Entrevista com David Shedden (The Poynter Institute, 2 de maio de 1991) sobre *Communication as Culture*. Gravação de áudio de trecho de nove minutos: http://www.paynter.org/carey.

1992 "Political Correctness and Cultural Studies", *Journal of Communication*, v. 42, n.2 (primavera), p. 56-72. Reimpresso em: *James Carey: A Critical Reader* (1997).

"Carey on Reston: Journalist on Journalist", *Illinois Quarterly*, janeiro/fevereiro, 12. (Resenha sobre *Deadline: A Memoir* de James Reston.)

1993 "Everything that Rises Must Diverge: Notes on Communications, Technology and the Symbolic Construction of the Social". In: Gaunt, Philip (Org.), *Beyond Agendas: New Directions in Communication Research*. Westport, CT: Greenwood Press, p. 171-184. Reimpresso em: Trent, Judith S. (Org.), *Communication: Views from the Helm for the 21st Century*. Boston: Allyn & Bacon, 1998, p. 294-303.

"The Mass Media and Democracy: Between the Modern and the Postmodern", *Journal of International Affairs*, v. 47, n.1 (verão), p. 1-21.

"May You Live in Interesting Times", *Australian Journal of Communication*, v. 20, n.3, p. 1-12. (Vencedor do Henry Mayer Prize de artigo mais intelectualmente provocativo publicado no *Australian Journal of Communication* daquele ano.)

Prefácio para G. Stuart Adam, *Notes Towards a Definition of Journalism: Understanding an Old Craft as an Art Form*. Poynter Papers, 2. St. Petersburg, FL: Poynter Institute for Media Studies, p. iv-v.

Resenhas sobre *History and Communications: Harold Innis, Marshall McLuhan, the Interpretation of History* de Graeme Patterson e *The Bias of Communication* de Harold Innis, *The Canadian Historical Review*, v. 74, n.3 (setembro), p. 437-442.

1994

Resenha sobre *Liberal Journalism and American Education, 1914–1941* de James M. Wallace. *Journalism History*, v. 20, n.2 (verão), p. 80-81.

"Communications and Economics". In: Babe, Robert E. (Org.), *Information and Communication in Economics*. Boston: Kluwer Academic Publishers, p. 321-336. Reimpresso em: *James Carey: A Critical Reader* (1997).

Participante em "Declining Standards in News: Is It All Television's Fault?", Alfred I. duPont Forum, 27 de janeiro de 1994, Jonnet S. Abeles (Org.). Nova York: Columbia University Graduate School of Journalism. (Transcrição publicada.)

1995

"The Press, Public Opinion, and Public Discourse". In: Glasser, Theodore L.; Salmon, Charles T. (Orgs.), *Public Opinion and the Communication of Consent*. Nova York: Guilford Press, p. 373-402. Reimpresso em: *James Carey: A Critical Reader* (1997).

"Abolishing the Old Spirit World", *Critical Studies in Mass Communication*, v. 12, n.1 (março), p. 82-88.

Resenha sobre *Republic of Signs: Liberal Theory and American Popular Culture* de Anne Norton, *The Journal of American History*, v. 81, n.4 (março), p. 1853-1854.

"Cultural Studies & the Scholarship of Journalism". DVD de 19 minutos. Venice, CA: First Light Video Publishing. (Entrevista conduzida por Cindy Lont, gravada em agosto de 1995 na Association for Education in Journalism and Mass Communication Conference.)

"Pete Sasser – A Remembrance", *ASJMC Administrator*, outubro, p. 6-7.

Resenha sobre *John Hohenberg: The Pursuit of Excellence* de John Hohenberg, *American Journalism*, v. 12, n.4 (outono), p. 505-507.

1996 "The Struggle against Forgetting", *Columbia Journalism Review*, v. 34, n.5 (janeiro/fevereiro), 4. (Discurso, Columbia Graduate School of Journalism, setembro de 1995, www.jrn.columbia.edu/admissions/struggle.)

"The Chicago School and the History of Mass Communication Research". In: Dennis; Everette E.; Wartella, Ellen (Orgs.), *American Communication Research: The Remembered History*. Mahwah, NJ: Lawrence Erlbaum Associates, p. 21-38. Reimpresso em: *James Carey: A Critical Reader* (1997).

Participante em "Democracy and the News: Citizens, Journalists and Contemporary Politics", Alfred I. duPont Forum, 25 de janeiro de 1996, Jonnet S. Abeles e Denise Figueroa (Orgs.). Nova York: Columbia University Graduate School of Journalism, 1996. (Transcrição publicada.)

"Where Journalism Education Went Wrong", apresentação em conferência, Middle Tennessee State University, 1996. Com respostas de Jay Rosen, Linda Steiner e Ellen Wartella. http://www.mtsu.edu/~masscomm/seig96/index.htm. Ver abaixo "Some Personal Notes on US Journalism Education", 2000.

1997 *James Carey: A Critical Reader*. Organizado por Eve Stryker Munson e Catherine A. Warren. Minneapolis: University of Minnesota Press. Inclui ensaios de resposta de John Pauly, Michael Schudson, Carolyn Marvin, Jay Rosen e G. Stuart Adam.

"Afterword: The Culture in Question". In: Munson, Eve Stryker; Warren, Catherine A. (Orgs.), *James Carey: A Critical Reader*. Minneapolis: University of Minnesota Press, p. 308-339.

"Reflections on the Project of (American) Cultural Studies". In: Ferguson, Marjorie; Golding, Peter (Orgs.), *Cultural Studies in Question*. Londres: Sage Publications, p. 1-24.

"Community, Public, and Journalism". In: Black, Jay (Org.). *Mixed News: The Public/Civic/ Communitarian Journalism Debate*. Nova York: Guilford Press, p. 1-15.

Resenha sobre "The Video McLuhan (vols. 1-6)", produzido por Stephanie McLuhan-Ortved, *Journalism and Mass Communication Quarterly*, v. 74, n.2 (verão), p. 449-450.

"Two Views on Population". In: Koterski SJ, Joseph W. (Org.), *Life and Learning VI: Proceedings of the Sixth University Faculty for Life Conference June 1996 at Georgetown University*. Washington, DC: University Faculty for Life, p. 81-87.

"Speaking of Public Journalism". In: *Speaking of Public Journalism: Talks from the Project on Public Life and the Press. Seminars at the American Press Institute, 1993–1997*, p. 1-10. Discurso em 24 de março de 1995. Reston, VA: American Press Institute.

Participante no MIT Communications Forum, "Technology and Community", 10 de maio de 1997. Transcrição parcial: http://web.mit.edu/m-i-t/conferences/pool/index_6.html.

1998 "Political Ritual on Television: Episodes in the History of Shame, Degradation and Excommunication". In: Liebes, Tamar; Curran, James (Orgs.), *Media, Ritual and Identity*. Londres: Routledge, p. 42-70.

"The Decline of Democratic Institutions". *Columbia Journalism Review*, v. 36, n.6 (março/ abril), 6.

"Communication, Culture and Technology: An Internet Interview". *Journal of Communication Inquiry*, v. 22, n.2 (abril), p. 117-130.

"The Internet and the End of the National Communication System: Uncertain Predictions of an Uncertain Future". *Journalism and Mass Communication Quarterly*, v. 75, n.1 (primavera), p. 28-34.

"Marshall McLuhan: Genealogy and Legacy". *Canadian Journal of Communication*, v. 23, n.3 (junho), p. 293-306. Reimpresso em: Blondheim, Menahem; Watson, Rita (Orgs.), *The Toronto School of Communication Theory: Interpretations, Extensions,*

Applications. Toronto: University of Toronto Press; Jerusalem: Hebrew University Magnes Press, 2007, p. 82-97. Traduzido como: "McLuhan: généalogie et descendance d'un paradigme", *Quaderni*, 37, p. 111-131, 1998/1999.

Remarks on journalism history, MIT Communications Forum "Journalism and Cyberspace," 12 de novembro de 1998. Transcrição parcial: http://web.mit.edu/m-i-t/forums/journalism/index_care.html.

1999 "In Defense of Public Journalism". In: Glasser, Theodore L. (Org.), *The Idea of Public Journalism*. Nova York: Guilford Press, 1999, p. 49-66.

"Essay". *Nieman Reports*, número especial sobre "The Business of News, the News about Business", verão, 18.

"American Identity and the Press". In: *Media and American Identity*. Salado, TX: Institute for the Humanities at Salado, p. 5-12. Reimpresso em: *Texas Journal of Ideas, History and Culture*, v. 22, n.2 (primavera/verão), p. 4-13, 2000.

"Lawyers, Voyeurs, and Vigilantes", *Media Studies Journal*, v. 13, n.2 (primavera/verão), p. 16-22. Reimpresso em: Giles, Robert; Snyder, Robert W. (Orgs.), *What's Next? Problems and Prospects of Journalism*. New Brunswick, NJ: Transaction Publishers, 2001, p. 19-26.

"Interpreting McLuhan". *Journal of Communication*, v. 49, n.3 (verão), p. 187-193. (Revisão sobre *McLuhan, or Modernism in Reverse* de Glenn Willmott.)

"Innis 'in' Chicago: Hope as the Sire of Discovery". In: Acland, Charles R.; Buxton, William J. (Orgs.), *Harold Innis in the New Century: Reflections and Refractions*. Montreal e Kingston: McGill-Queen's University Press, p. 81-104.

2000 "Das Fernsehen und der Nationalstaat: Glaube, Zugehörigkeit und technischer Wandel" (Televisão e Estado-nação: crença, pertencimento e mudança tecnológica). In: Thomas, Günter (Org.), *Religiöse Funktionen des Fernsehens? Medien-, kultur- und religionswissenschaftliche Perspectiven*. Wiesbaden: Westdeutscher Verlag, p. 45-75.

"Some Personal Notes on US Journalism Education", *Journalism: Theory, Practice, Criticism*, v. 1, n.1 (abril), p. 12-23.

"Journalism and Technology", *American Journalism*, v. 17, n.4 (outono), p. 129-135.

"Covering College Coaches: At Their Feet, or at Their Throat", *Columbia Journalism Review*, v. 39, n.2 (julho/agosto), 56.

"Journalism and Democracy are Names for the Same Thing", *Nieman Reports*, v. 54, n.2 (verão), p. 67-68. (Resenha sobre *Rich Media, Poor Democracy: Communication Politics in Dubious Times* de Robert W. McChesney.)

"Scholarship, Research and Journalism", *Australian Journalism Review*, v. 22, n.2 (dezembro), p. 17-22. (Uma entrevista conduzida por David McKnight.)

"Howard Maclay Retires". *College of Communications Alumni News* [University of Illinois], primavera, p. 8-9.

2001 Prefácio para Hanno Hardt, *Social Theories of the Press: Constituents of Communication Research, 1840s to 1920s*, 2.ed. Lanham, MD: Rowman & Littlefield, p. ix–xiii. (Versão revisada do prefácio original publicado em 1979.)

2002 *The Engaged Discipline*. The Carroll C. Arnold Distinguished Lecture, National Communication Association, novembro de 2000. Boston: Allyn & Bacon.

"Cultural Studies and Symbolic Interactionism: Notes in Critique and Tribute to Norman Denzin". *Studies in Symbolic Interaction*, v. 25, p. 199-209.

"Scholarly Observations and Meditations: Perspectives on September 11, 2001". *The New Jersey Journal of Communication*, v. 10, n.1 (primavera), p. 13-16. (Comentários referentes a um painel sobre o 11 de setembro na reunião da New York State Communication Association, 5-7 de outubro de 2001, com contribuições de Carey, Susan J. Drucker, Raymond Gozzi, Jr., Gary Gumpert, Paul Thaler e Carol Wilder.)

Prefácio, *Journal of Media and Religion*, v. 1, n.1, p. 1-3.

"Harold Adams Innis and Marshall McLuhan". (Ambiente de estudo multimídia do artigo de 1967. Inclui o texto completo, anotações, material explicativo e uma entrevista conduzida por Frank Moretti, gravada em 15 de março de 2002. Disponível apenas através de acesso direto à biblioteca da Universidade de Columbia.)

"What Does 'Good Work' in Journalism Look Like?", *Nieman Reports*, v. 56, n.1 (primavera), p. 79-81. (Resenha sobre *Good Work: When Excellence and Ethics Meet* de Howard Gardner, Mihaly Csikszentmihalyi e William Damon.)

Resenha sobre *Welcome to the Dreamhouse: Popular Media and Postwar Suburbs* de Lynn Spigel. *The Journal of American History*, v. 89, n.3 (dezembro), p. 1133-1134.

"The Sense of an Ending: On Nations, Communication and Culture". In: Warren, Catherine A.; Vavrus, Mary D. (Orgs.), *American Cultural Studies*. Urbana, IL: University of Illinois Press, p. 196-237.

"Globalization Isn't New; Anti-Globalization Isn't Either: September 11 and the History of Nations", *Prometheus*, v. 20, n.3, p. 289-293. Reimpresso em: Noll, A. Michael (Org.), *Crisis Communications: Lessons from September 11*. Lanham, MD: Rowman & Littlefield, 2003, p. 199-204.

2003 Participante no MIT Communications Forum, "News during Wartime", 3 de maio de 2003. Link para a gravação de áudio completa da palestra: http://web.mit.edu/cms/mit3/ subs/plenary3.html#summary.

Participante no MIT Communications Forum, "Are National Televisions Systems Obsolete?", 30 de outubro de 2003. Transcrição parcial com link para a gravação de áudio completa da palestra: http://web.mit.edu/comm-forum/forums/television_obsolete.html#speakers.

"American Journalism on, before, and after September 11". In: Zelizer, Barbie; Allan, Stuart (Orgs.), *Journalism after September 11*. Londres: Routledge, p. 71-90.

"Mirror of the Times", *The Nation*, 16 de junho, p. 5-6.

Introdução a Tom Rosenstiel e Amy S. Mitchell (Orgs.), *Thinking Clearly: Cases in Journalistic Decision-Making*. Nova York: Columbia University Press, p. 1-5.

2004 Introdução a Harold A. Innis, *Changing Concepts of Time*. Lanham, MD: Rowman & Littlefield, p. vii-xx.

2005 "Historical Pragmatism and the Internet", *New Media and Society*, v. 7, n.4 (agosto), p. 443-455.

Resenhas sobre "Culture Jam: Hijacking Commercial Culture", dirigido por Jill Sharpe, e "Seeing Is Believing: Handicams, Human Rights and the News", dirigido por Katerina Cizek e Peter Wintonick. *Political Communication*, v. 22, n.2 (abril/junho), p. 255-257.

2006 "From New England to Illinois: The Invention of (American) Cultural Studies: James Carey in Conversation with Lawrence Grossberg, Part I". In: Packer, Jeremy; Robertson, Craig (Orgs.), *Thinking with James Carey: Essays on Communications, Transportation, History*. Nova York: Peter Lang, p. 11-28.

"Configurations of Culture, History and Politics: James Carey in Conversation with Lawrence Grossberg, Part II". In: *Thinking with James Carey*, p. 199-225.

"Globalization, Democracy and Open Communication: Can We Have All Three?", *Explorations in Media Ecology*, v. 5, n.2, p. 103-114.

2007 "A Short History of Journalism for Journalists: A Proposal and Essay", *The Harvard International Journal of Press/Politics*, v. 12, n.1, p. 3-16.

2009 *Communication as Culture: Essays on Media and Society*. Edição revisada. Prefácio de G. Stuart Adam. Nova York: Routledge.

ÍNDICE

A

ação 71, 154; associativa 148; política 50, 88–9, 148, 151; realidade 148; significado 67; simbólica 148
ação associativa 148
ação política 50, 88–9, 148, 151
ação simbólica 148
Adam, G. Stuart 271
Adams, Henry 101, 103, 204, 205
Addams, Jane 160, 210, 238
Administração da Eletrificação Rural 212
Adorno, T. W. 141
aldeia global 108, 187, 194
aldeia industrial 237
Allen, William Frederick 129
análise de conteúdo 61
análise funcional 58–9, 61, 64
Andrews, Sir William P. 110
animismo 139
Anthony, Susan 229
antiessencialismo 57
arbitragem 119–21
Arendt, Hannah 151
arte 48, 73, 143
arte popular 31, 41–3, 73–4
Associação de Planejamento Regional da América 210
Associação Internacional para o Avanço da Ciência, Arte e Educação 207
associacionismo regional 202
aura, perda da 124
Autoridade do Vale do Tennessee 211, 241, 243
Axtell, James 173

B

Baer, Julius B. 121
Barnes, Harry E. 238
Barthes, Roland 42
Batchelder, James L. 19
Beard, Charles 178–9, 230–1
Beard, Mary 230–1
Bell, Alexander Graham 204, 228
Bell, Daniel 90
Bellamy, Edward 205
Bendix, Reinhard 50
Benjamin, Walter 124
bens posicionais 90, 95
Benson, Lee 228
Berelson, Bernard 78
Berger, Peter 26, 57, 71
Berkeley, bispo 29
Birkenhead, conde de 236–7
Bolsa de Valores de Nova York 122
Boorstin, Daniel 115
Bourdieu, Pierre 84
Branford, Victor 209, 238
briga de galos balinesa 9, 24, 66
Briggs, Charles F. 109–10
Brown, Dee 228–9
Brzezinski, Zbigniew 194–6, 236
Buchanan, Daisy 27
Burke, Kenneth 26, 29, 55, 83, 88

Burckhardt, Jacob 204
Burns, Tom 48

C

cabograma 112
Cage, John 194
Calhoun, John C. 20
Camus, Albert 151
Canadá 157, 161, 167, 173–6
Carey, Daniel 271
Carey, Henry Charles 164, 201–4
Carey, Matthew 201
Carnegie 115
cartesiana, ciência 137–8; paradigma 137; tradição 138
Cassirer, Ernst 29, 30, 140
Catarse 53, 58
causalidade antecedente 57–8
Cawelti, John 42
censura 148, 183
centralização 132, 168, 174, 202, 209–210, 212, 215, 219, 239, 243, 247, 248
Centro de Estudos da Cultura Contemporânea 45, 84
Century of Progress Exposition 231
Chandler, Alfred D. 102, 106, 124
Chappe, Claude 116
Chardin, Teilhard de 194
Chase, Stuart 210–11
Chicago Commodity Exchange 120
Chomsky, Noam 34, 54
cidadão do futuro 246–7
ciência cultural 61, 66, 74, 82
ciência 36–7; do comportamento 52–4; arrogância 72–3; Dewey 146–7; futuro 225; sentido honorífico 82
ciências comportamentais/do comportamento 52–4, 88–9, 161–2

ciências sociais 27, 36, 44, 48, 50, 52, 54–7, 65, 68, 73, 76, 89, 150, 172
Cincinnati 118–22
Clanchy, Michael 174
Clarke, I. F. 233–4
classe 52–3; poder de 155–6; estrutura de 178
Clay, Henry 101, 202, 205
Clemens, Samuel 204–5
Cole, Arthur H. 119
colonialismo 113–4
comércio de pele 172, 174
Comissão de Energia Atômica 242
Comitê de Segurança Pública 116
Commission on the Year 2000 116
commodity 115, 118, 120–122, 136, 157, 167, 172–6; 216
comunhão fática 25
comunicação eletrônica 187–9, 218–220
comunicação interpessoal 135
comunidade local 146, 171
comunidade 170, 176–7; Dewey 38, 156, 158–9, 178–9; visão ritual 20–1
comunidades insulares 126
condicionamento 50–1, 57
condicionamento operante 34
Condorcet, M. 199
conhecimento racional 142
consciência coletiva 96, 184
Constituição dos Estados Unidos 179
Contra-Iluminismo 136
contratos por tempo 121
Convenção Geral do Tempo 128–9
Convenção Nacional 116
Cooley, Charles 26, 158
Corliss, Carlton J. 126–7, 227–8
cruzada pela "energia gigante" 210–1

cultura popular 41–3, 56, 70, 74, 81, 204, 220, 229
cultura vinculante no espaço, viés espacial 165, 171, 177–8, 180, 183, 216, 219
culturas vinculantes no tempo, viés temporal 177, 216
Custer, general 229
Czitrom, Daniel J. 107–8

D

dança, mapear 31
darwinismo social 76, 158
Declaração de Direitos 180, 183, 200
democracia 156; pela eletricidade 245; escolha 79; letramento 181; positivismo 87–8
Descartes, René 136, 138–9
descentralização 175, 188
descontextualização 122, 124–5
Dewey, John 15–7, 26–8, 83, 210, 238; certeza 75; comunidade 38, 156, 158–9, 178–9; vida conjunta da organização política 255; crítica de 149; conflito com Lippmann 87–8, 99, 145–50; vida pública 155–6; opinião pública 144–50; visão ritual 25–6; ciência 147–8; fala 151, 183–4; desaparecimento do público 160
Donoghue, Denis 254
Douglass, Frederick 229
Dowd, Charles 128–9
Duncan, Hugh 26
Durkheim, Émile 9, 21, 26, 96–7, 162

E

economia capitalista 97
Edison, Thomas 102, 115, 197, 204, 231
Eletrificação Universal 213

elitismo 247
Emerson 146, 200–1
Emery, Henry C. 119, 122
era do vapor 228, 231
Escola de Chicago 9, 26, 83, 159–61, 165–6, 171
Escola de Turner 173
escola do mito e símbolo 297
escrita 112, 174, 181
espaço 157–89; mapas 30–3
espiritualismo 139
essencialismo 52, 57
estatisticalização 125
estruturalismo 54–5, 84–5, 92
etnocentrismo 22, 83, 164
etnografia 44, 67
Evangelho de São João 29
experiência 38
experiência imediata 73
experimentos Hawthorne 162
explicação causal 52–3, 55
Exposição Universal, Exposição Universal de 1933 227–31
expressivismo 138–9, 141

F

falácia dos sistemas 254
falsa consciência 254
fantasia 60, 72
Feigenbaum, Edward 194
fenômenos de manutenção de sistema 56
ferrovias 101, 158, 169–70, 172–3, 235, 102; do Vale do Eufrates 110; religião 19; fuso horário padrão 126–30; telegrafia 104, 114–5, 117–8
ficção 68–9
fiduciário 26, 112
filmes 60

Fitzgerald, Scott 27
Ford, Franklin 158
Ford, Henry 132, 202
formação simbólica 61
formalismo 159, 165
Foucault, M. 84
França 116, 127, 173
France, Anatole 156, 204
Franklin, Benjamin 110
Fraser, Charles 200
Fraternidade do Homem 109
fronteira espacial 131-2
fronteira temporal 131-2
Fuller, R. Buckminster 194, 246
funcionalismo 36, 58-9, 76, 96-7
futuro 193-6; choque futuro 219

G

Galileu 28, 140
Gannett, rev. Ezra S. 107
Garvey, Michael Angelo 235
Geddes, Patrick 165, 207-11, 215, 217, 237-9, 241
Geertz, Clifford 9-10, 13, 26, 33, 44, 50-3, 55, 57, 59, 61-74, 154
Giddens, A. 84
Goffman, Erving 9, 26
Goodman, Paul 238
Gould, Jay 102, 115, 204
Gouldner, Alvin 37, 160
Grande Depressão 87, 231
Grande Exposição 234-5
Grant, presidente Ulysses S. 201, 227-9
Grécia 236
grupos de veto 139

H

Habermas, Jürgen 84

Hackworth, R. 181
Haldane, J. B. S. 237
Hall, Stuart 45-7, 84-6, 91, 141
Hayakawa, Samuel I. 72
Hayes, Rutherford 229
Heaton, Herbert 167
Hegel 139, 141, 166
Heidegger, M. 152
Hemingway, Ernest 112, 136
hermenêutica 74, 92, 135, 138, 152, 158
hipótese da fronteira 159, 166, 173, 216
Hirsch, Fred 90, 95
Hoggart, Richard 82, 84-5, 92
homem pós-alfabetizado-eletrônico 194
homem pós-moderno 194
Hovland, Carl 57
Howard, Ebenezer 206
Howells, William Dean 208, 228
Hudson's Bay Company 175
Huizinga 26
Hutchinson, Paul 241-2
Huxley, Aldous 221, 233

I

idealismo 140
identidade 137
ideologia 51-4, 84-5, 95; teoria formal 54; análise funcional 58-9; futuro 232-3; Paradoxo de Mannheim 51-4, 61; fenomenologia 73-4; ciência 31-2, 90-1; tecnologia 101-33
Iluminismo 88, 136, 138, 194, 199, 252
imperialismo 113-4, 167-8, 236
impregnação 30
impressão 174-6, 180-2, 218, 243-4
individualismo 22, 173
indubitabilidade 137

industrialização 187, 193, 198–9, 200–1, 204, 234
Innis, Harold 83, 218–20; sublime elétrico 215–7; tributo a 157–90
Insull, Samuel 211
interacionismo simbólico 83, 85, 161
internacionalismo 83

J

James, William 15, 81, 138–9, 147
Jamestown Bay Company 175
Jefferson, Thomas 199–200
Johnson, Lyndon 207
jornais 168; liberdade de imprensa 179–80, 184, 200; Jefferson 200; domingo 131; telégrafo 112–3; visão de transmissão, visão de ritual 22–5
jornalismo 143; história do telégrafo 111–2, 136

K

Kallen, Horace 229
Katz, Elihu 57
Keun, madame 213
Kornhauser, William 43
Kristol, Irving 90
Kropotkin, Piotr 206, 209, 215, 237, 239
Kuhn, Thomas 26, 34, 38, 82

L

lacuna de informação 28, 122
Lakanal, Joseph 116
Lazarsfeld, Paul 57, 79, 141, 162
legitimação 85, 198
leis Jim Crow 229
Leis Universais 165
leitura 182–4
letramento 163, 181, 200

Lévi-Strauss, C. 54–5, 64, 140
Leymore, Varda L. 54
liberdade de informação 142; imprensa 178–80, 184
Liga pela Democracia Industrial 211
Lilienthal, David 213
linguagem, competência linguística 55; manipulação 64–5; telégrafo 104–5, 111–2
Lippmann, Walter 79, 87, 99, 141–9, 155
literatura popular 45
livre-comércio 176
Lloyd Wright, Frank 160
longa revolução 82
Lowell, James Russell 245–6
Luckmann, Thomas 71

M

MacDonald, Dwight 41
Malinowski, Bronislaw 25, 60
Mandelbaum, Seymour 171
Mannheim, Karl 51–4, 61
mapas 32–3
Marx, Karl 84, 124, 139, 164
Marx, Leo 106, 159, 199, 201, 203
marxismo 46, 77, 84–5, 97, 139, 141, 158, 234
máquina no jardim 199
materialismo 140
Matza, David 57
Maverick, Augustus 109, 110
McLuhan, Marshall 157, 194, 215, 235, 238; era eletrônica 196; peixe 27; e Innis 160; televisão 218
Mead, George Herbert 9, 26, 158, 160–1
megatendências 220
Melbin, Murray 131–2

mente, moderna 68; primitiva 59–60, 68; realidade 140–1; estatisticalização da 125; utilitária 60
mercado futuro, bolsa de futuros 120–4
mercadoria, fetiche da 124; telégrafo 111-23
Mercier, Louis-Sébastien 205–6
Merriam, Charles 160
metáfora da audição 146
metáfora da visão 144, 146
metáfora do texto 66–7
Michael, Donald 246,
mídias de massa 15, 75; reimaginando 135–56
migração europeia 174
Miller, Perry 19, 20, 107, 199, 223, 230
Mills, C. Wright 41–3, 83, 231, 247
modelo de ansiedade 36, 56
modelo de dominação 162
modelo de poder 36, 56, 162
modelo metrópole-interior 171
monopólios 183, 217–9; do conhecimento 247–9; telégrafo 102, 105
Montesquieu 116
Morley, David 57
Morse, Samuel 19, 108
morte 62–4, 67
morte social 62
motor a vapor 201, 212, 227–8, 237–8
Movimento Progressista 144, 178
Mumford, Lewis 18, 140, 206, 210, 215, 238–9, 240–1, 254
música, mapas 31; realidade 72

N

Naisbitt, John 220
não contingência 137
National Goals Research Staff 232–3
neoluditas 221

Nevins, Allan 231–2
New Deal 211–3, 241
Nisbet, Robert 16
Nixon, Richard 232
Noble, David 102
noite como uma fronteira 131
nostalgia, futuro 252–5
Nova Era da Energia 211

O

objetivismo 138–41
oitavo dia 193–5
ordem social 48–9, 50, 96–7, 150
organicismo 118, 158

P

padronização 127, 183
paradigmas, conhecimento 248–9
Paradoxo de Mannheim 51–4, 61
Park, Robert 9, 24, 26, 83, 158, 160
Parsons, Talcott 44
pastoralismo 205
patriotas 23
Pedro II, dom 227
pensamento, mapas 33; público 71–2
personalidade multifacetada 194
pesquisa administrativa 85, 136–7
pesquisa crítica 85, 136–7
pesquisa dos efeitos 78, 81, 84
Phillpotts, Bertha 182
Pinchot, Gifford 210, 241
Pitkin, Hanna F. 210, 241
Platão 181
poder 54, 135–6
poesia, mapas 31
Polak, F. L. 225
Polk, James K. 101, 205
pontos de partida, contingência 141

Pool, Ithiel de Sola 247
Portman, Adolph 26
pós-civilização 194
pós-estruturalismo 55
pós-modernismo 64; futuro 254
positivismo 85–90
Pred, Alan 114, 169, 170
privatização 183
produtividade 31
propaganda 151
público, escolha 79; opinião 145–9, 150; desaparecimento 160
puritanismo 22

Q

Quirk, John J. 10, 107, 191

R

raça 229
rádio 218–9, 131
Rand Corporation 194, 249
razão 50–2
razão utilitária 60
realidade 24, 28–30; expressivismo 139; ação humana 148; mente 140–1; múltiplas 69, 72; produção da 155–6; teoria da representação 143; recurso escasso 154; símbolos 27–34
reconstrução social 88, 91
Reich, Charles 241–3
relações sociais 36, 105–6, 112, 136, 139, 150, 152–5
relativismo 61
religião 110; análise funcional 58; realidade 30; rituais 21, 33–4; tempo sagrado 131; fuso horário padrão 127–9; introdução do telégrafo 106–8; visão de transmissão 17–8, 36; transporte 17–9; Weber 71

representação 76; Dewey 146; problemas 149, 150; realidade 144
representações coletivas 96
república 116
republicanismo 234, 246
resistência fenomenológica 91, 96
retaguarda 166
revolução cibernética 244
revolução eletrônica 193–223
Revolução Industrial 193–4, 240–1
Riesman, David 83, 179
romantismo 139
Roosevelt, Franklin D. 212, 231
Rorty, Richard 80–1, 88, 135, 141, 143, 147

S

Sahlins, Marshall 77
Sampson, Anthony 187–8
satélites 188
Schivelbusch, Wolfgang 109, 128
Schlesinger, Arthur Jr. 214
Schlesinger, Arthur Sr. 168
Schutz, Alfred 34, 72
Sears, Richard B. 115
semiótica 44, 71, 125
Ser Humano Universal 165; Homem Universal 109
Shils, Edward 41–2
Siemens, Werner von 206
significado 67–73, 152
símbolos 152, 177–8; formas simbólicas 35, 55–6, 70–2; mapas 31; escola do mito e símbolo 106; realidade 27–33
simplificação, mapas 32
Sims, Norman 105, 112
Skinner, B. F. 34, 94, 221
Sloan Foundation 197

Smith, Henry Nash 199
sociedade eletrônica 197
sociedade Gemeinschaft 96-7
sociedade Gesellschaft 96-7
sociedade pós-industrial 133, 194
sociedade segmentada 178-9
sociedade *tecnotrônica* 194
sociobiologia 76
solidariedade social 58-9, 64
Spencer, Herbert 158
Spring, Gardner 19, 107
Steffens, Lincoln 112-3
Stein, Gertrude 91
Stravinsky, Igor 125
sublime elétrico 107-9, 203-5, 211-5
sublime tecnológico 10, 107, 159, 191, 201, 204
substituição 31, 176
Sullivan, Louis 160

T

Tarde, Gabriel 160
Taylor, Charles 138-9
tecnologia 153-4; revolução eletrônica 193-223; história do futuro 225-55; ideologia 101-33; espaço e tempo 157-89; telégrafo 135-6, 101-33
tecnologia recipiente 171
telefone 122
telegrafia visual 116
telégrafo 204, 158-9, 170-1; história 135-6, 101-33; religião 18-9
televisão 218-9, 131-2
tempo de sinalização 184, 189, 218
tempo 157-89; sagrado 131
teoria da aprendizagem 161
teoria da tensão 53, 56
teoria do conhecimento do espectador 149

teoria do interesse 56
teoria econômica 76, 105
teoria formal 54
teoria pluralista 77
The Public Interest 90
Thompson, E. P. 85, 132
Thompson, Robert L. 101, 105, 117, 132
Thoreau, Henry David 15, 20, 103
Thorndike, E. L. 161
Tocqueville, Alexis de 9, 26
Toffler, Alvin 194, 219-20, 240, 243
Trachtenberg, Alan 199
tradição oral 217, 182-4, 189
transporte, significado moral 19; organicismo 158; religião 18; viagens espaciais 188; telégrafo 103-5; *ver também* ferrovias; visão de transmissão
Tugwell, Rexford 214
Turnbull, Colin 63
Turner 173, 216
Typper, Martin F. 109

U

União Soviética 188, 215, 219
universalismo 109
utilitarismo 75-7, 93, 142
utopias, elétrica 198; mecânica 201, 205-9; neotécnica 220, 238

V

vale do Mississippi 121
Vanderbilt 102, 129, 204
Veblen, Thorstein 210, 216
verdade 51, 142-4, 165
Verdade Universal 165
Verstehen 9, 65, 92
viagens espaciais 188
Vico, Giambattista 136-8

vida conjunta da organização política 255
viés 216, 171, 184
visão culturalista *ver* visão de ritual
visão de ritual 21-2, 24-6, 47-8, 152; caso arquetípico 21; jornais 22-4
visão de transmissão 16-8, 47; caso arquetípico 21; dominação 25-6; jornais 23-4; compromisso obsessivo 39; raízes 18; telégrafo 103-4
Voegelin, Eric 29
Vonnegut, Kurt 221

W

Wallace, Henry A. 213-4
Wallas, Graham 207-8, 217
warrants 121
Warshow, Robert 73
Watson, John B. 161
Weber, Max 9, 26, 61-2, 71, 82, 84-5, 90, 96, 110
Wells, H. G. 237
Western Union 101-2, 112
Westin, Alan F. 244, 248
White, Morton 159
Whitman 205, 254
Wiebe, Robert 136, 178
Wiener, Norbert 102, 243
Wilde, Oscar 157
Wilder, Thornton 193
Wiley, Norbert 71
Williams, Raymond 37-9, 42-6, 74, 82, 84-5, 92, 252
Wilson, Geoffrey 116
Wittgenstein 138, 151, 154
Woodruff, George P. 121
World Future Society 193, 251
World Power Conference 212
Wright, Henry 210

Y

Young, J. Z. 29

Edições Loyola

impressão acabamento
rua 1822 n° 341
04216-000 são paulo sp
T 55 11 3385 8500/8501 • 2063 4275
www.loyola.com.br